PARA DEVOCIONAIS INDIVIDUAIS e em FAMÍLIA DESDE 1956

Pão Diário

EDIÇÃO ANUAL

*De:*______________________

*Para:*______________________

Publicações Pão Diário

ESCRITORES:
Adam R. Holz, Alyson Kieda, Amy Boucher Pye, Amy L. Peterson, Anne M. Cetas, Antônio Renato Gusso, Arthur L. Jackson, Cindy Hess Kasper, Dave Branon, David C. McCasland, David Charles Gomes, David H. Roper, Elisa Morgan, Estera Pirosca Escobar, Fernando Leite, James Banks, Jeff Olson, Jennifer Benson Schuldt, Jeremias Pereira da Silva, John Blasé, Juarez Marcondes Filho, Julie Schwab, Keila Ochoa, Kirsten H. Holmberg, Lawrence Darmani, Leslie Koh, Linda Washington, Lisa M. Samra, Luciano Subirá, Luiz Roberto Silvado, Mart DeHaan, Marvin L. Williams, Miguel Uchôa, Mike Wittmer, Monica La Rose, Ney Silva Ladeia, Paschoal Piragine Junior, Patrícia Raybon, Paulo Mazoni, Peter Chin, Poh Fang Chia, Remi Oyedele, Ruth O'Reilly-Smith, Samuel Mitt, Timothy L. Gustafson, William E. Crowder, Winn Collier, Xochitl E. Dixon

Tradução: Jéssica Pavanelo, João Ricardo Ribeiro, Rita Rosário, Thaís Soler
Revisão: Adolfo Hickmann, Thaís Soler, Lozane Winter
Adaptação e edição: Rita Rosário
Coordenação gráfica: Audrey Novac Ribeiro
Capas: Audrey Novac Ribeiro, Rebeka Werner, Priscila Barros, Gabriela Yoshioka
Diagramação: Lucila Lis

Fotos das capas:
Família: *Pic-nic em família* © Shutterstock
Flores: *Cerejeiras em flor* © Shutterstock
Fé © Shutterstock
A glória de Deus © Unsplash
Paisagem: *Cárpatos, Ucrânia* © Shutterstock
Israel: *Deserto da Judeia* © Shutterstock
Poder e vigor © Pixabay
O meu socorro © Freepik

Referências bíblicas:
Exceto se indicado o contrário, as citações bíblicas são extraídas da Bíblia Sagrada: Nova Versão Transformadora © Editora Mundo Cristão, 2016

PUBLICAÇÕES PÃO DIÁRIO
Caixa Postal 4190, 82501-970 Curitiba/PR, Brasil
E-mail: publicacoes@paodiario.org • Internet: www.paodiario.org
Telefone: (41) 3257-4028

U2668 • 978-65-5350-141-6
RN728 • 978-65-5350-136-2
VK702 • 978-65-5350-137-9
HP237 • 978-65-5350-138-6
NC974 • 978-65-5350-134-8
V0971 • 978-65-5350-135-5
J9770 • 978-65-5350-132-4
PB188 • 978-65-5350-133-1
G9899 • 978-65-5350-129-4

Impresso no Brasil

Portuguese ODB Edition

SUMÁRIO

CONTEÚDO PÁGINA

INTRODUÇÃO

A leitura dos textos e das Escrituras transforma a vida de milhares de pessoas

Estamos muito gratos a Deus por mais uma vez podermos colocar em suas mãos e lares um exemplar de nossa edição anual do devocional *Pão Diário*, volume 26, publicado sempre com a intenção de encorajar os que creem em Jesus a buscar o Senhor diariamente e receber dele instruções práticas para a caminhada cristã.

Para incentivá-lo a este hábito mais do que saudável, preparamos diferentes tópicos, que são apresentados no início de cada mês. Nosso desejo é que os textos devocionais e os artigos de destaque o ajudem na caminhada com Deus. A cada mês, o tópico inicial e alguns dias selecionados abordam um tema específico para incentivar e amadurecer a sua compreensão da fé em Cristo. Os artigos iniciam o conteúdo de cada mês e direcionam o leitor a concentrar a atenção no tema abordado mensalmente.

Compartilhe estas mensagens com as pessoas do seu relacionamento diário. A leitura dos textos devocionais e da Palavra de Deus pode transformar milhares de vidas nestes novos e desafiadores momentos que globalmente vivenciamos. Precisamos mais do que nunca anunciar a esperança que é encontrada somente em Jesus Cristo.

Se pudermos servir-lhe com outros recursos bíblicos para o crescimento na fé e evangelismo, não hesite em conhecer o que podemos lhe oferecer em materiais impressos e mídia eletrônica.

—dos editores do Pão Diário

/paodiariooficial /paodiariooficial

/paodiariobrasil www.publicacoespaodiario.com.br

O MISTÉRIO DO SOFRIMENTO

A vida é marcada por grandes e pequenos sofrimentos. Alguns são o subproduto de um desastre natural que afeta comunidades inteiras com perdas, tristezas e aflições. Outros são frutos da maldade humana que causam profundos impactos no mundo. Há os que são intensamente particulares e afetam uma pessoa individualmente ou uma única família. Em todos esses casos, temos um ponto em comum: a luta para compreender o sofrimento e a razão pela qual ele acontece.

O livro de Jó descreve o sofrimento intenso pelo qual ele passou. Até chegarmos à leitura do capítulo 38, quando Deus finalmente fala, ficamos esperando algum tipo de resposta definitiva ao problema do sofrimento humano. Em vez disso, a história se altera bruscamente. Deus não dá as respostas; apenas faz perguntas, na verdade, revelando a Sua soberania suprema sobre toda a criação. Deus questiona fatos científicos das áreas de zoologia, astronomia e meteorologia.

Deus, o supremo Consolador, é totalmente confiável.

Jó emudeceu perante o Senhor Deus Todo-Poderoso. Ele queria saber o "porquê?" mas Deus respondeu com "Quem". A lição para nós é esta: Se Deus pode controlar o Universo de forma tão espetacular, podemos confiar no Seu amor e sabedoria em relação aos mistérios inexplicáveis e enigmáticos da vida. Não sabemos o que Deus fará por nós ou pelos nossos entes queridos ao enfrentarem as lutas no futuro, mas sabemos que podemos confiar no Senhor.

Deus, o supremo Consolador, é totalmente confiável. Quando você estiver perante o mistério do sofrimento, leia os capítulos finais de Jó, começando pelo capítulo 38.

ROY CLARK

POR QUE DEUS PERMITE O SOFRIMENTO?

Ele lhes enxugará dos olhos toda lágrima... v.14

Por que Deus, sendo bom, permite o sofrimento? Vários teólogos têm tentado responder a essa pergunta. Mas, quando sofremos, não são as teorias que respondem à nossa dor. Alguns princípios bíblicos nos ajudam a superar as dificuldades.

Primeiro, Deus nos ama e, se Ele pudesse nos tiraria todo o sofrimento. Você diz: mas Deus não pode tudo? Por que Ele não pode acabar com o sofrimento? Porque o Senhor só fará isso no dia do julgamento final. A partir desse dia, "não haverá mais morte, nem tristeza, nem choro, nem dor" (APOCALIPSE 21:4). Se Deus resolvesse tudo agora, por causa da Sua justiça e bondade, Ele teria de nos julgar imediatamente, e a oportunidade de salvação se perderia para muitos.

Hoje Deus coloca os meios da graça a nosso favor. Quais são eles? No meio da luta, Ele é nosso companheiro; no sofrimento, Ele é nossa consolação; no vale de sombras escuras, Ele é nosso Pastor (SALMO 23); na injustiça, Ele nos coroa com a Sua graça. Enquanto estivermos neste corpo, haverá doença, dor, morte; porém um dia, na eternidade, este corpo será transformado e o mal terá passado.

Quando estou sofrendo, vejo apenas as nuvens escuras, mas o meu Deus, o meu sol, está lá atrás delas, e Ele não se esqueceu de mim. Creia que, um dia, toda a injustiça será julgada, e toda lágrima, enxuta.

PASCHOAL PIRAGINE JR.

Confie no Senhor e viva um dia de cada vez com Ele.

Deus, ajuda-me a continuar crendo em Tua bondade, mesmo que haja muita dor ao meu redor.

A BÍBLIA EM UM ANO: GÊNESIS 1–3; MATEUS 1

★ *TÓPICO DE JANEIRO: O SOFRIMENTO E A ESPERANÇA*

ÁGUAS PROFUNDAS

Quando passar por águas profundas, estarei a seu lado... v.2

Em Nova Iorque, a bola cai. Em Londres, badala o Big Ben. Na Austrália e no Rio de Janeiro, queimam-se os fogos de artifício. Cada cidade tem sua celebração e recebe, com emoção, o novo ano e o recomeço que ele traz. No Dia de Ano-Novo, somos impelidos para novas águas. Quais amizades e oportunidades encontraremos?

Isso é empolgante, mas pode ser perturbador, pois não sabemos o que o futuro pode nos trazer. Muitas tradições de Ano-Novo refletem tal preocupação: os fogos de artifício foram inventados na China para, supostamente, afastar espíritos malignos e trazer prosperidade. Os babilônios faziam resoluções e votos de Ano-Novo para apaziguar seus deuses, pois queriam tornar o futuro ainda desconhecido em algo mais seguro.

Quando os babilônios não estavam fazendo os seus votos, estavam conquistando povos, inclusive Israel. Porém, Deus enviou aos judeus escravizados a mensagem: "Não tema [...] Quando passar por águas profundas, estarei a seu lado" (ISAÍAS 43:1,2). Jesus disse algo semelhante quando Ele e os discípulos navegaram numa violenta tempestade. Antes de ordenar que as águas se acalmassem, Jesus lhes perguntou: "Por que vocês estão com medo?" (MATEUS 8:23-27).

Iniciamos uma nova jornada em direção a águas novas e profundas. O que quer que enfrentemos, Ele está conosco e tem o poder de acalmar as ondas.

SHERIDAN VOYSEY

Quais preocupações você pode colocar nas mãos de Deus?

Obrigado, Deus, pois seja o que for que este novo ano trouxer, sei que estarás comigo.

A BÍBLIA EM UM ANO: GÊNESIS 4–6; MATEUS 2

MOVENDO-SE NA VELOCIDADE DE JESUS

Marta disse a Jesus: "Se o Senhor estivesse aqui, meu irmão não teria morrido. v.21

Quando meu carro parou de funcionar, eu decidi ir a pé para casa, pois moro perto de uma oficina mecânica. Passei por uma via movimentada e notei que todos se moviam com enorme rapidez. Não é mistério que os carros sejam mais velozes que os pedestres, e estamos tão acostumados a nos movermos sempre rápido. Muitas vezes, espero que Deus também aja assim, e que os planos dele se encaixem no meu ritmo.

Quando Jesus vivia na Terra, às vezes, o Seu ritmo aparentemente lento desapontava os Seus amigos. Quando Marta e Maria avisaram Jesus que o irmão delas, Lázaro, estava doente, ambas sabiam que Jesus podia ajudar (JOÃO 11:1-3), porém Ele chegou quatro dias após Lázaro morrer (v.17). Marta disse a Jesus "Se o Senhor estivesse aqui, meu irmão não teria morrido" (v.21). Ou seja, Jesus não se movera rápido o suficiente. No entanto, Ele tinha outros planos: ressuscitar Lázaro (vv.38-44).

Você consegue entender o desespero da Marta? Eu consigo. Às vezes, anseio que Jesus se apresse para responder certa oração. Outras, parece que Ele está atrasado, contudo a Sua agenda soberana é diferente da nossa. Jesus cumpre a Sua vontade em Seu tempo, não no nosso. E, ao final, Ele demonstra a Sua glória e bondade de maneiras que são muito maiores do que os nossos planos.

ADAM HOLZ

Você já pensou que Jesus tardou em responder as suas orações, mas, ao final, viu que os planos dele eram diferentes dos seus?

Pai, ajuda-me a confiar em Teu momento perfeito e em Tua bondade, até mesmo quando eu não a compreendo.

A BÍBLIA EM UM ANO: GÊNESIS 7–9; MATEUS 3

ADORAÇÃO COMO ESTILO DE VIDA

Sirvam ao SENHOR com alegria,
apresentem-se diante dele
com cânticos. v.2

Eu estava num centro de conferências e esperava na fila pelo café da manhã. Um grupo de mulheres entrou no refeitório. Eu sorri, cumprimentando a pessoa que estava na fila, atrás de mim, que correspondeu dizendo: "Eu te conheço". Nós nos servimos e tentamos descobrir de onde nos conhecíamos, mas eu tinha a certeza de que ela me confundira com alguém.

No almoço, ela me perguntou: "Você dirige um carro branco?". Concordei. "Eu costumava, alguns anos atrás". Ela riu e disse: "Parávamos no mesmo semáforo quase todas as manhãs. Você cantava com alegria e mãos levantadas e sempre pensei que você estivesse adorando a Deus. Isso me fazia querer cantar, mesmo em dias difíceis". Louvamos a Deus, oramos e almoçamos juntas.

As pessoas percebem como os cristãos se comportam, mesmo quando pensamos que ninguém nos observa. À medida que adotamos um estilo de vida de adoração, podemos entrar na presença do nosso Criador a qualquer hora e em qualquer lugar. Quando reconhecemos o Seu amor e fidelidade, podemos usufruir da comunhão íntima com Ele e agradecê-lo pelos Seus cuidados contínuos (SALMO 100). Podemos inspirar outros, louvando-o em nosso carro, orando em público ou espalhando o Seu amor por meio de atos gentis para que todos "louvem o seu nome" (v.4). Adorar a Deus é mais do que um compromisso no domingo de manhã.

XOCHITL E. DIXON

Como podemos adorar ao Senhor com alegria ao longo do dia?

Deus Todo-Poderoso, por favor, ajuda-me a viver para adorar-te com alegria e gratidão contagiante.

A BÍBLIA EM UM ANO: GÊNESIS 10–12; MATEUS 4

UM PROCESSO DE AMADURECIMENTO

Quando descobri tuas palavras, devorei-as; são minha alegria e dão prazer a meu coração. v.16

No início de seu ministério de 50 anos na Inglaterra, Charles Simeon (1759–1836) conheceu seu vizinho, o pastor Henry Venn e suas filhas. Após uma visita, as filhas deste pastor comentaram sobre o quanto Simeon parecia rude e arrogante. O pai lhes pediu que buscassem um pêssego da árvore. Elas lhe questionaram o motivo de querer um fruto ainda imaturo e ouviram: "Bem, é verde agora, e devemos esperar por um pouco mais de sol e algumas chuvas, logo o pêssego amadurecerá e ficará doce. Assim será com o senhor Simeon".

Simeon, ao longo dos anos, foi transformado pela graça de Deus e por seu compromisso em ler a Bíblia e orar todos os dias. Um amigo que conviveu com ele por alguns meses testemunhou essa sua prática e comentou: "Esse era o segredo de tanta graça e força espiritual".

Simeon, em seu tempo diário com Deus, seguiu a prática do profeta Jeremias, que ouvia fielmente as palavras de Deus e dependia delas a ponto de dizer: "Quando descobri tuas palavras, devorei-as". O profeta meditava profundamente sobre as palavras de Deus que eram a sua alegria e o prazer do seu coração (JEREMIAS 15:16). Se também nós somos semelhantes a uma fruta verde azeda podemos confiar que Deus nos ajudará a amadurecer por meio de Seu Espírito, à medida que o conhecemos através da leitura e obediência à Sua Palavra.

AMY BOUCHER PYE

Você lê a Bíblia diariamente?
De que maneira essa leitura o transforma?

Deus, a Tua Palavra me alimenta e protege do pecado.
Ajuda-me a manter o hábito da leitura bíblica diária.

A BÍBLIA EM UM ANO: GÊNESIS 13–15; MATEUS 5:1-26

DEUS DOS INVISÍVEIS

Deus não é injusto; não se esquecerá de como trabalharam [...] ao cuidar do povo santo... HEBREUS 6:10

"Às vezes me sinto como se fosse invisível. Mas quero tanto que Deus me use."

Ana limpava a academia do hotel quando começamos a conversar. Descobri que ela tinha uma história incrível quando a ouvi: "Eu era uma prostituta viciada em crack e vivia nas ruas. Mas sabia que Deus queria que abandonasse aquela vida e andasse em Sua presença. Um dia, anos atrás, ajoelhei-me aos pés de Jesus, e Ele me libertou". Agradeci por compartilhar o que o Senhor tinha feito por ela, pois Ele a usou em nossa conversa de maneira tão linda para me relembrar do Seu poder para transformar vidas.

Deus gosta de usar pessoas que outros tendem a ignorar. O apóstolo André não é tão conhecido como o seu irmão Pedro, mas a Bíblia relata que a primeira coisa que André fez ao encontrar seu irmão Simão [Pedro] foi dizer-lhe: "'Encontramos o Messias' [...] Então André levou Simão para conhecer Jesus" (JOÃO 1:41,42).

Pedro conheceu Jesus por meio de André. Quando André, um dos discípulos de João Batista, soube sobre Jesus por João, ele o seguiu, creu nele e imediatamente contou ao seu irmão. A silenciosa fidelidade de André teve um impacto que abalaria o mundo. Deus valoriza o serviço fiel acima da fama. Ele pode nos usar poderosamente onde quer que estejamos, mesmo quando ninguém nos observa.

JAMES BANKS

A fidelidade de quem fez a diferença em sua vida?
Como você pode servir a Deus servindo outros hoje?

Obrigado por jamais me ignorares, Pai!
Sou grato a ti por me usares para fazer
a diferença onde tu me colocares.

A BÍBLIA EM UM ANO: GÊNESIS 20–22; MATEUS 6:19-34

★ *TÓPICO DE JANEIRO: O SOFRIMENTO E A ESPERANÇA*

DESENTERRE

Livrem-se de toda amargura...
EFÉSIOS 4:31

Quando o seu irmão e a cunhada tiveram problemas matrimoniais, Rebeca orou pela reconciliação, mas eles se divorciaram. Sem os protestos do pai, a mãe levou as filhas para outro estado e Rebeca distanciou-se das amadas sobrinhas. Anos depois, ela disse: "Por lidar sozinha com essa tristeza, uma raiz de amargura cresceu em meu coração e começou a espalhar-se à família e amigos".

Noemi também lutou contra a amargura. Seu marido morreu numa terra estrangeira, e 10 anos depois seus dois filhos morreram. Ela ficou desamparada com as noras, Rute e Orfa (RUTE 1:3-5). Quando Rute e sua sogra voltaram para o país natal de Noemi, todos na cidade se alegraram por vê-las. Mas Noemi lhes disse: "o Todo-poderoso tornou minha vida muito amarga" (v.20). Ela até lhes pediu para que a chamassem de "Mara", ou seja, amarga.

Quem de nós nunca enfrentou decepção, foi tentado pela amargura quando alguém disse algo doloroso, teve uma expectativa frustrada ou as exigências dos outros nos deixaram ressentidos? Quando reconhecemos isso diante de Deus e lhe entregamos o que acontece no profundo do nosso coração, nosso afetuoso Jardineiro pode nos ajudar a desenterrar quaisquer raízes de amargura, estejam elas ainda pequenas ou crescendo há anos. Ele pode substituí-las por um espírito doce e alegre. *ANNE CETAS*

Em quais áreas da vida você tende a sentir amargura? O que ainda precisa do cuidado amoroso de Deus?

Pai, ajuda-me a ver a Tua bondade sempre disponível e a desenterrar a raiz de amargura que traz desonra a ti.

SOEM AS TROMBETAS

Façam soar as trombetas também em ocasiões alegres, nas festas anuais e no começo de cada mês... v.10

O "Toque do silêncio" é uma chamada de trompete tocada pelos militares no final do dia e em funerais. Fiquei surpresa quando li as diversas letras e descobri que muitos versos terminam com a frase "Deus está próximo". Seja antes que o escurecer se instale ou enquanto se lamenta a perda de um ente querido, suas palavras oferecem aos soldados a reconfortante garantia de que Deus está próximo.

No Antigo Testamento, as trombetas também lembravam os israelitas de que Deus estava próximo. No meio da celebração das festas e festivais que faziam parte da aliança entre Deus e a nação de Israel, os judeus deveriam "soar as trombetas" (NÚMEROS 10:10). Fazer soar a trombeta era um lembrete da presença de Deus, e de que o Senhor estava disponível quando os israelitas mais precisavam dele, e desejava ajudá-los.

Ainda hoje, precisamos dos lembretes de que Deus está próximo. E em nosso estilo de adoração também podemos invocar a Deus em oração e louvor. Talvez as nossas orações possam soar como as trombetas clamando a Deus para nos ajudar. E o belo incentivo é que os ouvidos de Deus estão abertos às nossas orações (1 PEDRO 3:12). A cada um de nossos apelos, Ele responde com a certeza de Sua presença que nos fortalece e nos conforta nas dificuldades e tristezas da vida.

LISA M. SAMRA

Quando as suas orações foram súplicas por ajuda? Como o lembrete de que Deus ouve as nossas orações o encoraja?

Pai, obrigado por responderes ao meu pedido de ajuda e sustentar-me com Tua poderosa presença e amor.

A BÍBLIA EM UM ANO: GÊNESIS 18–19; MATEUS 6:1-18

PROFUNDEZAS DO AMOR

Vejam como é grande o amor do Pai por nós, pois ele nos chama de filhos, o que de fato somos! v.1

Daniel, de 3 anos, tinha acabado de aprender a nadar quando pisou numa madeira podre e caiu num poço de 12 metros de profundidade no quintal de seu avô. Daniel conseguiu boiar, apesar dos 3 m de água abaixo dele, até que seu pai desceu para resgatá-lo. Os bombeiros trouxeram cordas para resgatar o menino, mas o pai estava tão preocupado com o filho que ele já havia descido pelas pedras escorregadias para certificar-se de que Daniel estava seguro. Até onde vai o amor de um pai pelos filhos!

Quando João escreveu aos cristãos da Igreja Primitiva, que lutavam para encontrar o fundamento de sua fé enquanto o falso ensino corria solto entre eles, o apóstolo lançou estas palavras como verdadeiro salva-vidas: "Vejam como é grande o amor do Pai por nós, pois ele nos chama de filhos, o que de fato somos!" (1 JOÃO 3:1). Afirmar que os crentes em Jesus são "filhos" de Deus expressou a comunhão íntima e legal que validou o relacionamento de todos que confiam no Senhor. A que distâncias e profundezas Deus irá por Seus filhos!

Há ações que apenas um pai tomará por seu filho, como descer num poço para o resgatar. Assim foi o supremo ato de nosso Pai celestial, que enviou o Seu único Filho para nos trazer a salvação e nos aproximar do Seu coração, restaurando-nos à vida com Ele (vv.5,6).

ELISA MORGAN

Quando Deus o salvou de um poço escuro de necessidade? Como Ele o levou a um lugar de esperança?

Pai, obrigado por me alcançares em minhas necessidades resgatando-me e trazendo-me de volta para ti!

A BÍBLIA EM UM ANO: GÊNESIS 16–17; MATEUS 5:27-48

GLOSSÁRIO ESOTÉRICO

TRIGUEIRINHO

Com mais de mil verbetes acerca do que se passa na Terra
e no ser humano nesta época de transição,
esta obra vai ao encontro tanto dos que estão despertando para a vida interior, quanto dos que já aderiram a ela.
Esclarece aos que buscam a verdade e anseiam penetrar o lado desconhecido da existência humana, planetária e cósmica.
Mostra que enquanto se colhe a semeadura de ciclos passados, planta-se a vida futura na Terra.

ALQUIMIA, MISTICISMO, LOGOS PLANETÁRIO, ANARQUIA DIVINA, RAIOS, RELIGIÃO, GRUPOS INTERNOS, SAINT GERMAIN, ANDROGINIA, NAVE ALFA, APARIÇÕES DA VIRGEM, ASTROLOGIA, SONHOS, ENERGIA SEXUAL, CONE SUL, BASE DE OPERAÇÕES, CENTRO DE MISTÉRIOS, ARCANJO, NAVE-LABORATÓRIO, CENTRO DE TRASLADO, TRANSMUTAÇÃO, ANTIMATÉRIA, TRANSMIGRAÇÃO, REINO ANGÉLICO, HIERARQUIA INTERNA DA TERRA, ELEMENTAIS, MÔNADA, CENTROS ENERGÉTICOS DO PLANETA, DIMENSÃO, AURA, CORPO GRUPAL, LEMÚRIA, MAGNETISMO, CENTROS ENERGÉTICOS DO SER, VIDA DIVINA, ENSINAMENTO ESOTÉRICO, CONFEDERAÇÃO INTERGALÁTICA, DEVA, MEDICINA, CRISTO, CORPO DE LUZ, ESPELHOS DO COSMOS, CULTURA, MANTRAS, UFO, ETAPAS EVOLUTIVAS DO HOMEM, LEI DO CARMA, CENTRO INTRATERRENO, EXTRATERRESTRES, OPINIÃO PÚBLICA, MEDITAÇÃO, FRATERNIDADE CÓSMICA, RESSURREIÇÃO, NÍVEIS ARDENTES, FILHOS DAS ESTRELAS, OPERAÇÃO RESGATE, IMPULSOS CÓSMICOS, INICIAÇÃO, TRIÂNGULO DAS BERMUDAS, RONCADOR, RAÇA, PASSAGENS INTERDIMENSIONAIS, PIRÂMIDE, MEMÓRIA, MAGIA, IGREJA, FRATERNIDADE DO MAL, PESQUISAS EXTRATERRESTRES, PROFECIA, APOCALIPSE, POLARIDADE FEMININA DO PLANETA, ATLÂNTIDA, PSICOLOGIA ESOTÉRICA, ASHRAM, INTRATERRENO, SIGNOS CÓSMICOS, AVATAR, ESSÊNIOS, etc.

Editora Pensamento

TRIGUEIRINHO

PORTAL PARA UM REINO

Muitos estão conscientes do caminho espiritual, tanto em seus aspectos filosóficos como no que se refere à prática, à transformação do próprio ser; todavia, não conseguem trilhá-lo com o requerido vigor. Por isso o Ensinamento espiritual indica-lhes receptividade a energias transcendentes, energias transformadoras, por meio do puro amor ao que é divino. Com essa receptividade, o ser se eleva e se adapta ao novo estado de consciência que por toda a Terra se anuncia velozmente.

Editora Pensamento

COROAS DE PAPEL

Vocês não sabem que um dia nós, os santos, julgaremos o mundo? v.2

Depois de uma refeição festiva em minha casa, todos abriram seus pacotes com doces, lembrancinhas e confetes. Mas havia algo mais: uma coroa de papel para cada um. Não resistimos e as colocamos enquanto sorríamos uns para os outros, sentados ao redor da mesa. Por um momento, éramos reis e rainhas, mesmo que nosso reino fosse de sobras na sala de jantar.

Lembrei-me então de uma promessa bíblica: na próxima vida, todos os cristãos governarão com Jesus. Paulo menciona isso em 1 Coríntios 6 e questiona: "Vocês não sabem que um dia nós, os santos, julgaremos o mundo?" (v.2). Ele mencionou esse privilégio futuro para inspirar os cristãos a resolver suas disputas de maneira pacífica, pois muitas eram as discussões jurídicas entre eles. Consequentemente, isso prejudicava a reputação de outros cristãos da comunidade.

Tornamo-nos melhores na resolução de conflitos à medida que o Espírito Santo produz em nós o autocontrole, a gentileza e a paciência. Quando Jesus voltar e completar o trabalho do Espírito em nós (1 JOÃO 3:2,3), estaremos prontos para o nosso eventual papel de "sacerdotes para nosso Deus" (APOCALIPSE 5:10). Firmemo-nos nessa promessa que brilha nas Escrituras como um diamante numa coroa de ouro. *JENNIFER BENSON SCHULDT*

Como o Espírito Santo influencia as suas palavras e ações quando você enfrenta conflitos? De que maneira isso afeta as pessoas ao seu redor?

Deus, obrigado pela eternidade contigo.
Ajuda-me a olhar para ti
quando é difícil cooperar com os outros.

Acesse e conheça: universidadecrista.org

A BÍBLIA EM UM ANO: GÊNESIS 25–26; MATEUS 8:1-17

ELEVE OS SEUS OLHOS

Meu socorro vem do SENHOR,
que fez os céus e a terra. v.2

As nuvens baixaram, bloqueando o horizonte e limitando a minha visão da paisagem. O tempo passou e fiquei de mau humor. Mas então, à medida que a tarde se aproximou, as nuvens começaram a desaparecer, e vi: o belo Pico Pikes, o marco mais conhecido da minha cidade, ao lado da cordilheira. De repente eu sorri. Compreendi que até mesmo a perspectiva física, a visão literal, pode afetar a visão espiritual. E lembrei-me do cântico do salmista, "Olho para os montes" (SALMO 121:1). Às vezes, simplesmente precisamos elevar o nosso olhar mais ao alto!

O salmista refletiu sobre a fonte de sua ajuda, talvez porque o topo das colinas ao redor de Israel fosse repleto de altares dedicados a deuses pagãos que muitas vezes abrigavam ladrões. Talvez porque o salmista ao olhar além das colinas tenha visto o monte Sião onde o Templo estava, e lembrara-se de que o seu Deus era o Criador dos "céus e da terra" (v.2). De qualquer forma, para adorar devemos *olhar para o alto*. Devemos elevar nosso olhar para além das circunstâncias, dos nossos problemas e julgamentos, muito além das promessas vazias dos falsos deuses de nossos dias. Somente assim poderemos ver o Criador e Redentor, aquele que nos chama pelo nome. Ele é o único que "o guarda em tudo que você faz" hoje e para sempre (v.8).

GLENN PACKIAM

Como você pode *olhar para o alto* além das circunstâncias e pedir a ajuda de Deus em suas necessidades?

Pai, obrigado por seres nosso Criador e Protetor.
Ajuda-me a elevar os meus olhos
e a minha confiança a ti.

A BÍBLIA EM UM ANO: GÊNESIS 27–28; MATEUS 8:18-34

QUEBRANDO O CICLO

...aquele que está em Cristo se tornou nova criação. A velha vida acabou, e uma nova vida teve início! v.17

Davi apanhou de seu pai pela primeira vez aos 7 anos, depois de quebrar acidentalmente uma janela, e relatou: "Ele me chutou, deu-me um soco e mais tarde se desculpou. Meu pai era alcoólatra abusivo. E, agora, estou fazendo o meu melhor para acabar com esse ciclo". Mas levou muito tempo para Davi atingir esse ponto, pois a maior parte de seus 20 anos foram passados dentro de uma prisão ou em liberdade condicional, e dentro e fora de centros de reabilitação. Quando parecia que os seus sonhos estavam totalmente frustrados, ele encontrou esperança num local que centrava sua abordagem no relacionamento com Jesus: "Eu sempre me sentia desesperado. Agora me esforço para seguir em outra direção. Ao acordar, a primeira coisa que faço é entregar a minha vontade a Deus".

Quando nós nos achegamos a Deus com a vida despedaçada, seja pelo mal dos outros ou pelo nosso, Deus toma o nosso coração despedaçado e o transforma em novo: "todo aquele que está em Cristo se tornou nova criação" (2 CORÍNTIOS 5:17). O amor e a vida de Cristo interrompem o ciclo do passado, dando-nos um novo futuro (vv.14,15). E não acaba aí! Ao longo de nossa vida, podemos encontrar esperança e força no que Deus fez e continua a fazer em nós todos os dias.

ALYSON KIEDA

Para onde você se dirigia ao encontrar Jesus?
De que maneira o fato de saber que Deus molda a sua vida para se assemelhar cada vez mais a Cristo o ajuda?

Meu Deus, obrigado por interromperes a trajetória descendente da minha vida, transformando-me em nova criatura!

A BÍBLIA EM UM ANO: GÊNESIS 29–30; MATEUS 9:1-17

QUAL É A SUA MÚSICA?

Moisés escreveu as palavras da canção e a ensinou aos israelitas. v.22

A maioria dos norte-americanos conhece pouco sobre os pais fundadores de sua nação. Entretanto, em 2015, Lin-Manuel Miranda escreveu um *hit* musical sobre um deles, Alexander Hamilton. As crianças aprenderam sobre a história de Hamilton e agora cantam alegremente sobre esse herói em seus momentos de lazer.

Deus conhece o poder da música, e disse "escrevam, portanto, as palavras desta canção e ensinem-na aos israelitas" (DEUTERONÔMIO 31:19). Deus sabia que, muito tempo depois de Moisés ter ido embora, quando Ele trouxe Israel para a Terra Prometida, o povo se rebelaria e adoraria outros deuses. Então o Senhor disse a Moisés: "esta canção servirá de prova contra eles, pois seus descendentes jamais se esquecerão dela" (v.21).

É quase impossível esquecer algumas canções, por isso é bom ser seletivo sobre o que cantamos. Algumas são apenas por diversão, e isso é bom, porém nos beneficiamos de canções que glorificam Jesus e encorajam a nossa fé. Seguimos o conselho "aproveitem ao máximo todas as oportunidades [...] cantando salmos, hinos e cânticos [...] louvando ao Senhor de coração com música" (EFÉSIOS 5:15-19).

As canções podem direcionar o nosso coração, pois o que cantarmos influenciará no que cremos. *MIKE WITTMER*

O que você deve buscar numa canção de adoração? Qual é a sua música favorita e por quê?

Querido Deus e Pai,
que a minha canção favorita
seja sempre uma oração em Teu louvor.

A BÍBLIA EM UM ANO: GÊNESIS 31–32; MATEUS 9:18-38

A COMPAIXÃO DE DEUS

...tu me protegerás da ira de meus inimigos. v.7

Era uma gelada noite de inverno quando alguém jogou uma grande pedra pela janela do quarto de uma criança judia. Aquela janela exibia uma estrela de Davi, e o Menorá para celebrar Chanucá, o Festival Judaico das Luzes. Milhares de pessoas, muitas delas cristãs, responderam a esse ato odioso demonstrando compaixão. Elas optaram por se identificar com a dor e o medo de seus vizinhos judeus e colaram fotos do Menorá em suas próprias janelas.

Como seguidores de Jesus, também somos alvo de grande compaixão. Nosso Salvador se humilhou para viver entre nós (JOÃO 1:14), identificando-se conosco. Por nós, Ele "Embora sendo Deus [...] assumiu a posição de escravo" (FILIPENSES 2:6,7). Sentindo como nos sentimos e chorando como choramos, Ele morreu numa cruz sacrificando Sua vida para salvar a nossa.

Nada com o que lutamos está além da preocupação do nosso Salvador. Se alguém "joga pedras" em nossa vida, Ele nos conforta. Se a vida traz decepções, Ele caminha conosco em meio ao desespero. "Mesmo nas alturas, o SENHOR cuida dos humildes, mas mantém distância dos orgulhosos" (SALMO 138:6). Em nossos problemas, Ele nos preserva, estendendo Sua mão contra a "ira de [nossos] inimigos" (v.7) e alcançando os nossos medos mais profundos. Obrigado, Pai, por Seu amor cheio de compaixão.

PATRÍCIA RAYBON

Em quais áreas de sua vida você precisa da compaixão de Deus? Como demonstrar o amor de Deus aos outros?

Pai, agradeço-te por me entenderes e por Teu conforto. Que eu sempre compartilhe a Tua compaixão.

TODOS OS CAMINHOS?

Jesus disse: "Eu sou o caminho, a verdade e a vida..." v.6

"Não entre na via expressa!" Essa foi a mensagem da minha filha, quando saí do meu trabalho, pois a estrada mais parecia um estacionamento. Comecei a tentar rotas alternativas, mas depois de enfrentar paralisações em outras estradas, desisti. A volta para casa teria que esperar até mais tarde. Então segui em direção oposta e fui a um evento esportivo em que minha neta participava.

Descobrir que nenhum caminho poderia me levar para casa me fez pensar em pessoas que dizem que todos os caminhos levam a um relacionamento eterno com Deus. Alguns acreditam que o caminho da bondade e do bom comportamento o levarão a Ele. Outros escolhem o caminho dos afazeres religiosos.

Confiar nesses caminhos, no entanto, leva a um beco sem saída. Há somente um caminho para a presença eterna de Deus. Jesus esclareceu isso ao dizer: "Eu sou o caminho, a verdade e a vida. Ninguém pode vir ao Pai senão por mim" (JOÃO 14:6). Jesus revelou que morreria para abrir o caminho para entrarmos na casa de Seu Pai — à Sua presença e à vida verdadeira que Ele nos proporciona hoje e por toda a eternidade.

Evite os caminhos que não levam à presença de Deus. Em vez disso, confie em Jesus como Salvador, pois "quem crê no Filho de Deus tem a vida eterna" (3:36). E os que já creem nele encontram descanso em Sua promessa.

DAVE BRANON

Por que é essencial saber que só Jesus nos salva? Por que tendemos a buscar outros caminhos?

Querido Deus, quero confiar em ti para sempre. Obrigado pela salvação encontrada somente em Jesus.

★ *TÓPICO DE JANEIRO: O SOFRIMENTO E A ESPERANÇA*

PODEROSO

Golias [...] caminhava em direção a Davi, rindo com desprezo do belo jovem ruivo. VV.46,47

Saybie nasceu "microprematura", com 23 semanas e pesando 245 gramas. Os médicos duvidaram que ela sobreviveria e disseram aos pais que teriam provavelmente apenas uma hora com a filha. No entanto, Saybie continuou lutando. Um cartão perto de seu berço dizia: "Minúscula, mas poderosa". E após 5 meses no hospital, saudável e com 2,5 quilos, Saybie foi milagrosamente para casa. Ela é recorde mundial: o menor bebê sobrevivente do mundo.

É maravilhoso ouvir as histórias dos que superam as probabilidades. A Bíblia conta uma dessas histórias. Davi, um menino pastor, ofereceu-se para lutar contra Golias — um guerreiro enorme que difamou Deus e ameaçou Israel. O rei Saul não deu crédito a Davi: "Você não conseguirá lutar contra esse filisteu e vencer! É apenas um rapaz, e ele é guerreiro desde a juventude" (1 SAMUEL 17:33). Quando o jovem Davi pisou no campo de batalha, Golias riu "com desprezo do belo jovem ruivo" (V.42). No entanto, Davi não entrou naquela batalha sozinho, ele a enfrentou "em nome do SENHOR dos Exércitos, o Deus dos exércitos de Israel" (V.45). No final do dia, Davi foi vitorioso e Golias estava morto.

Não importa o tamanho do problema, quando Deus está conosco não há o que temer. Com a Sua força, também somos fortes.

WINN COLLIER

Como reconhecer a presença de Deus nos fortalecendo, apesar das probabilidades instransponíveis?

Deus, não tenho forças para seguir em frente sozinho, mas confio que tu estás comigo e me guias.

A BÍBLIA EM UM ANO: GÊNESIS 39–40; MATEUS 11

MÁGICO DE OZ

...vi um trono no céu e alguém sentado nele. v.2

Em *O Maravilhoso Mágico de Oz* (Zahar, 2013), Dorothy, o Espantalho, o Homem de Lata e o Leão Covarde retornam a Oz com tudo o que o grande Mago havia pedido. Em retribuição, ele concederia aos quatro os seus mais profundos desejos: para Dorothy, uma carona para casa; para o Espantalho, um cérebro; para o Homem de Lata, um coração e para o Leão Covarde, coragem. Mas o Mago, estático, diz-lhes para voltarem no dia seguinte.

Enquanto eles imploram ao Mago, o cão de Dorothy, Toto, puxa a cortina, atrás da qual o Mago fala, com isso revela que o Mago não é um mago, e sim apenas um homem temeroso e inquieto. Diz-se que o autor, L. Frank Baum, tinha um sério problema com Deus, então ele queria enviar a mensagem de que só nós temos o poder de resolver nossos problemas.

Em contrapartida, o apóstolo João puxa o véu para revelar o verdadeiro Maravilhoso atrás da "cortina". Faltam palavras a João, ele usa repetidamente a preposição *como* na passagem, mas o ponto a destacar é: Deus está sentado em Seu trono, cercado por "algo como um mar de vidro" (APOCALIPSE 4:2-6). Apesar dos problemas que nos atormentam aqui na Terra (APOCALIPSE 2–3), Deus não está andando sem rumo e roendo Suas unhas. Ele age constantemente para o nosso bem, para que possamos experimentar Sua paz.

DAVID ROPER

O que você teme? É encorajador saber que Deus controla os problemas que o cercam? Como confiar ainda mais e se render a Ele?

Sou grato, Deus, por estares comigo nessa caminhada. Obrigado por Tua paz.

UM LEGADO DE ACEITAÇÃO

Portanto, aceitem-se uns aos outros como Cristo os aceitou, para que Deus seja glorificado. v.7

Em seu livro *Breaking Down Walls* (Quebrando as paredes), Glen Kehrein escreveu sobre subir ao telhado de seu dormitório universitário em Chicago, após o assassinato do ativista dos direitos civis Dr. Martin Luther King Jr., em 1968. "O som de tiros ecoou por entre os edifícios. E no telhado, tive uma vista quase panorâmica, mas horrível. Como eu fui de uma fazenda no interior para uma zona de guerra bem dentro da cidade de Chicago em menos de dois anos?". Motivado por seu amor a Jesus e por pessoas de origens diferentes da sua, Kehrein permaneceu em Chicago até sua morte, em 2011, e liderou um ministério de acolhimento aos necessitados.

A vida de Kehrein reflete os esforços dos cristãos que sentem a necessidade de acolher os que são diferentes de si mesmos. Paulo ajudou os cristãos romanos a ver que o plano de Deus de resgate à humanidade rebelde incluía judeus e gentios (ROMANOS 15:8-12). Os cristãos são chamados a aceitar uns aos outros (v.7); o preconceito e a discórdia não têm lugar entre os chamados a glorificar a Deus que "poderão se unir em uma só voz" (v.6).

Peça a Deus para ajudá-lo a atravessar as barreiras e quebrar as paredes para envolver calorosamente a todos, independentemente de suas diferenças. Vamos nos esforçar para deixar um legado de aceitação.

ARTHUR JACKSON

Como demonstrar aceitação por pessoas diferentes de você e envolvê-las com o abraço de Jesus?

Pai, ajuda-me a te representar e ajusta os meus pensamentos e ações em meus esforços para amar os outros.

A BÍBLIA EM UM ANO: GÊNESIS 43–45; MATEUS 12:24-50

FÉ INABALÁVEL

Tu guardarás em perfeita paz todos que em ti confiam, aqueles cujos propósitos estão firmes em ti. v.3

Diane Dokko Kim e seu marido sofreram pela perspectiva de passar a vida inteira cuidando de seu primeiro filho que nascera com autismo. Em seu livro *Unbroken Faith* (Fé inabalável), ela admite ter dificuldades em ajustar os seus sonhos e expectativas ao futuro de seu filho. Nesse processo, o casal aprendeu que Deus pode lidar com suas raivas, dúvidas e medos. Agora, o filho é quase adulto e ela encoraja os pais de crianças com necessidades especiais, compartilha sobre as promessas e amor divino, assegurando-lhes que Deus permite que lamentemos ao experimentarmos a morte de: um sonho, expectativa, caminho ou fase da vida.

Isaías declara que o povo de Deus pode confiar no Senhor para sempre, "pois o SENHOR Deus é a Rocha eterna" (26:4). Ele é capaz de nos conceder paz sobrenatural em cada situação (v.12). Revigoramos a nossa esperança ao nos firmarmos em Seu caráter imutável e ao clamarmos a Ele em nossas dificuldades (v.15).

Ao enfrentarmos perdas, decepções ou circunstâncias difíceis, Deus nos convida a sermos honestos com Ele. O Senhor pode lidar com nossos questionamentos e emoções em constante mudança. Ele permanece conosco e revigora nosso ânimo com esperança duradoura. Mesmo quando sentimos que nossa vida se desmorona, Deus pode tornar nossa fé inabalável. *XOCHITL E. DIXON*

É difícil ser honesto com Deus? Como Ele o ajudou a lidar com a morte de um sonho ou expectativa?

Amado Deus, por favor, ajuda-nos a crer que podemos sempre confiar em ti com nossas sinceras emoções.

A BÍBLIA EM UM ANO: GÊNESIS 46–48; MATEUS 13:1-30

PEGADAS DE DEUS

Ó SENHOR, que variedade de coisas criaste! v.24

Nosso neto de 4 anos disse à vovó: "Sei onde Deus mora". Curiosa ela lhe perguntou: "Onde?". A resposta dele foi: "Na floresta ao lado da sua casa". Quando Cari me contou, ela buscava o motivo para essa resposta. Eu lhe contei que quando passeávamos na floresta na última visita dele, eu lhe dissera que, embora não pudéssemos ver Deus, podemos ver o que Ele fez. Aproveitei e perguntei ao meu neto, enquanto passávamos por um lugar arenoso: "Você vê as pegadas que estou deixando? Os animais, as árvores e o rio são como as pegadas de Deus. Sabemos que Ele esteve aqui porque podemos ver as coisas que o Criador fez".

O escritor do Salmo 104 também destacou as evidências de Deus na criação, exclamando: "Ó SENHOR, que variedade de coisas criaste! Fizeste todas elas com sabedoria; a terra está cheia de tuas criaturas" (v.24). A palavra hebraica para "sabedoria", encontrada nesse texto, é frequentemente usada na Bíblia para descrever a habilidade artesanal. O trabalho de Deus na natureza proclama a Sua presença e nos faz querer render-lhe louvores.

O Salmo 104 inicia e finaliza com as palavras: "louve o SENHOR" (vv.1,35). Da mão de um bebê aos olhos de uma águia, a arte do nosso Criador ao nosso redor demonstra a Sua perfeita habilidade. Que possamos nos maravilhar e louvá-lo por isso!

JAMES BANKS

Onde você vê a mão de Deus na criação? Como compartilhar isso com alguém — e com Deus — hoje?

Louvo-te, Senhor Deus, por tudo que fizeste. Ajuda-me a maravilhar-me com a Tua sabedoria e bondade.

PEIXES PEQUENOS

...venha e siga-me. v.21

Um casal britânico que morou na África Ocidental, por muitos anos, desenvolveu grande amizade com um homem da cidade e muitas vezes compartilhou o amor de Jesus e a história da salvação com ele. No entanto, este amigo relutava em abandonar sua fidelidade à outra religião, mesmo tendo reconhecido que a fé em Cristo era "a maior verdade". Sua preocupação era parcialmente financeira, já que ele era um líder em sua fé e dependia do salário que recebia. Ele também temia perder sua reputação entre as pessoas de sua comunidade. Com tristeza, ele explicou: "Sou como um homem pescando com as mãos em um córrego. Peguei um peixe pequeno em uma mão, mas um peixe maior está nadando. Para pegar o peixe maior, tenho que deixar que o menor se vá!".

O jovem rico descrito no evangelho de Mateus passou pelo mesmo dilema. Quando ele se aproximou de Jesus, perguntou: "Mestre, que boas ações devo fazer para obter a vida eterna?" (v.16). O jovem parecia sincero, mas não queria entregar totalmente sua vida a Jesus. Ele era rico, não só financeiramente, mas também em seu orgulho por ser seguidor das leis. Embora desejasse a vida eterna, ele amava outra coisa ainda mais e rejeitou as palavras de Cristo.

Ao nos entregarmos humildemente a Jesus e aceitarmos livremente o Seu dom de salvação, Ele nos convida: "venha e siga-me" (v.21).

CINDY HESS KASPER

O que o impede de render-se totalmente a Jesus?

Pai, obrigado por ofereceres
Teu filho como pagamento pelo meu pecado.
Quero render-me totalmente a ti.

CORRAMOS PARA TRANSMITIR

As mulheres [...] correram para transmitir aos discípulos a mensagem. v.8

A maratona moderna é baseada na história de um mensageiro grego, Fidípedes. Diz a lenda que, em 490 a.C., ele correu aproximadamente 40 quilômetros de Maratona até Atenas para anunciar a vitória dos gregos sobre o grande inimigo, os invasores persas. Hoje, as pessoas correm maratonas para autossatisfação, pela conquista da prova. No entanto, Fidípedes tinha um propósito maior por trás de seu esforço: cada passo seu era executado por pura alegria de transmitir boas notícias aos seus patrícios!

Provavelmente 500 anos depois disso, duas mulheres também correram para transmitir a mais importante de todas as notícias da história. Quando Maria e Maria Madalena chegaram ao túmulo onde Jesus havia sido colocado, após Sua crucificação, elas o encontraram vazio. Um anjo lhes disse: "ele ressuscitou [...] vão depressa e contem aos discípulos" (MATEUS 28:7). As mulheres, "assustadas mas cheias de alegria", correram para transmitir aos discípulos o que tinham descoberto (v.8).

Que tenhamos a mesma alegria pela ressurreição de Jesus, e que isso nos revigore para compartilharmos essas boas notícias também. Talvez nem precisemos "correr" mais longe do que à porta ao lado para encontrarmos quem precise conhecer o Salvador. Jesus venceu a batalha contra a morte para que sejamos vitoriosos com Ele para sempre!

KIRSTEN HOLMBERG

Quem lhe falou sobre o evangelho de Cristo? Como você pode compartilhar essas boas-novas?

Pai, alegro-me por Tua vitória sobre a morte e por poder compartilhá-la com todos ao meu redor.

★ *TÓPICO DE JANEIRO: O SOFRIMENTO E A ESPERANÇA*

OS LUGARES MAIS PROFUNDOS

Estou exausto de tanto gemer... v.6

Victor Hugo (1802–85), poeta e romancista durante as turbulências sociais e políticas da França do século 19, talvez seja mais conhecido por seu clássico *Os Miseráveis* (Martin Claret, 2014). Mais de um século depois, a adaptação musical de seu romance tornou-se uma das produções mais populares da nossa geração. Isso não deveria nos surpreender. Como Hugo disse: "A música expressa o que não pode ser dito e sobre o que é impossível silenciar".

Os salmistas teriam concordado. Suas canções e orações nos fornecem reflexões honestas sobre a vida e sua inevitável dor. Elas nos tocam em lugares que achamos difícil acessar. Por exemplo, Davi afirma: "Estou exausto de tanto gemer; à noite inundo a cama de tanto chorar" (SALMO 6:6). O fato de essa honestidade incisiva estar incluída nas canções inspiradas das Escrituras nos encoraja sobremaneira. Isso nos convida a trazer os nossos medos a Deus, que nos recebe em Sua presença para prover conforto e ajuda. O Senhor nos compreende em nossa sincera honestidade.

A música pode nos capacitar a nos expressarmos quando se torna difícil encontrar as palavras. Quando nos expressamos com canções, orações ou clamores silenciosos, o nosso Deus alcança os lugares mais profundos de nosso coração e nos concede a Sua paz.

BILL CROWDER

Como é a sua vida de oração? O que você sente ao perceber que o próprio Deus lhe permite entrar em Sua presença tal qual está?

Obrigado Deus, por me aceitares como estou e me receberes com a minha dor, medo, luta e decepção em Tua presença.

A BÍBLIA EM UM ANO: ÊXODO 7–8; MATEUS 15:1-20

TUDO ENTREGAREI

...Pedro começou a falar: "Deixamos tudo para segui-lo". v.28

James O. Fraser (1886–1938) escolheu não continuar como pianista de concertos na Inglaterra para servir o povo Lisu na China, enquanto o americano Judson Van DeVenter (1855-1939) optou por se tornar um evangelista em vez de seguir uma carreira artística. Mais tarde, DeVenter escreveu o hino "Tudo entregarei" (CC 295).

Embora a vocação nas artes seja o chamado perfeito para muitos, esses homens creram que Deus os chamava para abandonar uma carreira por outra. Talvez tenham encontrado inspiração em Jesus aconselhando o jovem rico a desistir de suas posses para segui-lo (MARCOS 10:17-25). Testemunhando isso, Pedro exclamou: "Deixamos tudo para segui-lo!" (v.28). Jesus assegurou-lhe de que Deus daria aos que o seguem "neste mundo, cem vezes mais" e no mundo futuro "a vida eterna" (v.30). Porém, Ele dará de acordo com a Sua sabedoria: "muitos primeiros serão os últimos, e muitos últimos serão os primeiros" (v.31).

Não importa onde Deus nos colocou, somos chamados a entregar diariamente a nossa vida a Cristo, obedecer ao Seu gentil chamado para segui-lo e servi-lo com nossos talentos e recursos, seja no lar, escritório, comunidade ou longe de casa. À medida que fizermos isso, Ele nos inspirará a amar aos outros colocando as necessidades deles acima das nossas. *AMY BOUCHER PYE*

Quem lhe vem à mente ao refletir sobre alguém que se sacrificou por Jesus? Deus o chama para render-se a Ele?

Jesus, ajuda-me a entregar tudo a ti hoje e a servir aos que estão ao meu redor para Tua honra e glória.

EFEITO CASCATA

Senti-me encorajado porque a mão do SENHOR, meu Deus, estava sobre mim e reuni alguns dos líderes... 7:28

A pequena faculdade bíblica ao norte de Gana não parecia impressionante. No entanto, Bob Hayes dedicou sua vida àqueles alunos. Deu-lhes papéis de liderança e os encorajou a pregar e ensinar. Hayes já faleceu, e dezenas de igrejas prósperas, escolas e mais dois institutos bíblicos surgiram em Gana, iniciados por pessoas formadas naquela humilde escola.

Durante o reinado do rei Artaxerxes (465-424 A.C.), Esdras, o escriba, reuniu um grupo de judeus exilados para retornar a Jerusalém. Mas ele não encontrou nenhum levita entre os sacerdotes (ESDRAS 8:15) os quais eram necessários para servir como sacerdotes. Então Esdras pediu aos líderes para que "enviassem ministros para o templo de Deus" (v.17). Feito isso (vv.18-20), Esdras os conduziu em jejum e oração (v.21). Sob a orientação e oração de Esdras, iniciou-se um despertar espiritual em Jerusalém (9–10). Tudo o que eles precisavam era de um pouco de encorajamento e sábia orientação.

A Igreja que pertence a Deus funciona desse modo também. À medida que bons mentores nos encorajam e nos edificam, aprendemos a fazer o mesmo pelos outros. Tal influência irá muito além de nossa vida. O trabalho feito fielmente para Deus se estende até a eternidade. *TIM GUSTAFSON*

**Quem é o seu principal mentor espiritual?
Por que a mentoria em Cristo é algo
essencial para você receber e estender aos outros?
Busque um mentor se ainda não o tiver.**

*Pai, mostra-me alguém
a quem eu possa orientar com a
sabedoria transformadora da Tua Palavra.*

A BÍBLIA EM UM ANO: ÊXODO 12–13; MATEUS 16

UM PROBLEMA DENTRO

Hosana, Filho de Davi! Bendito é o que vem em nome do Senhor! Hosana no mais alto céu! v.9

Alguns anos atrás, um pica-pau começou a bater no tapume da nossa casa. Pensamos que o problema era apenas externo. Meu filho e eu subimos por uma escada até o sótão e fomos pegos de surpresa por um pássaro voando. O problema era pior do que suspeitávamos: estava *dentro* da nossa casa.

Quando Jesus chegou a Jerusalém, a multidão esperava que Ele resolvesse seus problemas exteriores: a opressão pelos romanos. Eles foram à loucura, gritando: "Hosana, Filho de Davi! Bendito é o que vem em nome do Senhor! Hosana no mais alto céu!" (MATEUS 21:9). Era o momento que aguardavam; o Rei enviado por Deus tinha vindo. Se o Libertador escolhido por Deus começasse a reformar as coisas, não começaria pelos errados *do lado de fora*? Mas, na maioria dos relatos dos evangelhos, a "entrada triunfal" é seguida por Jesus expulsando os tais exploradores de dinheiro do Templo (vv.12,13). Jesus estava limpando a casa, e a limpava de dentro para fora.

É o que acontece quando damos as boas-vindas a Jesus como Rei: Ele vem para acertar as coisas, a começar por nós, e nos faz confrontar o mal em nosso interior. Jesus montado num jumento é como os guerreiros no cavalo de Troia. O cavalo era recebido como um símbolo da paz, mas seu objetivo final era a rendição incondicional. Jesus, nosso Rei, exige o mesmo de nós.

GLENN PACKIAM

O que significa Jesus ser o seu Rei e por que é essencial que você entregue tudo a Ele?

Jesus, perdoa-me por querer que resolvas os problemas do mundo ao meu redor sem confrontar o meu pecado.

A BÍBLIA EM UM ANO: ÊXODO 14–15; MATEUS 17

LIVRES DE FATO

Portanto, se o Filho os libertar, vocês serão livres de fato. v.36

Passaram-se 20 longos anos antes de o jornalista John McCarthy, refém por 5 anos, durante a Guerra Civil do Líbano, encontrar o negociador de sua libertação. Ao conhecê-lo, ele disse ao enviado da ONU, Giandomenico Picco: "Obrigado por minha liberdade!". Suas palavras foram sinceras e valiosas porque Picco arriscou a vida durante as perigosas negociações para garantir a liberdade de McCarthy e dos demais reféns.

Como cristãos, compreendemos essa liberdade. Jesus deu a Sua vida para garantir a liberdade espiritual a todos, incluindo cada um de nós. Agora, como Seus filhos, sabemos o que Paulo declarou: "Cristo verdadeiramente nos libertou" (GÁLATAS 5:1). João também ensina a liberdade em Cristo: "se o Filho os libertar, vocês serão livres de fato" (JOÃO 8:36).

Mas livres como? Em Jesus, experimentamos a liberdade, não só do pecado e seu domínio sobre nós, mas também da culpa, vergonha, preocupação, mentiras de Satanás, superstições, falsos ensinamentos e morte eterna. Não somos mais reféns, somos livres para demonstrar amor aos inimigos, andar com bondade, viver com esperança e amar ao nosso próximo. Ao seguirmos a liderança do Espírito Santo, podemos perdoar como fomos perdoados e ser livres para amar como somos amados. Agradeçamos a Deus e amemos aos outros para que também conheçam o poder da Sua liberdade.

PATRÍCIA RAYBON

O que você precisa entregar ao Pai para que Ele o liberte?

Deus libertador, sou grato por me livrares da morte espiritual e por ser livre para amar ao próximo.

UMA CORRENTE PODEROSA

...quero ver uma grande inundação de justiça, um rio inesgotável de retidão, v.24

Vendo as exposições sobre a dura escravidão e suas consequências, agradeci por estar na sala do *Museu Nacional de História e Cultura Afro-Americana*, em Washington, DC. Naquela sala com paredes de vidro de bronze translúcidos, a água parecia chuva descendo do teto à piscina.

Sentada ali, as palavras do discurso de Martin Luther King, extraídas do livro de Amós do Antigo Testamento, chamaram minha atenção: "Estamos determinados a trabalhar e lutar até que a justiça corra como as águas, e seja a virtude uma corrente poderosa".

Amós era cercado por pessoas religiosas que celebravam festivais e ofereciam sacrifícios, mas cujo coração estava longe de Deus (5:21-23). O Senhor os rejeitou porque eles tinham se afastado de Suas ordenanças, inclusive as que dizem respeito à justiça aos necessitados e oprimidos. Em vez de cerimônias religiosas, desprovidas de amor por Deus e outros, Amós escreveu que Deus ansiava ver Seu povo demonstrando preocupação genuína com o bem-estar de todas as pessoas: um modo de vida generoso tal qual um rio caudaloso trazendo vida por onde fluísse.

Jesus ensinou a mesma verdade: amar a Deus também significa o amor ao próximo (MATEUS 22:37-39). Que os corações que buscam amar a Deus valorizem também a justiça. *LISA M. SAMRA*

Como você pode amar a Deus através da busca da justiça ao próximo? Quais exemplos de generosidade aos necessitados e oprimidos o encorajam?

Pai, Teu amor é como corrente poderosa que traz justiça a todos. Desperta-me para servir-te.

SEM FÔLEGO

Você tem seis dias na semana para fazer os trabalhos habituais, mas o sétimo dia é [...] do SENHOR... vv.13,14

Certa loja tem um grande botão verde e, se nenhum assistente estiver presente, você aperta o botão que inicia um temporizador. Se você não for atendido em um minuto, terá desconto na compra. Gostamos de ser o cliente nesse cenário. Mas a demanda por serviço rápido muitas vezes tem preço alto. Muitos dentre nós nos sentimos apressados, trabalhamos longas horas, verificamos e-mails várias vezes ao dia, sentimo-nos pressionados a cumprir prazos cada vez mais apertados. A tática de atendimento ao cliente dessa loja infiltrou-se em nossa vida, criando a cultura da pressa.

Deus, ao dizer aos israelitas para guardarem o sábado, acrescentou: "Lembre-se de que você era escravo no Egito" (DEUTERONÔMIO 5:15), onde foram forçados a trabalhar sob as excessivas exigências do Faraó (ÊXODO 5:6-9). Agora libertos, deveriam dar a si mesmos um dia inteiro livre a cada semana para garantir que eles e os que os serviam pudessem descansar (DEUTERONÔMIO 5:14). Sob o governo de Deus, não haveria pessoas demonstrando estar sem fôlego de tanto trabalhar.

Quantas vezes você trabalha até sentir-se exausto ou se impacienta com pessoas que o fazem esperar? Vamos dar descanso uns aos outros. A cultura do imediatismo é obra do Faraó, não de Deus.

SHERIDAN VOYSEY

Como você pode resistir à vontade de trabalhar demais? De que maneira você pode demonstrar calma para as pessoas que o mantêm à espera de algo?

Senhor do Sábado, obrigado por me ordenares o descanso para que eu possa restaurar as minhas forças.

REVESTINDO-SE DE CORAGEM

Se sou homem de Deus, que desça fogo do céu... V.10

André vive num país fechado ao evangelho. Quando lhe perguntei sobre como ele mantém sua fé em segredo, disse-me que não a mantém. Ele usa uma divisa que identifica a sua igreja e, sempre que é preso, diz aos policiais que "eles também precisam de Jesus". André é corajoso porque conhece Quem está com ele.

Elias recusou-se a ser intimidado, mesmo quando o rei de Israel enviou 50 soldados para prendê-lo (2 REIS 1:9). O profeta sabia que Deus estava com ele, e clamou por fogo o qual consumiu o pelotão. O rei enviou mais soldados, e Elias fez o mesmo (V.12). O rei enviou ainda mais, porém o terceiro pelotão ouvira falar dos outros. O capitão implorou a Elias que poupasse a vida de seus soldados. Então o anjo do Senhor disse a Elias que era seguro ir com os soldados (VV.13-15).

Jesus não quer que peçamos fogo sobre os nossos inimigos. Quando os discípulos perguntaram se podiam pedir que o fogo descesse sobre uma aldeia samaritana, o Mestre os repreendeu (LUCAS 9:51-55). Vivemos numa época diferente, mas Jesus quer que tenhamos a ousadia de Elias, que estejamos prontos a anunciar a todos sobre o Salvador que morreu por eles. Pode parecer uma pessoa enfrentando outras 50, mas é, na verdade, Um em cinquenta. Jesus provê o que precisamos para amar e alcançar corajosamente aos outros.

MIKE WITTMER

Como Jesus lhe concede o necessário para ser corajoso? O que Deus quer que você saiba e faça?

Espírito Santo, obrigado por viveres em mim. Enche-me de coragem quando falo sobre Jesus aos outros.

UM FUTURO COM PERDÃO

Não deixem que o mal os vença, mas vençam o mal praticando o bem. v.21

A África do Sul (1994) fez a transição do governo de segregação racial à democracia, e teve que lidar com os crimes cometidos sob o regime de segregação. Seus líderes não podiam ignorar o passado, porém a punição severa aprofundaria as feridas do país. Desmond Tutu, primeiro arcebispo anglicano negro do país, escreveu em *O livro do perdão* (Ed. Valentina, 2014): "Poderíamos muito bem ter feito justiça retributiva, e teríamos um país em cinzas".

O "Comitê da Verdade e Reconciliação", daquela jovem democracia buscou a verdade, a justiça e a misericórdia. Aos culpados, foi ofertado um caminho de restauração para que se dispusessem a confessar seus crimes e buscassem a restituição. O país encontraria a cura apenas se enfrentasse corajosamente a verdade.

De certa forma, esse dilema reflete a luta que nós enfrentamos. Somos convocados a buscar por justiça *e* misericórdia (MIQUEIAS 6:8), mas muitas vezes a misericórdia é mal interpretada como falta de responsabilização, e a justiça como busca de vingança.

Nosso único caminho é o amor que não só odeia "tudo que é mau" (ROMANOS 12:9), mas também deseja a transformação e o bem do "próximo" (13:10). Pelo poder do Espírito, aprendemos o que significa o futuro de superação do mal pelo bem (12:21).

MONICA LA ROSE

Você já testemunhou a distorção entre a misericórdia e a justiça? Já presenciou a harmonia entre a justiça e a misericórdia?

Amado Deus, ajuda-me a crer em Teu amor e poder para transformar e curar. Guia-me para praticar a justiça, a misericórdia e o amor.

UM REINO DE CABEÇA PARA CIMA

No Sermão do Monte, Jesus apresenta as ideias fundamentais que descrevem a vida no Seu reino. Porque essas ideias são tão contraculturais à forma como buscamos viver, os estudiosos se referem ao Seu ensinamento nesse sermão como a descrição de um rei de ponta-cabeça para um reino igualmente de ponta-cabeça.

No entanto, é o nosso mundo que está confuso e desordenado. Precisamos de uma séria correção para a nossa perspectiva de "ponta-cabeça", e Jesus a proporciona. As Suas declarações iniciais de bênçãos, conhecidas como as bem-aventuranças (MATEUS 5:3-12), desafiam o nosso pensamento de forma chocante. Quem descreveria os pobres, enlutados, ou perseguidos como *pessoas abençoadas*? Bem, Jesus afirmou exatamente isso.

As bem--aventuranças descrevem a pessoa que já vive sob a influência do único Rei.

As bem-aventuranças de Jesus não constituem um caminho para o relacionamento com o Rei ou à cidadania no Seu reino. Descrevem, no entanto, a pessoa que já vive sob a influência do único e verdadeiro Rei. Os enlutados não são abençoados porque choram; são abençoados porque Deus responderá o seu luto com consolo (v.4). Não é uma declaração de negociação, mas de esperança e expectativa. Em meio ao luto, eles tem a segurança de que Deus é o Deus de todo o consolo.

No reino de Jesus, Ele nos assegura de que a Sua resposta ao que encontrarmos será sempre mais do que suficiente para nos levar até ao fim. Quando vemos que o nosso estado de bem-aventurança não vem das circunstâncias da vida, mas sim da fidelidade do Rei que cuida do Seu povo, podemos começar a viver de "cabeça para cima".

BILL CROWDER

A FELICIDADE SEGUNDO JESUS

Alegrem-se e exultem, porque uma grande recompensa os espera no céu. v.12

Surpreendi-me ao descobrir que a ONU divulga um relatório anual com o *ranking* da felicidade dos países. Sempre imaginei que a felicidade fosse imensurável e independesse de critérios lógicos. Os critérios utilizados para essa medição se relacionam a: sucesso econômico, expectativa elevada de vida, apoio social, lazer, liberdade de ação, sensação de generosidade e percepção ou não de corrupção. No geral, parecem mostrar que país rico é país feliz. Porém, a realidade e a Bíblia mostram algo muito diferente.

O assunto interessa, pois todos se acham no direito de possuí-la e querem ser felizes. Assim, como cristãos, é bom pararmos e observarmos as orientações de Jesus a esse respeito. A opinião dele contraria a da maioria e, em alguns casos, parece ser incoerente, mas quem deseja ser feliz de fato não pode deixar de lado as orientações do Mestre.

Em Mateus 5:1-12, a felicidade segundo Jesus, a bem-aventurança, não está em ter, mas em ser e agir. Encontra-se na humildade, no choro, na mansidão, no desejo intenso de justiça, na prática da misericórdia, na pureza de coração, na promoção da paz, e atinge seu grau máximo no sofrer perseguições injustas por ser discípulo de Jesus. Em resumo, feliz é quem vive semelhantemente ao nosso Mestre, sendo Seu verdadeiro seguidor e esperando a recompensa que nos está reservada por Ele no Céu.

ANTÔNIO RENATO GUSSO

Felizes, são os que seguem os ensinos de Jesus!

Senhor, que minha felicidade se baseie no fato de eu ser Teu discípulo e não em padrões culturais.

★ *TÓPICO DE FEVEREIRO: BEM-AVENTURANÇAS*

PODADA PARA FRUTIFICAR

Todo ramo que dá fruto, ele poda, para que produza ainda mais. v.2

Quando uma abelha pousou sobre a sálvia russa, maravilhei-me com os ramos exuberantes e coloridos do arbusto. As flores azuis brilhantes e as abelhas atraíram meus olhos de igual modo. No entanto, no outono anterior, cheguei a duvidar que floresceriam novamente. Quando os meus sogros cortaram essa erva perene até o toco, presumi que tinham decidido livrar-se dela. Mas agora eu testemunhava o radiante resultado daquela poda que antes me parecera brutal.

Uma das razões de Jesus ter escolhido a poda para descrever a obra de Deus, entre os cristãos, pode ser a surpreendente beleza depois de cortes tão duros. Ele diz: "Eu sou a videira verdadeira, e meu Pai é o lavrador. [...] Todo ramo que dá fruto, ele poda, para que produza ainda mais" (JOÃO 15:1-2).

Essas palavras nos lembram que, nos bons e maus momentos, Deus está sempre agindo em nós para nos renovar espiritualmente e para sermos frutíferos (v.5). Durante as "podas" de sofrimento ou aridez emocional, podemos questionar se voltaremos a prosperar. Mas Cristo nos encoraja a permanecermos nele dizendo: "Pois, assim como um ramo não pode produzir fruto se não estiver na videira, vocês também não poderão produzir frutos a menos que permaneçam em mim" (v.4).

Ao buscamos continuamente o alimento espiritual em Jesus, os frutos em nossa vida mostrarão ao mundo a bondade de Deus (v.8).

ADAM R. HOLZ

Deus usou as suas lutas para produzir bons frutos?

Pai, ajuda-me a confiar em ti nos momentos difíceis, sabendo que trazes beleza e mudanças à minha vida.

A BÍBLIA EM UM ANO: ÊXODO 29–30; MATEUS 21:23-46

ESPERANDO POR UMA BÊNÇÃO

Se parecer que demora a vir,
espere com paciência... 2:3

Um restaurante popular serve uma sopa, cujo caldo é reabastecido com ingredientes frescos a cada manhã há 45 anos. A tradição do "ensopado perpétuo" é medieval. Assim como o sabor de algumas "sobras" melhora depois de passados alguns dias, o lento cozimento produz sabores únicos. O restaurante é premiado por servir a sopa mais deliciosa da Tailândia.

As coisas boas muitas vezes levam tempo, mas nossa natureza humana luta com a paciência. A pergunta "Até quando?" ocorre em toda a Bíblia. Habacuque, cujo nome significa "o que luta corpo a corpo" começa seu livro perguntando: "Até quando, SENHOR, terei de pedir por socorro?" (1:2).O profeta anunciou o juízo de Deus sobre Judá, pela invasão do Império Babilônico, e lutou com o fato de Deus permitir que pessoas corruptas prosperassem enquanto exploravam outros. Todavia, Deus prometeu esperança e restauração em Seu tempo: "Esta é uma visão do futuro [da ajuda de Deus] [...] e tudo se cumprirá. Se parecer que demora a vir, espere com paciência, pois certamente acontecerá; não se atrasará" (2:3).

O cativeiro babilônico durou 70 anos, para os padrões humanos é muito tempo, porém Deus é sempre fiel e verdadeiro à Sua Palavra.

As bênçãos de Deus podem tardar, mas mantenha o seu olhar nele! O Senhor prepara Suas bênçãos com perfeita sabedoria e cuidado e esperar por Ele sempre vale a pena. *JAMES BANKS*

Quais bênçãos você está esperando de Deus?

Pai, obrigado por Tua bondade e fidelidade em cada momento e, acima de tudo, ajuda-me a olhar sempre para ti.

A BÍBLIA EM UM ANO: ÊXODO 31–33; MATEUS 22:1-22

INVESTIMENTOS DA FÉ

Ensinem-nas [minhas palavras] a seus filhos. v.19

O garoto de 12 anos aguardava ansioso a abertura dos presentes. Ele queria uma bicicleta nova, mas sentiu-se frustrado quando recebeu um dicionário como o seu último presente. Na primeira página, ele leu: "Para Carlos de seus pais, 1958. Com amor e grandes esperanças para o seu melhor na escola".

Ele se saiu bem na escola, formou-se na faculdade e, mais tarde, treinou pilotagem de aviões. Ele cumpriu o seu desejo de compartilhar sobre Jesus e ajudar os necessitados. E, cerca de 60 anos após receber tal presente, ele compartilhou o desgastado dicionário com seus netos. Isso se tornou um símbolo do investimento amoroso de seus pais em seu futuro, e ele ainda o valoriza. É grato pelo investimento que seus pais fizeram na edificação de sua fé, ensinando-o sobre Deus e a Bíblia.

Em Deuteronômio, lemos sobre a importância de aproveitar todas as oportunidades para compartilhar as palavras das Escrituras com as crianças: "Ensinem-nas a seus filhos. Conversem a respeito delas quando estiverem em casa e quando estiverem caminhando, quando se deitarem e quando se levantarem" (11:19).

Para Carlos, os valores eternos que aprendeu frutificaram numa vida de serviço para o seu Salvador. Deus é quem nos capacita e Ele sabe o quanto o nosso investimento no crescimento espiritual de alguém renderá.

CINDY HESS KASPER

Como direcionar o coração das crianças para a sabedoria encontrada na Bíblia?

Pai, ajuda-me a investir mais do meu tempo em leituras da Bíblia para aprender mais sobre a Tua sabedoria.

A BÍBLIA EM UM ANO: ÊXODO 34–35; MATEUS 22:23-46

MANTENHA-SE FIRME

Pois eu o seguro pela mão direita,
eu, o SENHOR, seu Deus... v.13

Harriet Tubman foi uma das grandes heroínas norte-americanas do século 19. Ela demonstrou notável coragem ao conduzir mais de 300 companheiros escravos à liberdade, depois de ela mesma ter escapado da escravidão, cruzando território livre ao norte dos Estados Unidos. Não satisfeita em apenas desfrutar de sua liberdade, ela voltou 19 vezes aos estados escravagistas para resgatar amigos, família e estranhos à liberdade, muitas vezes guiando-os na travessia a pé até o vizinho Canadá.

O que a motivou a agir tão corajosamente? Sendo mulher de profunda fé, certa vez declarou: "Eu sempre disse a Deus: permanecerei firme em ti, e terás que me sustentar". Sua dependência na orientação de Deus foi recompensada à medida que tirava as pessoas da escravidão.

O que significa "permanecer firme" em Deus? Um versículo no livro de Isaías pode nos ajudar a entender que, na verdade, é Ele que nos ampara enquanto seguramos Sua mão. Isaías cita Deus, que disse: "Pois eu o seguro pela mão direita, eu, o SENHOR, seu Deus, e lhe digo: 'Não tenha medo, estou aqui para ajudá-lo" (41:13).

Harriet apegou-se firmemente a Deus, e Ele atendeu as necessidades dela. Quais desafios você enfrenta? Apegue-se firmemente ao Senhor, enquanto Ele "toma conta" de sua mão e de sua vida. "Não tema." Ele o ajudará. *DAVE BRANON*

Qual é o seu maior desafio agora?
O que você pode fazer ou dizer para que
Deus saiba que confia nele?

Pai celeste, preciso da Tua ajuda.
Por favor, venha ao meu lado nos meus maiores desafios
e ajuda-me a saber que não estou sozinho.

A BÍBLIA EM UM ANO: ÊXODO 36–38; MATEUS 23:1-22

QUAL É A SUA REPUTAÇÃO?

...mas agora têm a luz no Senhor. Vivam, portanto, como filhos da luz! v.8

Eduardo era o maior e mais barulhento líder de torcida nos eventos esportivos locais. Antes de adoecer ele tinha 1,80 m de altura e pesava 131 quilos. Sua torcida gritando: "Azul!" (a cor da escola) entre a multidão e os doces distribuídos em festas escolares eram lendários e lhe garantiam o apelido de "Grande Azul".

Mas sua reputação na comunidade não era por ter sido líder de torcida nem por ter sido viciado em álcool quando jovem. Eduardo será lembrado por seu amor a Deus, à família, e por sua generosidade e bondade. Durante o culto de despedida que por 4 horas celebrou a vida dele, uma pessoa após outra relembrou como ele tinha sido maravilhosamente resgatado das trevas por meio do evangelho e poder de Jesus.

Em Efésios 5, Paulo lembrou aos cristãos que eles "estavam mergulhados na escuridão", mas rapidamente observou: "mas agora têm a luz no Senhor. Vivam portanto, como filhos da luz" (v.8). Esse chamado é feito a todos que creem em Jesus. Os filhos da luz, como Eduardo o foi, têm muito a oferecer aos imersos na escuridão deste mundo: os "feitos inúteis do mal e da escuridão" devem ser evitados (vv.3-4,11). Em todos os lugares, as pessoas precisam do testemunho brilhante e inconfundível daqueles a quem Jesus iluminou (v.14). Testemunhos tão distintos quanto a luz é da escuridão.

ARTHUR JACKSON

Por que hesitamos em espalhar a luz de Cristo? Quais lugares precisam da Sua luz?

Pai, perdoa-me pela minha passividade, orienta-me e usa-me como luz nos lugares escuros deste mundo.

A BÍBLIA EM UM ANO: ÊXODO 39–40; MATEUS 23:23-39

RECUPERANDO O QUE ESTÁ PERDIDO

Mas Davi encontrou forças no SENHOR, seu Deus. v.6

Nosso pastor se preparou para as más notícias quando o seu telefone caiu acidentalmente. Perda total, certo? Na verdade, não! A funcionária da loja recuperou todos os dados do aparelho, incluindo seus vídeos bíblicos e fotos. Ela também recuperou todas as fotos que ele já havia deletado e substituiu o aparelho por um novo. Como ele disse: "Recuperei tudo o que tinha perdido e *um pouco mais*".

Certa ocasião após um ataque dos violentos amalequitas, Davi liderou a sua própria missão de resgate. Rejeitado pelos governantes filisteus, ele e seu exército descobriram que os amalequitas haviam invadido e incendiado sua cidade de Ziclague, levando cativos "suas mulheres, seus filhos e suas filhas" (1 SAMUEL 30:2-3). Davi e seus soldados "lamentaram e choraram em alta voz até não aguentar mais" (v.4). Esses homens, de tão amargurados com Davi, falavam em "apedrejá-lo" (v.6).

"Mas Davi encontrou força no SENHOR, seu Deus" (v.6). Como Deus prometeu, Davi os perseguiu e "recuperou tudo que os amalequitas haviam tomado [...]. Não faltava coisa alguma: nem pequena nem grande, nem filho nem filha, nem qualquer outra coisa que havia sido tomada. Davi trouxe tudo de volta" (vv.18-19). À medida que enfrentamos ataques espirituais que nos "roubam" até mesmo a esperança, que possamos encontrar força renovada em Deus. Ele estará conosco em todos os desafios da vida.

PATRÍCIA RAYBON

Você já entregou-se a Deus, permitindo que Ele renove suas forças?

Deus, frente aos desafios da vida, ajuda-me a encontrar a esperança em ti.

CONFIE NA LUZ

Creiam na luz [...] desse modo vocês se tornarão filhos da luz. v.36

A previsão meteorológica dizia *ciclone bomba*. Isso acontece quando uma tempestade de inverno se intensifica rapidamente à medida que a pressão atmosférica cai. Naquele anoitecer, as condições atmosféricas tornaram quase impossível a visão na estrada para o aeroporto. Quase! Mas quando é a sua filha que está vindo visitá-lo, você faz o que tem que fazer. Embala umas roupas extras e água (apenas no caso de ficar encalhado na rodovia) ; dirige com muito cuidado, ora incessantemente; e por último, mas não menos importante, confia em seus faróis. E às vezes pode até alcançar o que parecia quase impossível.

Jesus previu uma tempestade no horizonte, uma que envolveria Sua morte (JOÃO 12:31-33), e que desafiaria os Seus seguidores a permanecerem fiéis e o servirem (v.26). Escureceria e seria quase impossível enxergar. Quase! Então, o que Jesus lhes disse para fazerem? "Creiam na luz" (v.36). Essa era a única maneira que eles poderiam continuar seguindo em frente e permanecer fiéis.

Jesus só ficaria com eles por um pouco mais. Hoje, os que creem nele têm o Seu Espírito como guia constante para iluminar o caminho. Nós também enfrentaremos tempos sombrios quando será quase impossível ver o caminho a seguirmos. *Quase*! Crendo nele e confiando em Sua Luz, poderemos prosseguir. *JOHN BLASE*

Qual escuridão você enfrentou ultimamente?
Como Jesus, a Luz, o ajudou a seguir em frente?

Jesus, obrigado por seres a Luz em nossa escuridão.
Ajuda-nos a confiar em ti e a continuar em frente.

★ *TÓPICO DE FEVEREIRO: BEM-AVENTURANÇAS*

OLHANDO PARA O ALTO

Pensem nas coisas do alto,
e não nas coisas da terra. v.2

A lula de olhos vesgos vive no fundo rochoso do oceano, onde a luz solar mal se filtra por entre as águas profundas. Esse nome é uma referência aos dois olhos extremamente diferentes: com o tempo o olho esquerdo se torna quase duas vezes maior do que o da direita. Os cientistas deduzem que o molusco usa o olho direito, o menor, nas profundezas escuras. O olho esquerdo maior, para olhar em direção à luz solar.

A lula é uma representação improvável do que significa viver em nosso mundo atual e da esperança que temos como pessoas que foram ressuscitadas "para uma nova vida com Cristo". Paulo insiste que pensemos "nas coisas do alto, e não nas coisas da terra" porque nossa "verdadeira vida está escondida com Cristo em Deus" (COLOSSENSES 3:1-3).

Enquanto aqui habitamos aguardando a nossa vida no Céu, olhemos firmemente ao que está ocorrendo ao nosso redor hoje. Mas assim como o olho esquerdo da lula se desenvolve ao longo do tempo e torna-se maior e mais sensível ao que está acontecendo, nós também podemos perceber mais conscientemente como Deus age no reino espiritual. Talvez ainda não tenhamos compreendido completamente o que significa "nova vida" em Jesus, mas à medida que olharmos "para as coisas do alto", nossos olhos começarão a enxergar cada vez mais. *KIRSTEN HOLMBERG*

Como você pode desenvolver sua visão "para o alto"?
Como se envolver com as coisas "celestiais"?

Amado Deus, ajuda-me a viver
totalmente focado naquilo que vem de ti!

A BÍBLIA EM UM ANO: LEVÍTICO 6–7; MATEUS 25:1-30

AGUARDANDO COM ESPERANÇA

Simeão [...] esperava ansiosamente pela restauração de Israel. O Espírito Santo estava sobre ele. v.25

No filme *Sempre ao seu lado* (2009), um professor universitário fez amizade com Hachi, um Akita perdido. Todos os dias, o cachorro demonstrava sua lealdade esperando na estação de trem até o professor voltar de seu trabalho. Um dia, o professor sofreu um derrame fatal. Hachi o esperou por horas na estação de trem, e nos dez anos seguintes voltou todos os dias e aguardou o seu querido mestre.

Lucas relata sobre Simeão que também esperou pacientemente a vinda de Seu Mestre (2:25). O Espírito Santo lhe revelara que ele não morreria enquanto não visse o Messias (v.26). E Simeão esperou ansiosamente Aquele que traria "salvação" para "todos os povos" (v.30). Quando Maria e José entraram no Templo com Jesus, o Espírito Santo sussurrou a Simeão que aquele bebê era o Escolhido! A espera finalmente acabara! Simeão segurou Cristo em seus braços — a esperança, a salvação e o conforto "às nações" (vv.28-32).

Se estivermos em um tempo de espera, que possamos ouvir as palavras do profeta Isaías com nova compreensão: "Mas os que confiam no SENHOR renovam suas forças; voam alto, como águias. Correm e não se cansam, caminham e não desfalecem" (ISAÍAS 40:31). Enquanto aguardamos a volta de Jesus, Ele nos concede a esperança e a força que precisamos para cada novo dia. *MARVIN WILLIAMS*

Em algum momento, você se cansou de esperar em Deus? O que o encorajou a perseverar durante essa temporada desafiadora?

Jesus, confio em ti em meio à dor, às lágrimas e às incertezas. Ajuda-me a descansar em Tua provisão.

A BÍBLIA EM UM ANO: LEVÍTICO 8–10; MATEUS 25:31-46

O RELÓGIO

Aquiete-se na presença do SENHOR, espere nele com paciência. v.7

Os trabalhadores estavam armazenando gelo quando um deles percebeu que havia perdido o relógio naquele armazém sem janelas. Ele e seus amigos o procuraram em vão. Quando eles desistiram, um menino que os viu sair entrou no local e logo apareceu com o relógio. Questionado sobre como o havia encontrado, ele respondeu: "Simplesmente me sentei e fiquei quieto e logo pude ouvir o tique-taque".

A Bíblia revela muito sobre o valor do silêncio. E não é de se admirar, pois às vezes Deus fala em sussurros (1 REIS 19:12). Nas ocupações da vida, pode ser difícil ouvi-lo. Entretanto, se nós pararmos de correr e passarmos algum tempo em silêncio com Ele e Sua Palavra, poderemos ouvir Sua voz gentil em nossos pensamentos.

O Salmo 37:1-7 nos garante que podemos confiar em Deus para nos resgatar dos "planos iníquos" de pessoas más, dar-nos refúgio e nos ajudar a permanecer fiéis. Mas como podemos fazer isso quando a turbulência está ao nosso redor?

O versículo 7 sugere: "Aquiete-se na presença do SENHOR, espere nele com paciência". Podemos começar, aprendendo a ficar em silêncio por alguns minutos, após a oração ou lendo a Bíblia em silêncio e permitindo que Suas palavras penetrem em nosso coração. E então, talvez, ouviremos Sua sabedoria falando conosco, quieta e firme como a constância do relógio. *LESLIE KOH*

Como você pode aquietar-se diante de Deus a cada dia?
O que o ajudará a ficar em silêncio e ouvir?

Pai de amor, dá-me a paciência
e a disciplina para aquietar-me todos os dias
para ouvir o Teu suave sussurro.

A BÍBLIA EM UM ANO: LEVÍTICO 11–12; MATEUS 26:1-25

ALEGRE CELEBRAÇÃO

...pois chegou a hora do casamento do Cordeiro. V.7

Minha amiga Sharon e Melissa, a filha adolescente do meu amigo Dave, morreram tragicamente em acidentes de carro. Certa noite, sonhei que elas riam e conversavam entre si, enquanto penduravam fitas de serpentina num salão de festas e me ignoraram quando entrei. Sobre uma mesa com toalhas brancas estavam os pratos e cálices de ouro. Perguntei-lhes se poderia ajudar, mas elas pareciam não me ouvir e continuaram suas tarefas. Daí a Sharon falou: "Esta festa é a recepção do casamento da Melissa". "Quem é o noivo?", perguntei. Ninguém respondeu, mas elas sorriram, entreolhando-se com conhecimento de causa. Finalmente, dei-me conta: "é Jesus! Ele é o noivo", sussurrei ao acordar.

Isso traz à mente a celebração que os cristãos compartilharão quando Jesus voltar. Lemos em Apocalipse que será "o banquete do casamento do Cordeiro" (19:9). João Batista, que preparou as pessoas para a primeira vinda de Cristo, o chamou de "o Cordeiro de Deus, que tira o pecado do mundo" (JOÃO 1:29). Ele se referiu a Jesus como "o noivo" e a si mesmo como o "amigo" (algo como o padrinho) que esperava por Ele (3:29).

Nesse dia de festa e por toda a eternidade, desfrutaremos da comunhão ininterrupta com Jesus, nosso noivo, com elas, e com todo o povo de Deus.

ANNE CETAS

O que significa para você o convite de Jesus para vir a Ele por perdão e vida eterna? Para quem você poderia contar a sua história?

Jesus, estou ansioso por este dia de celebração e por ver-te. Vem, Senhor Jesus!

ALGO NOVO

...estou prestes a realizar algo novo. [...]
Abrirei um caminho no meio do deserto,
farei rios na terra seca. v.19

É difícil cultivar onde não há água doce. Para resolver isso, foram construídas "casas de resfriamento" na Somália, África, e noutros países com climas semelhantes. Essas casas usam bombas solares para jogar água salgada sobre paredes de papelão ondulado. A água desce em cada painel e deixa seu sal para trás. Grande parte da água doce restante evapora dentro da estrutura, que se torna lugar úmido onde as frutas e hortaliças florescem.

Por meio do profeta Isaías, Deus prometeu fazer "algo novo" ao providenciar "rios na terra seca" para Israel. Isso contrastava com o que Ele tinha feito para resgatar Seu povo do exército egípcio. Lembra-se do mar Vermelho? Deus queria que Seu povo relembrasse o passado, mas que isso não ofuscasse o Seu envolvimento na vida deles naquele momento (v.18). E disse-lhes: "...estou prestes a realizar algo novo. Vejam, já comecei! Não percebem? Abrirei um caminho no meio do deserto, farei rios na terra seca" (43:19).

Olhar para o passado pode fortalecer a nossa fé na provisão de Deus, *viver* no passado pode nos cegar à obra do Espírito no presente. Peçamos ao Senhor que nos revele como Ele se move: ajudando, refazendo e amparando Seu povo atualmente. Que tal percepção nos motive à parceria com Ele para atender as necessidades dos que estão próximos ou distantes. *JENNIFER BENSON SCHULDT*

Deus fez algo novo em sua vida?
Você ajuda a tornar o mundo um lugar melhor?

Deus, louvo-te por sempre fazeres "algo novo" em nós. Ajuda-me a confiar em ti, em todas as minhas necessidades.

A BÍBLIA EM UM ANO: LEVÍTICO 14; MATEUS 26:51-75

ENVIANDO UM SOS

Busquei o SENHOR, e ele me respondeu... v.4

Quando a cabana de um colono numa região montanhosa do Alasca pegou fogo em pleno inverno, ele ficou sem abrigo adequado e poucas provisões no estado mais frio dos EUA. Três semanas depois, ele foi resgatado por uma aeronave que sobrevoou o local e avistou o grande SOS que ele havia pisoteado na neve e escurecido com fuligem.

O salmista Davi também estava em apuros quando foi perseguido pelo ciumento rei Saul que tentava matá-lo. E, por isso, fugiu para a cidade de Gate, onde fingiu estar louco, a fim de preservar sua vida (1 SAMUEL 21). Diante disso, temos o Salmo 34, onde Davi clamou em oração a Deus e encontrou paz (vv.4-6). Deus ouviu os apelos dele e o livrou.

Você tem clamado por ajuda em meio a uma situação desesperadora? Esteja certo de que Deus ainda hoje ouve e responde nossos clamores de angústia. Assim como foi com Davi, Ele está atento aos nossos pedidos de socorro e nos livra "de todos os [nossos] temores" (v.4) e muitas vezes nos livra "de todas as [nossas] angústias" (v.6).

As Escrituras nos convidam a "entregar [nossas] aflições ao SENHOR e ele cuidará de [nós]" (SALMO 55:22). Quando entregamos as nossas circunstâncias difíceis a Deus, podemos confiar que Ele proverá a ajuda de que precisamos. Estamos seguros em Suas competentes mãos.

ALYSON KIEDA

Você sentiu paz após clamar a Deus e Ele o resgatar de uma situação desesperadora?

Pai, obrigado por ouvires minhas orações e por Teu conforto e paz. Sou grato por me resgatares do meu pecado.

A BÍBLIA EM UM ANO: LEVÍTICO 15–16; MATEUS 27:1-26

SEMELHANÇA PERFEITA

O Filho é a imagem do Deus invisível e é supremo sobre toda a criação. v.15

Encontramos uma mulher que conhecia a família do meu marido desde criança e após olhar para o nosso filho disse: "Ele se parece muito com o pai, os olhos e o sorriso são idênticos". Ela se deliciava em reconhecer semelhanças tão fortes entre eles a ponto de percebê-las em suas personalidades. Ainda que eles sejam parecidos em muitos aspectos, meu filho não reflete a imagem do seu pai perfeitamente.

Há apenas um Filho — Jesus, que reflete o Seu Pai completamente. Cristo é a "imagem do Deus invisível e é supremo sobre toda a criação" (COLOSSENSES 1:15). "Pois por meio dele, todas as coisas foram criadas" (v.16). "Ele existia antes de todas as coisas e mantém tudo em harmonia" (v.17).

Podemos investir tempo em oração e estudo bíblico, descobrindo o caráter do Pai ao olhar para Jesus — Deus encarnado. O Senhor nos convida a testemunhar o Seu amor em ação, examinando como Ele interage com os outros nas Escrituras e em nosso dia a dia. Após entregarmos a nossa vida a Cristo e recebermos a dádiva do Espírito Santo, podemos crescer no conhecimento e confiança em nosso amado Pai. O Senhor nos transforma para refletirmos o Seu caráter, e a partir disso que possamos viver para Ele.

Que alegria seria se outros pudessem dizer que nos parecemos com Jesus!

XOCHITL E. DIXON

Qual característica de Jesus você cultivou em sua vida ao longo do último ano? Qual você gostaria de cultivar neste ano?

Senhor Jesus, por favor, ajuda-me a conhecer-te mais, à medida que me torno mais semelhante a ti!

A BÍBLIA EM UM ANO: LEVÍTICO 17–18; MATEUS 27:27-50

★ *TÓPICO DE FEVEREIRO: BEM-AVENTURANÇAS*

PENSANDO DIFERENTE

Não imitem o comportamento e os costumes deste mundo... v.2

Quando passei parte do verão na Venezuela, a comida era excelente, as pessoas agradabilíssimas, o clima e a hospitalidade maravilhosos. No início, no entanto, reconheci que as minhas opiniões sobre a gestão do tempo eram muito diferentes da deles. Se planejávamos almoçar ao meio-dia, isso significava entre 12h e 13h. Os prazos das reuniões ou viagens também eram aproximados. Descobri que minha "pontualidade" era muito mais cultural do que eu tinha percebido.

Sem que percebamos, os nossos valores culturais nos moldam. Paulo chama essa força cultural de "mundo" (ROMANOS 12:2). Aqui, "mundo" não significa o universo físico, e, sim, as formas de pensar que permeiam a nossa existência, as suposições não questionadas e os ideais que nos foram orientados e repassados por vivermos em determinada época.

Paulo nos ensina a ser vigilantes para *não* imitarmos "o comportamento e os costumes deste mundo". Devemos ser transformados pela "mudança em [nosso] modo de pensar" (v.2). Em vez de assumirmos passivamente as formas de pensar e crer que nos circundam, somos chamados a buscar conscientemente o modo de pensar de Deus e a aprender a entender a Sua "boa, agradável e perfeita vontade" (v.2). Que aprendamos a seguir a Deus, ao invés de todas as outras vozes.

WINN COLLIER

Quais valores e suposições o cercam? O que significa não se conformar com os caminhos do mundo e seguir os caminhos de Jesus?

Deus, eu mal reconheço minhas suposições e valores. Ajuda-me a sempre viver a Tua verdade e sob a Tua vontade.

A BÍBLIA EM UM ANO: LEVÍTICO 19–20; MATEUS 27:51-66

SOLUÇÕES DESESPERADAS

Em nenhum momento, pedem ajuda [...] não levam em conta aquele que há muito planejou essas coisas. v.11

Guilherme de Orange (séc. 17) inundou grande parte das terras de sua nação. Esse monarca recorreu a essa medida na tentativa de expulsar os espanhóis invasores. Não funcionou, e eles perderam vasta faixa de terras agrícolas para o mar. Dizem que: "Situações extremas exigem medidas extremas".

Jerusalém tomou medidas extremas quando o exército assírio os ameaçou. Criou um sistema de reservatório de água para suportar o cerco, e as pessoas derrubaram suas casas para reforçar os muros da cidade. Talvez tenham sido prudentes, porém negligenciaram o passo mais importante. Deus lhes disse: "entre os muros da cidade, [vocês] constroem um reservatório para guardar a água do tanque velho [...]. Em nenhum momento, pedem ajuda àquele que fez tudo isso, [...] aquele que há muito planejou essas coisas" (ISAÍAS 22:11).

Não é provável que encontremos literalmente um exército ao redor de nossas casas hoje. "As agressões sempre vêm de maneiras triviais e por meio de pessoas comuns", disse Oswald Chambers. No entanto, tais "ataques" são ameaças genuínas. Felizmente, trazem consigo o convite de Deus para recorrermos *primeiramente* a Ele para o que precisarmos.

Quando surgirem as perturbações e interrupções da vida, nós as veremos como oportunidades de recorrer a Deus? Ou buscaremos nossas soluções extremas? *TIM GUSTAFSON*

Quais as ameaças mais triviais que você enfrenta hoje? O que é preciso para as enfrentar?

Amado Deus, volto-me primeiramente a ti com todos os meus desafios, grandes e pequenos.

LEMBRE-SE DE CANTAR

Como é bom cantar louvores ao nosso Deus. v.1

Nancy Gustafson, cantora de ópera aposentada, sentiu-se arrasada ao visitar sua mãe e observar o contínuo declínio por demência. Ela mal a reconhecia e mal falava. Depois de várias visitas mensais, Nancy começou a cantar para ela. Os olhos de sua mãe se iluminaram com os sons musicais, e ela começou a cantar também, por 20 minutos! Até brincou que elas eram "As cantoras da Família Gustafson!". Alguns terapeutas concluíram que a música é capaz de evocar memórias perdidas. Cantar "as favoritas" melhora o humor, reduz quedas, idas ao pronto-socorro e sedativos.

Mais pesquisas sobre memória musical estão em andamento. A Bíblia nos revela que a alegria que vem do canto é um presente de Deus — e é verdadeira. "Como é bom cantar louvores ao nosso Deus. Como é agradável e apropriado!" (SALMO 147:1).

Na verdade, ao longo das Escrituras, o povo de Deus é encorajado a levantar suas vozes em canções de louvor ao Senhor. "Cantem ao SENHOR, pois ele tem feito maravilhas" (ISAÍAS 12:5). "Deu-me um novo cântico para entoar, um hino de louvor a nosso Deus. Muitos verão o que ele fez, temerão e confiarão no SENHOR" (SALMO 40:3). Nosso canto nos inspira, mas inspira também os que os ouvem. Que todos nós nos lembremos: nosso Deus é grande e digno de louvor

PATRÍCIA RAYBON

Qual a influência da música em sua vida? Você pode dedicar algum tempo de louvor com os que sofrem por problemas de memória?

Deus, que eu sempre te louve! Agradeço-te por desbloqueares muitas mentes pela beleza e poder da música.

NÃO SOMOS DEUS

Em seu grande orgulho, você diz: Sou um deus!... v.2

Em *Cristianismo puro e simples* (Thomas Nelson, 2017) C. S. Lewis recomendou que nos questionemos se somos orgulhosos: "Quanto me desagrada que os outros me tratem como inferior, ou não notem minha presença [...], ou me tratem com condescendência, ou se exibam na minha frente?". Ele via o orgulho como vício do "mal supremo" e principal causa da miséria nos lares e nações. Lewis chamou o orgulho de "câncer espiritual" que destrói as possibilidades de amor, contentamento e bom senso.

O orgulho é um problema ao longo dos tempos. Deus, através de Ezequiel alertou o líder da poderosa cidade de Tiro contra o seu orgulho. Disse-lhe que isso resultaria em sua queda: "Uma vez que se considera sábio como um deus, trarei contra você um exército estrangeiro" (EZEQUIEL 28:6-7). Esse líder reconheceria que não era um deus, "mas apenas homem" (v.9).

Em oposição ao orgulho está a "humildade", e Lewis a chamou de uma virtude que recebemos por conhecermos a Deus. Ele afirmou que, à medida que entramos em contato com Deus, tornamo-nos "humildes" e nos sentimos aliviados por nos livrarmos da nossa própria dignidade, absurda e sem sentido, que anteriormente nos deixava inquietos e infelizes.

Quanto mais adorarmos a Deus, mais o conheceremos e mais poderemos nos humilhar diante dele. Que sejamos aqueles que o amam e o servem com alegria e humildade. AMY BOUCHER PYE

Quais suas respostas às perguntas de C. S. Lewis sobre ser orgulhoso ou não? Isso o surpreendeu? Por quê?

Deus, ajuda-me a celebrar a minha identidade como alguém que tu criaste, reconhecendo a Tua grandiosidade, poder e amor.

A BÍBLIA EM UM ANO: LEVÍTICO 25; MARCOS 1:23-45

FORTALECIDO PELA GRAÇA

Meu filho, seja forte por meio da graça que há em Cristo Jesus. v.1

Durante a Guerra Civil Americana, a pena para deserção era execução. Mas os desertores raramente eram executados porque seu comandante-em-chefe, Abraão Lincoln, perdoava quase todos. Isso enfureceu o Secretário de Guerra, que acreditava que a clemência só os incentivava. Mas Lincoln tinha empatia pelos soldados que tinham perdido a coragem e cedido ao medo no calor da batalha. Seus soldados o estimavam e amavam o seu "Pai Abraão", e queriam servi-lo ainda mais.

Quando Paulo chama Timóteo para se juntar a ele em "sofrimento, como bom soldado de Cristo Jesus" (2 TIMÓTEO 2:3), ele o chama para uma função muito difícil. Um soldado deve ser completamente dedicado, trabalhador e altruísta. Deve servir seu comandante, Jesus, de todo o coração. Mas, na verdade, às vezes falhamos em ser Seus bons soldados. Nem sempre o servimos fielmente. Portanto, a frase do início é importante: "seja forte por meio da graça que há em Cristo Jesus" (v.1). Nosso Salvador está cheio de graça, Ele compreende as nossas fraquezas e perdoa as nossas falhas (HEBREUS 4:15). Assim como aqueles soldados foram encorajados pela compaixão de Lincoln, os que creem em Jesus também são fortalecidos por Sua graça. Queremos servi-lo ainda mais, pois sabemos que Jesus nos ama. *CON CAMPBELL*

Como a graça de Cristo pode se tornar uma fonte propulsora de força para o servir? O que significa para você sofrer por Jesus?

Querido Deus, por favor, fortalece-me na graça de Cristo para que eu possa servi-lo fielmente.

PROMESSAS INIMAGINÁVEIS

...Ele nos deu suas grandes e preciosas promessas. v.4

Nos momentos de maior fracasso, torna-se fácil acreditar que já é tarde demais para nós, que perdemos a chance de ter uma vida com propósito e valor. Assim o ex-prisioneiro Elias descreveu o que significa sentir-se presidiário: "destruí o meu futuro, a promessa do que eu poderia vir a ser". A vida de Elias começou a ser transformada quando ele entrou para um curso universitário da "Iniciativa Prisional" em sua cidade. Quando Elias sobressaiu-se num debate com pessoas da Universidade de Harvard isso o fez compreender que nem tudo estava perdido em seu futuro.

Essa transformação também acontece em nosso coração quando começamos a compreender que a boa notícia do amor de Deus em Jesus é boa-nova para nós também. Admirados começamos a perceber que *não é tarde demais. Deus ainda tem um futuro para mim*.

Esse futuro não pode ser conquistado nem perdido, depende somente da infinita graça e poder de Deus (2 PEDRO 1:2,3). Um futuro no qual somos libertos do desespero deste mundo e do nosso coração a um repleto com Sua "glória e excelência" (v.3). Um futuro seguro nas "grandes e preciosas promessas" de Cristo (v.4) e "na esperança de que, com os filhos de Deus, a criação seja gloriosamente liberta da decadência que a escraviza" (ROMANOS 8:21).

MONICA LA ROSE

Por que é difícil aceitarmos a graça e o amor "imerecidos"? Você reconhece que para Deus o seu futuro é repleto de inimaginável beleza?

Jesus, decepcionei a mim e aos outros
e destruí o futuro que sonhei.
Ajuda-me a buscar o meu futuro em ti.

SEMELHANTE A JESUS

...Deus conheceu de antemão os seus e os predestinou para se tornarem semelhantes à imagem de seu Filho... v.29

Quando menino, o teólogo Bruce A. Ware frustrou-se ao ler em 1 Pedro 2:21-23 que somos chamados a ser como Jesus. Ele cita isso em seu livro *Cristo Jesus, Homem* (Ed. Fiel, 2017): "Não é justo, [...] quando a passagem diz que devemos seguir os passos de alguém que 'não cometeu pecado'. Isto era totalmente estranho [...] não conseguia entender como Deus podia realmente estar dizendo que devemos tomar isso a sério".

Entendo por que Ware achou tal desafio tão assustador! Um hino tradicional diz: "Ser como Jesus. Meu desejo é ser como Ele". Ware observou corretamente que nós somos incapazes disso. Se deixados por nossa conta, jamais poderemos ser como Jesus.

No entanto, *não* somos deixados por nossa própria conta. O Espírito Santo foi dado aos filhos de Deus, em parte para "que Cristo seja plenamente desenvolvido em nós" (GÁLATAS 4:19). Portanto, não deve ser surpresa o que Paulo escreve sobre o Espírito: "Deus conheceu de antemão os seus e os predestinou para se tornarem semelhantes à imagem de seu Filho" (ROMANOS 8:29). Deus verá o Seu trabalho concluído em nós. E o Senhor faz isso através do Espírito de Jesus vivendo em nós.

À medida que cedemos à ação do Espírito em nós, tornamo-nos verdadeiramente mais como Jesus. Que reconfortante saber que esse é o grande desejo de Deus para cada um de nós!

BILL CROWDER

Qual atributo do fruto do Espírito você quer viver intensamente?

(GÁLATAS 5:22,23)

Pai, quero ser mais semelhante a Jesus. Perdoa-me e ajuda-me a me render à ação de Teu Espírito.

★ *TÓPICO DE FEVEREIRO: BEM-AVENTURANÇAS*

ACENDA A LUZ

...suas boas obras devem brilhar, para que todos as vejam e louvem seu Pai, que está no céu. v.16

Nós nos preparávamos para mudar para outro estado, e eu queria preservar o contato com nossos filhos adultos. Comprei "lâmpadas de amizade" com conexão *wi-fi*. Expliquei a eles que as lâmpadas deles acenderiam quando eu tocasse na minha lâmpada para lembrar-lhes do meu amor e orações. Não importaria a distância entre nós, um toque nas lâmpadas deles acionaria a luz em nossa lâmpada também. Embora soubéssemos que nada substituiria os nossos momentos mais pessoais de conexão, seríamos encorajados pelo amor e pelas orações cada vez que as luzes se acendessem.

Os filhos de Deus têm o privilégio de compartilhar a luz do Espírito Santo. Somos criados para viver como faróis que irradiam a esperança eterna e o amor incondicional de Deus. Ao compartilharmos o evangelho e servirmos aos outros, em nome de Jesus, tornamo-nos Seus holofotes e testemunhos vivos. Cada boa ação, sorriso gentil, palavra de encorajamento e oração lembram a fidelidade de Deus e do Seu amor incondicional que transforma a vida (MATEUS 5:14-16).

Onde quer que Deus nos leve e como Ele quiser que o sirvamos, podemos ajudar outros a resplandecerem a Sua luz. À medida que Deus, por Seu Espírito nos concede o verdadeiro brilho, podemos refletir o amor e a luz da Sua presença.

XOCHITL E. DIXON

Como refletir a luz de Cristo e demonstrar o Seu amor a quem ainda não o conhece àqueles que pertencem a sua esfera de influência?

Amado Pai, por favor, alimenta-me com a Tua verdade e amor para que eu possa brilhar por ti por onde eu for.

A BÍBLIA EM UM ANO: NÚMEROS 7–8; MARCOS 4:21-41

JAMAIS SOZINHO

É melhor serem dois que um [...].
Se um cair, o outro o ajuda a
levantar-se. vv.9,10

Maggie Fergusson na revista *The Economist* de 1843 escreveu: "a solidão pode ser mais angustiante do que não ter um teto, sentir fome ou estar doente". Com exemplos comoventes, ela discorreu sobre o percentual de crescimento da solidão, independentemente do status social ou econômico.

A dor da solidão não é novidade. Ela ecoa das páginas do antigo livro de Eclesiastes, tantas vezes atribuído ao rei Salomão, em textos que capturam a tristeza dos que parecem não nutrir relações significativas (4:7-8). O orador lamenta que é possível adquirir riqueza, e nada usufruir dela por não ter com quem compartilhá-la.

No entanto, ele reconhece a beleza do companheirismo, afirmando que os amigos o ajudam a realizar mais do que você poderia alcançar por conta própria (v.9); companheiros ajudam em momentos de necessidade (v.10); parceiros trazem conforto (v.11); amigos o protegem em situações difíceis (v.12).

A solidão é uma luta digna de nota. Deus nos criou para recebermos e compartilharmos os benefícios da amizade e da comunidade. Se você se sente sozinho, peça ajuda ao Senhor para que o auxilie a desenvolver relacionamentos significativos. Nesse meio tempo, encoraje-se pelo fato de o cristão nunca estar verdadeiramente sozinho porque o Espírito de Jesus está sempre conosco (MATEUS 28:20).

LISA M. SAMRA

De que maneira alcançar alguém solitário?
Como Deus o abençoou quando você se sentiu sozinho?

Pai Celestial, quando me sinto sozinho, dá-me
coragem para alcançar os outros
com a oferta da amizade e da comunhão.

A BÍBLIA EM UM ANO: NÚMEROS 9–11; MARCOS 5:1-20

PARA SER HUMANO

Jerusalém [...] quantas vezes eu quis juntar seus filhos, como a galinha protege os pintinhos sob as asas... v.37

Alberto, 12 anos, ao observar o Sr. Singerman construir uma caixa de madeira perguntou-lhe o porquê ele chorava. "Choro porque meu pai e meu avô choravam." Essa resposta é um terno momento de um dos episódios da série de TV de 1974: *Uma casa na pradaria*. O Sr. Singerman lhe explicou que as lágrimas "vinham com a confecção de um caixão". E continuou: "Alguns homens não choram porque temem que seja um sinal de fraqueza, mas aprendi que homem é homem porque *pode* chorar".

A emoção deve ter marejado os olhos de Jesus ao comparar Sua preocupação com Jerusalém ao cuidado de uma ave com seus filhotes (MATEUS 23:37). Seus discípulos muitas vezes sentiam-se confusos com o que viam em Seus olhos ou ouviam em Suas histórias. A ideia que tinham do que significava ser forte era diferente. Isso aconteceu outra vez, quando saíram do Templo com Ele. Chamando a Sua atenção para as enormes paredes de pedra e a magnífica decoração de seu local de culto (24:1), os discípulos notaram a força da realização humana. Jesus viu apenas um Templo que seria destruído no ano 70 d.C.

Cristo nos mostra que as pessoas saudáveis sabem o quando e o motivo pelo qual choram. Ele chorou porque o Seu Pai se importa e o Seu Espírito geme por pessoas que ainda não reconhecem o que entristece o Seu coração. *MART DEHAAN*

Você evita demonstrar o seu pesar? O Salvador que também chora (JOÃO 11:35) **o ajuda a expressar a sua dor?**

Pai, por favor, substitui a minha ilusão de força pela compreensão do que entristece o Teu coração.

A BÍBLIA EM UM ANO: NÚMEROS 12–14; MARCOS 5:21-43

ENFRENTANDO O MEDO

Quando eu tiver medo, porém confiarei em ti. v.3

Walter mudou-se para pastorear uma pequena igreja noutra cidade. Depois de seu ministério ter algum sucesso inicial, um dos moradores se voltou contra ele. Inventou uma história acusando o pastor de atos horrendos. Levou a tal história ao jornal local que chegou a imprimir tais acusações em panfletos para distribuir, pelos Correios, aos moradores locais. Walter e sua esposa oraram muito, pois se o povo acreditasse naquela mentira, o ministério deles estaria por um fio.

O rei Davi experimentou algo semelhante. Enfrentou as calúnias de um inimigo: "Sempre distorcem o que digo e passam dias tramando me prejudicar" (SALMO 56:5), disse ele. Esse ataque planejado o deixou angustiado e choroso (V.8), mas no meio da batalha, ele orou esta corajosa oração: "Quando eu tiver medo, porém confiarei em ti. [...] o que me podem fazer os simples mortais?" (VV.3-4).

A oração de Davi nos serve como modelo. *Quando sentirmos medo*, em tempos de medo ou acusação, recorramos a Deus. *Confie-mos no Senhor* e coloquemos nossas batalhas em Suas mãos poderosas. *Os simples mortais nada nos podem fazer* quando estamos diante dele. Portanto, lembremo-nos de como são limitados os poderes contra nós.

A história foi ignorada e os panfletos jamais distribuídos. Quais os seus temores? Fale com Deus. Ele está disposto a lutar por você.

SHERIDAN VOYSEY

Como a oração de Davi pode ajudá-lo a lidar com os medos que enfrenta?

Amado Deus, coloco a minha confiança em ti e agradeço-te pela certeza de saber que lutas por mim.

NÃO MAIS EU

Fui crucificado com Cristo;
assim, já não sou eu quem vive,
mas Cristo vive em mim... v.20

No verão de 1859, Charles Blondin tornou-se a primeira pessoa a cruzar as Cataratas do Niágara numa corda bamba, algo que repetiria centenas de vezes. Certa vez, ele fez isso carregando o seu empresário Harry Colcord em suas costas. Blondin o instruiu: "Olhe para cima. Você não é mais Harry Colcord, você é Blondin. Se eu inclinar, incline também. Não tente se equilibrar. Se você fizer isso, morreremos os dois.

Paulo, em essência, disse aos cristãos na Galácia: *Você não pode viver de maneira agradável a Deus a não ser pela fé em Cristo. Mas aqui está a boa notícia: você não precisa nem tentar!* Nenhuma tentativa de merecer o favor de Deus será suficiente. Então, somos passivos em nossa salvação? Não! O convite é para que nos apeguemos a Cristo. Apegar-se a Jesus significa fazer morrer a velha maneira independente de viver. É como se morrêssemos para nós mesmos. No entanto, continuamos vivendo: "assim, já não sou eu quem vive, mas Cristo vive em mim. Portanto, vivo neste corpo terreno pela fé no Filho de Deus, que me amou e se entregou por mim" (GÁLATAS 2:20).

De que maneira andamos na "corda bamba" hoje? Deus não nos chamou para sair "dessa corda" em direção a Ele, mas nos chamou para nos apegarmos a Ele e caminharmos em Sua presença.

GLENN PACKIAM

Como parar de tentar agradar a Deus sozinho?
Em qual área você precisa se apegar a Jesus hoje, confiando em Sua justiça?

Jesus, obrigado por fazeres por mim
o que jamais poderia fazer por mim mesmo.
Sou feliz por te conhecer.

A BÍBLIA EM UM ANO: NÚMEROS 17–19; MARCOS 6:30-56

NOVO TODAS AS MANHÃS

Grande é sua fidelidade, suas misericórdias se renovam cada manhã. [...] por isso, esperarei nele! vv. 23-24

Meu irmão Paulo cresceu lutando contra a epilepsia grave, e na sua adolescência isso piorou ainda mais. As noites eram excruciantes para ele e meus pais, com convulsões contínuas que muitas vezes perduravam por mais de 6 horas. Os médicos não conseguiam encontrar um tratamento que aliviasse os sintomas e o mantivesse consciente por pelo menos parte do dia. Meus pais clamavam: "Deus, ajuda-nos!".

Embora as emoções os baqueassem e os esgotassem, Deus os fortalecia em cada nova manhã. Meus pais encontraram o conforto nas palavras do livro de Lamentações. Nele, Jeremias expressou sua tristeza pela destruição de Jerusalém pelos babilônios, lembrando o sofrimento e desamparo (3:19). O profeta não perdeu a esperança e lembrou-se de que a fidelidade do Senhor e, "suas misericórdias se renovam cada manhã" (v.23). Meus pais também.

Seja o que for que enfrentamos, Deus é fiel todas as manhãs. Ele renova a nossa força, dia após dia, e nos dá esperança. E, muitas vezes, como com a minha família, Ele traz alívio. Depois de vários anos, surgiu um novo medicamento capaz de interromper as convulsões noturnas contínuas de Paulo, o que trouxe para minha família um sono restaurador e esperança para o futuro.

Quando nossa alma está abatida (v.20), lembremo-nos das promessas de Deus de que as Suas misericórdias são novas, todas as manhãs.

AMY BOUCHER PYE

Como você pode apoiar quem passa por um momento desafiador?

Deus, Teu amor nunca me deixará. Quando eu estiver sem esperança, lembra-me de Tuas misericórdias e fidelidade.

A BÍBLIA EM UM ANO: NÚMEROS 20–22; MARCOS 7:1-13

O DESCANSO É UM PRESENTE DE DEUS

Revirando-me na cama, eu me preocupava com a minha lista de tarefas semanais. Família, amigos e mesmo pessoas que eu mal conhecia dependiam de mim. Pela quarta noite consecutiva, via o relógio marcar que já era 3h da madrugada, antes de adormecer. O alarme que eu havia ajustado para as 6h da manhã me fez iniciar o dia de forma abrupta. Estourei com o meu marido. Dei ordens ao meu filho, apressando-o a entrar no carro. Não me lembro de ter ido de carro para a escola dele, mas nunca esquecerei do momento em que vi seu professor fechar a porta da sala de aula antes de eu ter caído de exaustão no parquinho da escola.

Uma amiga me levou para casa e prometeu cuidar do meu filho até o meu marido regressar do trabalho. Minha vizinha orou por mim e ficou por perto até eu acordar oito horas depois.

Deus sabe que os Seus filhos se preocupam, sentem medo e, por vezes, ocupam-se demais. Ele também sabe como precisamos desesperadamente de folga para revigorar física, emocional, mental e espiritualmente.

> ***Podemos depender de Deus.***

No Salmo 62, Davi diz que *"diante de Deus* [sua] alma espera" (v.1). Para essa revitalização holística, Davi precisava esperar em silêncio diante do Senhor, aquietar-se reconhecendo a fidelidade de Deus como plenamente suficiente como Sua esperança, seu Libertador e Protetor (vv.5-7). Davi demonstra uma ousada dependência de Deus e do Seu poder (vv.8,12) e exorta outros para que confiem em Deus "em todo o tempo", aproximando-se dele com orações sinceras.

Deus não nos concebeu para vivermos sobrecarregados pela preocupação ou pela necessidade de satisfazer as necessidades de todos. Ele prova, contudo, que podemos depender dele. Quando confiamos na Sua presença constante e no Seu poder, podemos adorá-lo por meio do descanso. Que presente inestimável de Deus!

XOCHITL DIXON

A FALTA DE DESCANSO

"Venham a mim todos vocês que estão cansados e sobrecarregados, e eu lhes darei descanso." v.28

Devido à recente pandemia de coronavírus, potencializou-se a tensão no mundo em que vivemos. Cidades fechadas, circulação limitada e toques de recolher. Muitas vezes, em tempos como este, oramos e jejuamos, mas a pressão interior não alivia, o descanso da alma não vem.

Há quatro causas que aumentam a tensão pessoal: sentimento de impotência, medo, atitudes impróprias com o próximo e atitude ansiosa com a vida. E quais as consequências dessa tensão? Dores físicas, úlceras, insônia, enxaquecas, tudo porque internalizamos as preocupações, e o corpo sofre. Nossa mente também fica tumultuada porque os pensamentos negativos perturbam a nossa paz. Outra consequência é a depressão espiritual: a perda da alegria da salvação, do gozo de fazer parte da igreja, da comunhão com Deus. Tornamo-nos críticos.

Porém, a boa-nova é que podemos vencer a tirania das tensões. Jesus disse: "Venham a mim" (MATEUS 11:28). Talvez você precise ter um reencontro com Cristo para experimentar o descanso. Reconheça onde o seu *eu* está governando. Sua sobrecarga pode estar enraizada na sua tentativa de controlar o que não pode, em não submeter sua vida integralmente ao Senhor Jesus. Aquiete-se na presença de Deus e você encontrará descanso para a sua alma.

JEREMIAS PEREIRA DA SILVA

Você está vivendo sob intensa pressão? Creia na Palavra de Deus que promete: "não o deixarei; jamais o abandonarei" (HEBREUS 13:5).

Pai, são tantas as pressões que trago comigo. Ajuda-me a buscar-te e a confiar que Tu cuidas de mim.

★ *TÓPICO DE MARÇO: DESCANSO*

SEGURO E QUIETO

Aquele que habita no abrigo do Altíssimo encontrará descanso à sombra do Todo-poderoso. v.1

Meu filho Xavier, em idade pré-escolar, evitava o momento do descanso da tarde. Ficar quieto frequentemente acabava num indesejado cochilo. Então, para escapar do silêncio, ele tentava muitas coisas: inquietava-se e se escorregava do sofá, deslizava e rolava pelo chão para fugir do descanso. “Mãe, estou com fome, com sede, quero ir ao banheiro, quero um abraço”. Entendendo os benefícios do descanso, eu o ajudava a sossegar convidando-o a aconchegar-se. Ao meu lado, ele se aquietava e dormia.

No início da minha vida espiritual, eu refletia esse mesmo desejo de permanecer ativa. A ocupação me fazia sentir aceita, importante e no controle. O barulho me distraía da preocupação com as minhas deficiências e provações. Render-me ao descanso só reforçava a minha fragilidade. Eu evitava a quietude e o silêncio, duvidando que Deus pudesse dispensar a minha ajuda.

Mas Deus é nosso refúgio, não importa quantas incertezas nos cercam. O caminho à frente pode parecer longo, assustador ou avassalador, mas Seu amor nos envolve. Ele nos ouve, responde-nos e fica conosco agora e por toda eternidade (SALMO 91). Podemos praticar o silêncio e descansar no infalível amor divino e em Sua constante presença. Podemos sossegar e descansar nele porque estamos seguros sob o abrigo de Sua imutável fidelidade (v.4).

XOCHITL E. DIXON

Como você pode enfrentar as dificuldades sabendo que Deus o tem sob as Suas asas?

Pai celestial, obrigado por nos concederes um porto seguro de amor inabalável.

PROTEGIDO

Não tenha medo nem desanime, pois o próprio SENHOR irá adiante de vocês. v.8

Enquanto eu limpava o jardim em preparação para o plantio na primavera, arranquei um grande tufo de ervas daninhas de inverno e as joguei para o ar. Uma cobra venenosa, cabeça-de-cobre, estava escondida na vegetação rasteira bem debaixo da minha mão, a apenas 2 centímetros, e quase a agarrei por engano. Vi as marcas coloridas dela assim que levantei aquele tufo; parte dela estava enrolada no mato entre meus pés. Ao me mover e meus pés tocarem o chão a pouca distância, agradeci a Deus por não ter sido picado. Questionei-me sobre quantas outras vezes o Senhor tinha me protegido de perigos que eu jamais percebi que existiam.

Deus cuida do Seu povo. Moisés disse aos israelitas, antes de entrarem na Terra Prometida: "Não tenha medo nem desanime, pois o próprio SENHOR irá adiante de vocês. Ele estará com vocês; não os deixará nem os abandonará" (DEUTERONÔMIO 31:8). Eles não podiam vê-lo, no entanto, Deus estava com eles.

Às vezes, acontecem coisas difíceis que talvez não entendamos, mas também podemos refletir sobre o número de vezes que Deus nos protegeu sem que tenhamos percebido! As Escrituras nos lembram de que o Seu cuidado perfeito e providencial permanece sobre o Seu povo todos os dias. O Senhor está sempre conosco (MATEUS 28:20).

JAMES BANKS

Como a verdade bíblica de que Deus zela por Seu povo o consola? Com quem você pode compartilhar sobre a fidelidade de Deus hoje?

Pai, obrigado por Teu cuidado todos os dias. Por favor, dá-me graça para andar perto de ti em tudo o que faço.

A BÍBLIA EM UM ANO: NÚMEROS 28–30; MARCOS 8:22-38

CONHECENDO O PAI

Filipe, estive com vocês todo esse tempo e você ainda não sabe quem eu sou? Quem me vê, vê o Pai! v.9

Segundo a lenda, o maestro britânico Thomas Beecham viu certa vez uma mulher de aparência distinta no saguão de um hotel. Acreditando que a conhecia, mas incapaz de lembrar-se do seu nome, ele parou para lhe falar. Enquanto os dois conversavam, ele se lembrou vagamente de que ela tinha um irmão. Esperando por uma pista, ele perguntou como o irmão dela estava e se ele ainda trabalhava no mesmo emprego. "Ó, ele está muito bem", disse ela, "e ainda é rei".

Um caso de identidade trocada pode ser embaraçoso, como foi para o Sr. Beecham. Mas em outras ocasiões, pode ser mais sério, como foi para o discípulo de Jesus, Filipe. O discípulo conhecia Jesus, é claro, mas ele não tinha valorizado totalmente quem o Senhor era. E pediu a Jesus: "mostre-nos o Pai", e Jesus respondeu: "Quem me vê, vê o Pai!" (JOÃO 14:8-9). Como Filho único de Deus, Jesus revela o Pai tão perfeitamente que conhecer um é conhecer o outro (vv.10-11).

Se nos questionarmos sobre como Deus é em Seu caráter, personalidade ou preocupação com os outros, só precisamos olhar para Jesus para descobrir. O caráter, a bondade, o amor e a misericórdia de Jesus revelam o caráter de Deus. E embora nosso maravilhoso Deus esteja além de nossa completa compreensão, temos uma grande dádiva no que Ele revelou de si mesmo em Jesus.

CON CAMPBELL

Você conhece bem o caráter de Deus?
Como isso corresponde
à sua percepção de quem é Jesus?

Querido Deus, ajuda-me a crescer
em conhecimento
e apreciação por quem tu és.

A BÍBLIA EM UM ANO: NÚMEROS 31-33; MARCOS 9:1-29

QUEM SABE?

Desfrute a prosperidade enquanto pode [...] lembre-se de que nada é garantido nesta vida. v.14

Conta a lenda chinesa que quando Sai Weng perdeu um valioso cavalo, seu vizinho lamentou essa perda. Mas Sai Weng não se preocupou e disse: "Quem sabe, isso será bom para mim?". Surpreendentemente, o cavalo perdido voltou para casa com outro cavalo. Ao ser parabenizado pelo vizinho, Sai Weng disse: "Quem sabe, isso será ruim para mim?". No fim, seu filho quebrou a perna ao montar o novo cavalo. Parecia um infortúnio, até que o exército chegou à aldeia para recrutar todos os homens saudáveis para lutar na guerra. Por causa do ferimento do filho, ele não foi recrutado, e isso pode tê-lo poupado da morte certa.

A história por trás do provérbio chinês ensina que uma dificuldade pode ser uma bênção disfarçada ou vice-versa. Essa sabedoria antiga tem um paralelo próximo em Eclesiastes 6:12, em que o autor observa: "quem sabe como é melhor passar os dias?". Na verdade, nenhum de nós sabe o que o futuro reserva. Uma adversidade pode ter benefícios positivos e a prosperidade pode ter efeitos negativos.

Cada dia oferece novas oportunidades, alegrias, lutas e sofrimento. Como filhos amados de Deus, podemos descansar em Sua soberania e confiar nele, nos bons e maus momentos, pois "ambos vêm de Deus" (7:14). Ele está conosco e promete Seu amoroso cuidado.

POH FANG CHIA

Você se lembra de algum infortúnio que acabou tornando-se bênção? Como manter o foco em Deus nos bons e maus momentos?

Deus, obrigado por comandares minha vida. Ajuda-me a te louvar, nos bons e nos maus momentos.

CUIDANDO DA PRÓPRIA VIDA

...ocupando-se com seus próprios assuntos e trabalhando com suas próprias mãos. v.11

Anos atrás, meu filho Josué e eu estávamos subindo uma trilha na montanha quando vimos uma nuvem de poeira subindo no ar. Seguimos em frente e encontramos um texugo ocupado fazendo uma toca num barranco de terra. Ele tinha a cabeça e os "ombros" enfiados no buraco e estava cavando vigorosamente, tão empenhado em seu trabalho que não nos ouviu.

Não pude resistir e cutuquei-o por trás com uma longa vara caída nas proximidades. Eu não machuquei o texugo, mas ele saltou no ar e se virou para nós. Josué e eu estabelecemos novos recordes mundiais para a corrida de cem metros.

Aprendi algo com minha ousadia: às vezes é melhor não se intrometer na vida dos outros. E isso se torna especialmente verdadeiro no relacionamento com outros cristãos. Paulo incentivou os tessalonicenses: "Tenham como objetivo uma vida tranquila, ocupando-se com seus próprios assuntos" (1 TESSALONICENSES 4:11). Devemos orar pelos outros e buscar, pela graça de Deus, compartilhar as Escrituras e, ocasionalmente, podemos ser chamados para oferecer uma palavra gentil de correção. Mas é importante aprender a viver de maneira tranquila e não se intrometer na vida dos outros. Pois "os que são de fora respeitarão seu modo de viver" (v.12). Nosso chamado é para amar "uns aos outros" (v.9).

DAVID ROPER

O que acontece quando você se intromete na vida de outras pessoas? Qual é a primeira coisa que você deve fazer pelo próximo?

Deus, ensina-me a entender o que significa amar o meu próximo, sem intrometer-me de modo prejudicial.

INTERCEDER A DEUS

...eu, Daniel, ao estudar a palavra do SENHOR [...] me voltei para [...] Deus e supliquei a ele... VV.2-3

O tempo de oração de uma família terminou com um comunicado surpreendente. Assim que o pai disse: "Amém", Ana de 5 anos falou: "Orei pelo Lucas, porque ele estava com os olhos abertos durante a oração". Tenho certeza de que orar pelo irmão de 10 anos com olhos abertos não é o que as Escrituras ensinam quando nos convoca a interceder em oração, mas, pelo menos, Ana percebeu que podemos orar uns pelos outros.

O professor de ensino bíblico, Oswald Chambers, enfatizou a importância de orarmos uns pelos outros. Ele disse: "intercessão é se colocar no lugar de Deus; é ter Sua mente e perspectiva". É orar pelos outros à luz do que sabemos sobre Deus e Seu amor por nós. Encontramos um grande exemplo em Daniel 9. O profeta compreendeu a promessa divina de que os judeus enfrentariam 70 anos de cativeiro na Babilônia (JEREMIAS 25:11-12). Reconhecendo que aqueles anos se completavam, Daniel orou com insistência. Ao orar por Seu povo, ele reconheceu os mandamentos de Deus (DANIEL 9:4-6), humilhou-se (V.8), honrou o caráter de Deus (V.9), confessou pecados (V.15) e confiou na misericórdia do Senhor (V.18). Daniel obteve uma resposta imediata de Deus (V.21).

Nem toda oração recebe resposta tão rápida, mas encoraje-se por podermos buscar a Deus em nome de outros com atitude de confiança e dependência dele.

DAVE BRANON

Ao orar pelos outros, como você busca a "mente" de Deus? E a Sua perspectiva?

Pai, ajuda-me a conhecer-te melhor para que, ao interceder por outros, eu possa buscar a Tua vontade.

Quer saber mais sobre a oração? Acesse: universidadecrista.org

A BÍBLIA EM UM ANO: DEUTERONÔMIO 3–4; MARCOS 10:32-52

A RAZÃO PARA ESCREVER

Estes, porém, estão registrados para que vocês creiam... v.31

Saímos do acampamento cantando: "O Senhor é minha torre alta...". Em 7 de setembro de 1943, Etty Hillesum escreveu essas palavras num cartão-postal e jogou-o de um trem. Essas foram as suas últimas palavras registradas. Ela foi assassinada em Auschwitz em 30 de novembro do mesmo ano. Seus diários sobre as experiências no campo de concentração foram traduzidos e publicados. Eles narravam a perspectiva dela sobre os horrores da ocupação nazista, e a beleza do mundo de Deus. Seus escritos foram traduzidos para 67 idiomas. É um presente para os que os lerem e crerem tanto na existência do bem quanto do mal.

O apóstolo João não ignorou as duras realidades da vida de Jesus na Terra. Ele escreveu sobre o bem que Jesus fez e os desafios que enfrentou. As palavras finais de seu evangelho dão uma ideia do propósito por trás do seu livro. Jesus realizou "muitos outros sinais [...] além dos [...] registrados neste livro" (20:30). Mas estes, escreveu João, foram "registrados para que vocês creiam" (v.31). O "diário" de João termina com uma nota de triunfo: "Jesus é o Cristo, o Filho de Deus". Tais palavras nos dão a oportunidade de crermos e termos vida em Seu nome.

Os evangelhos são relatos diários do amor de Deus por nós. São palavras para ler, crer e compartilhar, que nos conduzem à vida que é Cristo.

JOHN BLASE

Você já pensou nos evangelhos como sendo "diários"? Eles o conduzem à essência de Cristo?

Deus, obrigado pela dádiva da Tua Palavra, escrita por mãos fiéis para que eu creia em Jesus e tenha a vida eterna.

★ *TÓPICO DE MARÇO: DESCANSO*

MUSA DE NEVE

Ele diz à neve: "Venha sobre a terra! ", e ordena à chuva: "Caia em torrentes! ". v.6

O grupo musical norte-americano *Over the Rhine* (Sobre o Reno) canta sobre a transformação que ocorria anualmente nos arredores da cidade de Cincinnati, EUA. Linford Detweiler, cofundador da banda, explica que "sempre que a primeira forte nevasca do ano caía, parecia que algo sagrado acontecia. Como um recomeço, a cidade desacelerava e aquietava". Era inspirador. Uma quietude mágica envolve o mundo enquanto a neve esconde fuligem e cinza. Por alguns momentos, a tristeza do inverno ilumina, convidando-nos à reflexão e apreciação.

Eliú, o único amigo de Jó que talvez tenha tido uma visão útil de Deus, observou como a criação rege a nossa atenção. "A voz de Deus troveja de maneiras maravilhosas" (JÓ 37:5), disse ele. "Ele diz à neve: 'Venha sobre a terra!', e ordena à chuva: 'Caia em torrentes!'". Tal esplendor pode interromper a nossa vida, exigindo uma pausa sagrada. "Todos param de trabalhar, a fim de observar seu poder" (vv.6-7), observou Eliú.

Às vezes, a natureza chama a nossa atenção de maneira que não gostamos. Independentemente do que nos aconteça ou do que observamos ao nosso redor, cada momento magnífico, ameaçador ou mundano pode inspirar a nossa adoração. O coração do poeta em nosso interior anseia pelo silêncio sagrado.

TIM GUSTAFSON

O que o motiva a refletir sobre a grandeza e criatividade de Deus? Como você pode experimentar a Sua maravilha em sua rotina hoje?

Pai, ajuda-me a ver Tua mão em tudo hoje. Concede-me a sensibilidade para apreciar Teus incríveis feitos.

A BÍBLIA EM UM ANO: DEUTERONÔMIO 8–10; MARCOS 11:19-33

PRATIQUE ESSAS COISAS

Continuem a praticar tudo que aprenderam e receberam de mim... v.9

Quando ajudei meu filho com o dever de matemática, tornou-se evidente o seu pouco entusiasmo em resolver vários problemas relacionados ao mesmo conceito. "Já entendi, pai!", insistiu, esperando que eu o deixasse escapar do restante de suas tarefas. Então, gentilmente, expliquei a ele que um conceito é apenas um conceito até que aprendamos a como colocá-lo em *prática*.

Paulo escreveu sobre a *prática* aos filipenses: "Continuem a praticar tudo que aprenderam e receberam de mim, tudo que ouviram de mim e me viram fazer" (FILIPENSES 4:9). Ele menciona cinco coisas: *reconciliação*, ao exortar Evódia e Síntique (vv.2-3); *alegria*, ao lembrar seus leitores a cultivá-la (v.4); *gentileza*, ele os incitava a praticá-la em sua relação com o mundo (v.5); *oração*, como já havia demonstrado pessoalmente e por escrito (vv.6-7); e *foco*, o qual Paulo demonstrou até na prisão (v.8). Como seguidores de Cristo somos instados a praticar a reconciliação, a alegria, a gentileza, a oração e a manter o foco no que agrada a Deus. Como qualquer hábito, essas virtudes devem ser praticadas e cultivadas.

Paulo diz que as boas-novas do evangelho revelam que: "Deus está agindo em vocês, dando-lhes o desejo e o poder de realizarem aquilo que é do agrado dele" (2:13). Nunca a praticamos por nosso próprio mérito. Deus nos concederá o que necessitamos (4:19).

GLENN PACKIAM

Como viver sob o poder do Espírito Santo?

Jesus, dá-me a graça de praticar Teu caminho pelo poder do Espírito Santo. Capacita-me a viver a Tua Palavra.

OFERTAR EM NOSSA POBREZA

Eles deram uma parte do que lhes sobrava, mas ela, em sua pobreza, deu tudo que tinha. v.44

Warren Buffett, Bill e Melinda Gates fizeram história quando prometeram doar metade de seu dinheiro, em 2018. Naquela época, isso significava doar 92 bilhões de dólares. Essa ação deixou o psicólogo Paul Piff curioso para estudar os padrões de doação. Em suas pesquisas, ele descobriu que os pobres tendem a doar 44% mais do que os ricos. Aqueles que sentiram a própria privação, por vezes, são movidos à maior generosidade

Jesus sabia disso, ao visitar o Templo, Ele viu as multidões ofertarem (MARCOS 12:41). Os ricos entregavam muito dinheiro, mas uma viúva pobre ofertou suas duas últimas moedas de cobre, colocando-as na caixa. Eu imagino Jesus se levantando, encantado e surpreso. Imediatamente, Ele reuniu Seus discípulos, certificando-se de que não perdessem esse ato deslumbrante: "essa viúva depositou na caixa de ofertas mais que todos os outros" (v.43), exclamou Jesus. Os discípulos se entreolharam, perplexos, esperando que alguém pudesse explicar o que Jesus falou. Então, Ele deixou claro: "Eles deram uma parte do que lhes sobrava, mas ela, em sua pobreza, deu tudo que tinha" (v.44).

Talvez tenhamos pouco para dar, mas Jesus nos convida a ofertar a partir de nossa pobreza. Embora possa parecer escasso para os outros, damos o que temos, e Deus se alegra com as nossas doações generosas.

WINN COLLIER

O que significa para você ofertar em sua pobreza? Como entregar "tudo" a Jesus hoje?

Deus, sinto-me sem muito a oferecer.
Meus donativos parecem insignificantes,
porém, entrego-me a ti, Senhor.

A BÍBLIA EM UM ANO: DEUTERONÔMIO 14–16; MARCOS 12:28-44

CADA FÔLEGO

Darei fôlego a vocês.
EZEQUIEL 37:6

Quando Tee Unn contraiu uma doença rara e autoimune, que enfraqueceu todos os seus músculos e quase o matou, ele percebeu que ser capaz de respirar era um presente. Por mais de uma semana, uma máquina teve que bombear ar para os pulmões dele, a cada poucos segundos, e isso era uma parte dolorosa de seu tratamento. Tee Unn teve uma recuperação milagrosa e hoje ele se lembra de não reclamar dos desafios da vida dizendo: "Respiro profundamente e agradeço a Deus por esse privilégio".

Como é fácil nos concentrarmos no que precisamos ou queremos e nos esquecermos de que às vezes as menores coisas da vida podem ser os maiores milagres. Na visão do profeta (EZEQUIEL 37:1-14), Deus lhe mostrou que somente Ele poderia dar vida aos ossos secos. Mesmo depois que tendões, carne e pele apareceram, "não havia fôlego neles" (v.8). Foi somente quando Deus lhes soprou fôlego de vida que eles puderam viver novamente (v.10).

Isso ilustra a promessa de Deus de restaurar Israel da devastação. Também me lembra de que tudo o que tenho, grande ou pequeno, é inútil, a menos que Deus me conceda o fôlego. Que tal agradecer hoje a Deus pelas bênçãos mais simples da vida? Em meio à luta diária, vamos parar ocasionalmente para respirar fundo e que "Tudo que respira louve ao SENHOR!" (SALMO 150:6).

LESLIE KOH

Qual o motivo de agradecimento a Deus agora?
Como você pode lembrar-se
de agradecer ao Senhor com mais frequência?

Senhor Deus, sou grato
pelo ar que respiro, pelas menores coisas
e pelos maiores milagres da vida.

 A BÍBLIA EM UM ANO: DEUTERONÔMIO 17–19; MARCOS 13:1-20

LIVRO DE HISTÓRIA DE DEUS

Deus os abençoou [...] olhou para tudo que havia feito e viu que era muito bom. VV.28,31

Querendo aproveitar um dia lindo, saí para dar uma volta e logo conheci um novo vizinho. Ele me parou e se apresentou: "Olá, o meu nome é Gênesis e tenho 6 anos e meio". Achei muito interessante e respondi: "Gênesis é um grande nome! É um livro da Bíblia". Ele perguntou: "O que é a Bíblia?". "É o livro de histórias de Deus sobre como Ele fez o mundo e as pessoas e como Ele nos ama". Em seguida ele fez uma pergunta inquisitiva que me fez sorrir: "Por que Deus fez o mundo, as pessoas, os carros e as casas? E a minha foto está no livro dele?".

Embora não haja uma imagem literal do meu novo amigo Gênesis ou de qualquer um de nós nas Escrituras, somos uma grande parte do livro de histórias de Deus. Vemos, em Gênesis 1, que "...Deus criou os seres humanos à sua própria imagem, à imagem de Deus os criou" (V.27). O Senhor caminhou com eles no jardim, e então os advertiu sobre ceder à tentação de ser seu próprio deus (CAP.3). Mais tarde, em Seu livro, Deus contou como, em amor, Seu Filho, Jesus, veio caminhar conosco aqui revelando o plano divino para perdoar e restaurar Sua criação.

Ao olharmos para a Bíblia, aprendemos que nosso Criador deseja que o conheçamos, que lhe falemos e até mesmo que façamos nossas perguntas a Ele. Deus se preocupa conosco mais do que podemos imaginar. *ANNE CETAS*

**Onde você se vê na história de Deus?
De que forma você vivencia a comunhão com Ele?**

Deus de amor, obrigado por me incluíres em Tua história. Que eu ame a ti e aos outros como Tu me amas.

A BÍBLIA EM UM ANO: DEUTERONÔMIO 20–22; MARCOS 13:21-37

TEMPESTADES DE MEDO

Então Jesus lhes perguntou:
"Por que estão com medo?
Ainda não têm fé?". v.40

Num comercial, uma mulher pergunta ao amigo que assiste à TV: "O que você está procurando?". Ele responde seriamente: "Uma versão de mim mesmo que não toma decisões com base no medo", sem perceber que ela só queria saber o que ele gostava de assistir. Eu não esperava que um comercial me atingisse tão profundamente! Mas me vi no lugar dessa pessoa, pois me sinto envergonhado pela maneira como o medo, às vezes, parece direcionar minha vida.

Os discípulos de Jesus também experimentaram o profundo poder do medo. Certa vez, uma "forte tempestade se levantou" (MARCOS 4:35-37), ao cruzarem o mar da Galileia. O terror se apoderou deles, e sugeriram que Jesus (que dormia) talvez não se importasse com eles: "Mestre, vamos morrer! O senhor não se importa?" (v.38). O medo *distorceu* a visão dos discípulos, cegando-os para as boas intenções de Jesus. Depois de repreender o vento e as ondas (v.39), Cristo confrontou os discípulos com duas perguntas: "Por que estão com medo? Ainda não têm fé?" (v.40).

As tempestades também assolam nossa vida, não é? Mas as perguntas de Jesus podem nos ajudar a colocar nossos medos em perspectiva. A primeira pergunta nos convida a *nomear* nossos medos. A segunda nos convida a *entregá-los* a Cristo que nos guiará, mesmo em meio às mais violentas tempestades da vida.

ADAM HOLZ

Qual tempestade você enfrenta hoje? Quando surgem os medos e emoções, como entregá-los a Jesus?

Jesus, obrigado por sempre estares
presente comigo em meio às tempestades.
Ajuda-me a confiar em ti.

Compreenda melhor a Bíblia, acesse: paodiario.org

1 PEDRO 2:4-10

CARTAS AMÁVEIS

Vocês [...] são povo escolhido, reino de sacerdotes, nação santa, propriedade exclusiva de Deus. v.9

Dr. Jerry Motto descobriu o poder de uma "carta amável". Sua pesquisa demonstrou que o simples envio de uma carta expressando cuidados aos pacientes que haviam recebido alta após tentar o suicídio, reduziu pela metade a taxa de recorrência. Profissionais da saúde redescobriram isso ao enviar tais textos, cartões e até *memes* como tratamento e acompanhamento aos deprimidos.

Na Bíblia, 21 "livros" na verdade são cartas escritas para os cristãos do primeiro século que enfrentavam dificuldades. Paulo, Tiago e João as escreveram para explicar os fundamentos da fé e da adoração, como resolver conflitos e construir a unidade. O apóstolo Pedro, no entanto, escreveu aos perseguidos pelo imperador romano, Nero. Pedro os lembrou de seu valor intrínseco para Deus: "Vocês [...] são povo escolhido, reino de sacerdotes, nação santa, propriedade exclusiva de Deus" (1 PEDRO 2:9). Isso os fez olhar para Deus e lembrar que "podem mostrar às pessoas como é admirável aquele que os chamou das trevas para sua maravilhosa luz".

Nosso Deus escreveu um livro cheio de cartas amáveis para nós. São Escrituras inspiradas para que possamos nos lembrar sempre do valor que Ele nos atribui. Que possamos ler Suas cartas diariamente, compartilhando-as com os que precisam da esperança que Jesus oferece.

ELISA MORGAN

Como você recebe o encorajamento de Deus e de que maneira compartilha as cartas da Bíblia?

Deus de amor, obrigado pelas amáveis cartas que a Bíblia contém!

A BÍBLIA EM UM ANO: DEUTERONÔMIO 26–27; MARCOS 14:27-53

★ *TÓPICO DE MARÇO: DESCANSO*

UM CORAÇÃO FORTE

Minha saúde pode acabar e meu espírito fraquejar, mas Deus continua sendo a força de meu coração. v.26

No livro *Feito de modo especial e admirável* (Ed. Vida, 2006), Dr. Paul Brand e seu coautor Philip Yancey observam: "O peso do coração de um pássaro beija-flor equivale a cerca de 2,5% do seu peso e bate 800 vezes por minuto; o coração de uma baleia azul pesa meia tonelada, bate 10 vezes por minuto e pode ser ouvido a cerca de 3 quilômetros. Em contraste com qualquer um dos dois, o coração humano parece estupidamente funcional, mas faz seu trabalho, batendo 65-70 vezes por minuto, sem nenhum tempo de descanso para que passemos dos 70 anos ou mais".

O coração nos fortalece tanto ao longo da vida que se tornou uma metáfora para o nosso bem-estar interior. Todavia, tanto o nosso coração literal quanto o metafórico são propensos ao fracasso. O que podemos fazer?

O salmista Asafe, um líder de adoração de Israel, reconheceu no Salmo 73 que a verdadeira força está em Deus. Ele escreveu: "Minha saúde pode acabar e meu espírito fraquejar, mas Deus continua sendo a força de meu coração" (v.26). O Deus vivo é nossa força final e eterna. O Criador do Céu e da Terra não tem limitações ao Seu poder perfeito. Em nossos momentos de dificuldade, que possamos descobrir o que Asafe aprendeu em suas próprias lutas: Deus é a verdadeira força de nosso coração. Podemos descansar nele todos os dias.

BILL CROWDER

Como está o seu coração?
Quando você "perde o ânimo", como renova a sua confiança em Deus?

Pai, agradeço-te, pois sei que quando estou fraco tu és forte e sei que és totalmente suficiente.

É JESUS!

...quis Deus dar a conhecer [...] a gloriosa riqueza deste mistério, que é Cristo em vocês, a esperança da glória. v.27

Durante o concurso da TV americana *America's Got Talent*, uma menina de 5 anos cantou tão bem que um juiz a comparou à famosa cantora infantil e dançarina dos anos 1930. Ele comentou: "Acho que Shirley Temple está morando em algum lugar dentro de você". Ela respondeu: "Não é Shirley Temple. É Jesus!".

Fiquei maravilhada com a sua profunda consciência de que a alegria vinha por Jesus "habitar" nela. A Bíblia nos assegura de que todos os que confiam nele não apenas recebem a promessa da vida eterna com Deus, mas também a presença de Jesus vivendo neles. Por meio do Seu Espírito, nosso coração se torna o lar de Jesus (COLOSSENSES 1:27; EFÉSIOS 3:17).

A presença de Jesus em nós enche-nos de motivos de gratidão (COLOSSENSES 2:6-7). Cristo nos capacita a vivermos com propósito e energia (1:28-29). Ele cultiva alegria em nós, em meio às circunstâncias, nos momentos de celebração e nos momentos de luta (FILIPENSES 4:12-13). O Espírito de Cristo enche-nos de esperança, pois mesmo quando não podemos ver sabemos que todas as coisas cooperam para o bem (ROMANOS 8:28). Jesus nos concede a paz que persiste independentemente do caos que gira ao nosso redor (COLOSSENSES 3:15). A presença de Jesus em nós traz confiança, e o Seu brilho em nós nunca deixará de ser notado. *LISA M. SAMRA*

Que bênção a presença encorajadora de Jesus em nós! Como compartilhar a razão da sua esperança e alegria com o próximo?

Jesus, obrigado por fazeres do meu coração a Tua casa. Guia-me para que eu possa refletir a Tua presença.

A BÍBLIA EM UM ANO: DEUTERONÔMIO 30–31; MARCOS 15:1-25

PEQUENO, MAS PODEROSO

...somos obra-prima de Deus, criados em Cristo Jesus a fim de realizar as boas obras. v.7

Em Sonoran, deserto da América do Norte, é possível ouvir um uivo fraco e estridente. Mas jamais suspeitaria que a origem do som fosse o pequeno e poderoso rato-gafanhoto uivando para a Lua a fim de estabelecer seu território. Esse roedor único (apelidado de "rato lobisomem") é carnívoro, ataca criaturas com as quais poucos ousariam mexer, como o escorpião. Mas ele é equipado exclusivamente para essa batalha em particular. Ele tem resistência ao veneno do escorpião e pode até converter as toxinas dele num analgésico!

Há algo inspirador na forma como esse resiliente ratinho parece ser feito "sob medida" para sobreviver e até mesmo prosperar nesse ambiente hostil. Como Paulo explica, em Efésios 2:10, esse tipo de habilidade caracteriza os desígnios de Deus para Seu povo também. Cada um de nós é "obra-prima de Deus" em Jesus, equipado de forma única para contribuir para o Seu reino. Não importa o que Deus lhe concedeu, você tem muito a oferecer. Ao aceitar com confiança quem o Senhor o fez ser, você será uma testemunha viva da esperança e alegria da vida nele.

Portanto, ao enfrentar o que quer que pareça mais ameaçador em sua vida, tenha coragem. Você pode se sentir pequeno, mas por meio dos dons e da capacitação do Espírito, Deus pode usá-lo para fazer grandes coisas. *MONICA LA ROSE*

É fácil ou difícil para você se ver como obra-prima de Deus? Em que área de sua vida isso o encoraja?

Deus, obrigado pela maneira incrível como me projetaste para viver com alegria e propósito.

O XALE ROXO

...peço-lhes [...] que se unam a mim em minha luta, orando a Deus em meu favor. v.30

Enquanto cuidava de minha mãe, em um centro de câncer longe de casa, pedi às pessoas que orassem por nós. Com o passar dos meses, o isolamento e a solidão minaram as minhas forças. Como poderia cuidar dela se eu cedesse ao meu cansaço físico, mental e emocional?

Um dia, uma amiga me enviou um presente inesperado. Julia havia feito um xale roxo, era um lembrete caloroso de que tínhamos pessoas orando por nós diariamente. Sempre que o envolvia nos ombros, sentia Deus me abraçando com as orações de Seu povo. Anos depois, o xale roxo continua a me lembrar do cuidado de Deus.

O apóstolo Paulo afirmou a importância e o poder espiritual revigorante da intercessão. Por meio de seu pedido por apoio e encorajamento em oração, durante suas viagens, Paulo demonstrou como aqueles que oram pelos outros se tornam parceiros no ministério (ROMANOS 15:30). Apresentando pedidos específicos, o apóstolo não apenas mostrou sua dependência do apoio de outros cristãos, mas também sua confiança de que Deus responde às orações poderosamente (vv.31-33). Todos nós experimentamos dias em que nos sentimos sozinhos. Mas Paulo nos ensina como pedir orações à medida que oramos por outros. Ao orarmos pelo povo de Deus, podemos experimentar a força e o conforto de Deus, não importa onde a vida nos leve.

XOCHITL E. DIXON

Quem Deus usou para o encorajar por meio da oração de intercessão? Por quem você pode orar hoje?

Deus, obrigado pelo dom da oração intercessora e por me assegurar que me ouves e cuidas de mim.

Encontre mais recursos bíblicos, acesse: paodiario.org

A BÍBLIA EM UM ANO: JOSUÉ 1–3; MARCOS 16

CORREÇÃO AMOROSA

Quem dá ouvidos à crítica construtiva se sente à vontade entre os sábios.
PROVÉRBIOS 15:31

Por mais de 50 anos, meu pai, editor, buscou a excelência e clareza em sua tarefa. Ele usava uma caneta verde para as correções, pois sentia que isso era "mais amigável". Os traços vermelhos podem ser chocantes para um escritor iniciante ou menos confiante. Seu objetivo era indicar gentilmente um caminho melhor.

Quando Jesus corrigiu as pessoas, Ele o fez com amor. Em algumas circunstâncias, como ao ser confrontado com a hipocrisia dos fariseus (MATEUS 23), o Mestre os repreendeu duramente, ainda assim, para benefício deles. Mas no caso de Sua amiga Marta, apenas uma correção gentil era necessária (LUCAS 10:38-42). Os fariseus reagiram mal à Sua repreensão, porém Marta continuou sendo uma de Suas amigas mais queridas (JOÃO 11:5).

A correção pode ser desconfortável e poucos de nós a apreciam. Às vezes, por causa do nosso orgulho, é difícil recebê-la com entusiasmo. O livro de Provérbios fala muito sobre sabedoria e indica que quem "ouve a repreensão" expressa sabedoria e entendimento. A correção amorosa de Deus nos ajuda a ajustar o nosso direcionamento e a segui-lo mais de perto. Aqueles que a recusam são severamente advertidos (v.10), mas os que a acolhem por meio do poder do Espírito Santo obterão sabedoria e entendimento (15:10,31-32).

CINDY HESS KASPER

Como você reage à amorosa correção do Seu Pai Eterno? Qual correção fez diferença significativa em sua vida?

Pai, ajuda-me a aprender a aceitar a Tua amorosa correção para crescer em sabedoria e entendimento.

A BÍBLIA EM UM ANO: JOSUÉ 4–6; LUCAS 1:1-20

DEUS EM AÇÃO

Verdadeiramente este era o Filho de Deus! v.54

"Deus está chorando", sussurrou a filha de 10 anos de Bill Haley, enquanto estavam na chuva com um grupo de cristãos multiétnicos. Eles tinham ido àquele vale para buscar a Deus e tentar compreender o legado de discórdia racial na América. De mãos dadas, eles oraram sobre o chão em que os escravos tinham sido enterrados. De repente, o vento começou a soprar e veio a chuva. O líder clamou por cura racial, e a chuva começou a cair mais forte. Reunidos ali, eles creram que Deus estava agindo para trazer reconciliação e perdão.

No Calvário, Deus também estava agindo. Depois que Jesus deu Seu último suspiro, "A terra tremeu, e as rochas se partiram. Os sepulcros se abriram" (MATEUS 27:51-52). Embora alguns tivessem negado quem Jesus era, um centurião designado para vigiá-lo chegou a uma conclusão diferente: "Quando o centurião e os que com ele vigiavam Jesus viram o terremoto e tudo o que havia acontecido, ficaram aterrorizados e exclamaram: 'Verdadeiramente este era o Filho de Deus!'" (v.54).

Na morte de Jesus, Deus agiu para prover o perdão dos pecados para todos os que creem nele: "Deus em Cristo estava reconciliando consigo o mundo" (2 CORÍNTIOS 5:19). Não há melhor maneira de demonstrarmos que fomos perdoados por Deus do que estender o perdão uns aos outros. *ARTHUR JACKSON*

Você recebeu o perdão de Deus por meio da morte de Jesus? Já compartilhou esse perdão com outras pessoas?

Pai, obrigado por teres enviado Jesus para nos perdoar. Ajuda-nos a demonstrar o Teu perdão em nosso viver.

A BÍBLIA EM UM ANO: JOSUÉ 7–9; LUCAS 1:21-38

MAIS DOCE QUE O MEL

Como são doces para o meu paladar as tuas palavras! Mais que o mel para a minha boca! v.103

Uma Exposição Mundial aconteceu, em outubro de 1893, em Chicago, nos EUA. Os teatros da cidade fecharam porque os proprietários imaginaram que todos iriam à Exposição. Mais de 700 mil pessoas foram, mas Dwight Moody (1837–99) queria encher um salão na outra extremidade da cidade com ensino bíblico. Seu amigo R. A. Torrey não acreditava que ele conseguiria isso no mesmo dia. Mas, pela graça de Deus, ele conseguiu. Torrey afirmou que as multidões compareceram porque Moody conhecia "o Livro mais desejável que este mundo anseia conhecer — a Bíblia". Ele desejava que outros amassem a Bíblia como Moody a amava, que a lessem com dedicação e zelo.

Deus trouxe as pessoas de volta a si mesmo naquele encontro, e continua a falar hoje por meio de Seu Espírito. Podemos nos identificar com o amor do salmista por Deus e Suas Escrituras: "Como são doces para o meu paladar as tuas palavras! Mais que o mel para a minha boca!" (SALMO 119:103). Para o salmista, as mensagens de Deus sobre Sua graça e verdade foram como a luz para o seu caminho, uma lâmpada para os seus pés (v.105).

De que maneira aumentar ainda mais o amor pelo Salvador e Sua mensagem? Na medida em que nos aprofundamos nas Escrituras, Deus aumentará a nossa devoção a Ele e nos guiará, brilhando Sua luz ao longo dos caminhos que percorremos.

AMY BOUCHER PYE

Você lê a Bíblia regularmente?
Como evitar perder essa prática na correria diária?

Deus, deste-me as Escrituras. Ajuda-me a lê-la e a digeri-la, para que eu possa servir-te fielmente.

A BÍBLIA EM UM ANO: JOSUÉ 10–12; LUCAS 1:39-56

★ *TÓPICO DE MARÇO: DESCANSO*

A RAZÃO PARA DESCANSAR

Que proveito tem um homem de todo o esforço e de toda a ansiedade com que trabalha debaixo do sol? v.22

Se você quer viver mais, tire férias! Os pesquisadores em Helsinque, Finlândia, acompanharam um estudo com executivos do sexo masculino, de meia-idade, que apresentavam risco de doenças cardíacas. Depois de 40 anos, os cientistas descobriram que a taxa de mortalidade era menor entre aqueles que haviam tirado férias.

O trabalho é uma parte necessária da vida. Deus o designou para nós antes mesmo de nosso relacionamento com Ele romper-se em Gênesis 3. Salomão escreveu sobre a aparente falta de sentido do trabalho por aqueles que não trabalham para a honra de Deus. Ele reconheceu seu "esforço e ansiedade", "dor e tristeza" (ECLESIASTES 2:22-23). Mesmo quando não estão trabalhando ativamente, ele diz que "à noite sua mente não descansa" porque está pensando sobre o que precisa ser feito (v.23).

Nós também podemos sentir que corremos "atrás do vento" (v.17) e nos frustrarmos com nossa incapacidade de "terminar" a tarefa. Mas, ao lembrar que Deus faz parte do nosso trabalho, do nosso propósito, podemos trabalhar duro *e* descansar. Posso confiar que Ele será nosso Provedor, pois Ele é o doador de todas as coisas. Salomão reconhece: "sem ele, quem pode comer ou se divertir?" (v.25). Quem sabe, ao nos lembrarmos dessa verdade, podemos trabalhar diligentemente para Ele (COLOSSENSES 3:23) e nos permitir tempos de descanso.

KIRSTEN HOLMBERG

Como convidar Deus para participar do seu trabalho?

Deus, tu trazes significado e propósito a todos os meus trabalhos.

ALGO MUITO MAIOR

Pois nós somos cooperadores de Deus. v.9

Mais de 200 pessoas ajudaram a mover o estoque de uma livraria a outro endereço na mesma rua. Os ajudantes se enfileiraram na calçada e passaram os livros por uma "esteira rolante humana". Após testemunhar os voluntários, um dos funcionários da loja disse: "Foi realmente comovente vê-los ajudando e fazendo parte de algo muito maior".

Nós também podemos fazer parte de algo muito maior do que nós mesmos. Deus nos usa para alcançarmos o mundo com a mensagem de Seu amor. Por alguém ter compartilhado a mensagem conosco, podemos passá-la adiante. Paulo comparou a construção do reino de Deus com um jardim vicejante. Alguns de nós plantam as sementes, outros as regam. Paulo diz que somos: "cooperadores de Deus" (1 CORÍNTIOS 3:9). Cada trabalho é importante, no entanto, todos são feitos sob o poder do Espírito de Deus. Por Seu Espírito, Deus capacita as pessoas a crescer espiritualmente, quando ouvem que Ele as ama. Ele enviou Seu Filho a fim de morrer em nosso lugar para sermos libertos do pecado (JOÃO 3:16).

Deus faz muito de Seu trabalho na Terra por meio de "voluntários" como nós. Embora façamos parte de uma comunidade que é muito maior do que qualquer contribuição que possamos dar, podemos ajudá-la a crescer colaborando para compartilhar o Seu amor com o mundo. *JENNIFER BENSON SCHULDT*

Você se vê como parte do plano de Deus? Como isso afeta sua maneira de servir o Senhor e aos outros?

Deus, obrigado por me incluíres em Teu plano de amor. Ajuda-me a representar-te bem com minhas palavras e ações.

CONHECENDO SUA VOZ

Eu sou o bom pastor; conheço as minhas ovelhas, e elas me conhecem... JOÃO 10:14

Certo ano, na escola bíblica de férias, a igreja de Kevin decidiu levar animais vivos para ilustrar a história bíblica. Kevin foi ajudar e lhe pediram que trouxesse uma ovelha para dentro do salão de esportes. Ele praticamente teve que arrastar o animal lanudo por uma corda para dentro. Mas com o passar dos dias, a ovelha ficou menos relutante em segui-lo. No final daquela semana, Kevin não precisava mais segurar a corda; ele apenas chamava a ovelha e ela o seguia, pois sabia que podia confiar nele.

No Novo Testamento, Jesus se compara a um pastor, declarando que Seu povo, as ovelhas, o seguirão por conhecerem a Sua voz (JOÃO 10:4). Mas que essas mesmas ovelhas fugiriam de um estranho ou de um ladrão (v.5). Como ovelhas, nós (filhos de Deus) conhecemos a voz de nosso Pastor por meio de nosso relacionamento com Ele. Ao fazermos isso, temos contato constante com o Seu caráter e aprendemos a confiar nele.

À medida que passarmos a conhecer e amar a Deus, discerniremos Sua voz e seremos mais capazes de fugir do "ladrão [que] vem apenas para roubar, matar e destruir" (v.10), daqueles que tentam nos enganar e nos afastar dele. Ao contrário desses falsos mestres, podemos confiar na voz de nosso Pastor para nos conduzir à segurança.

JULIE SCHWAB

Mencione algo que você aprendeu sobre o caráter de Deus através da leitura da Sua Palavra. Como isso o impactou? O que o ajudará a discernir a voz de Deus?

Pai celestial, obrigado por seres meu amoroso Pastor. Ajuda-me a reconhecer e seguir apenas a Tua voz.

A BÍBLIA EM UM ANO: JOSUÉ 19–21; LUCAS 2:25-52

ORQUESTRA COM LIXO QUE NÃO É LIXO

Entrarão em Sião com cantos de alegria; duradoura alegria coroará sua cabeça. v.10

Cateura é uma pequena comunidade no Paraguai. Desesperadamente pobres, seus moradores sobrevivem reciclando itens de um depósito de lixo. No entanto, mesmo nessas condições nada promissoras, surgiu uma bela orquestra. Como um violino custa mais do que uma casa, a orquestra teve de ser criativa, criando seus próprios instrumentos desse estoque de lixo. Os violinos são feitos de latas de óleo com estandartes de garfos amassados. Saxofones feitos de canos de esgoto e chaves de tampinhas. Violoncelos são feitos de tambores de lata. É lindo ouvir a música de Mozart tocada nessas engenhocas . A orquestra já esteve em muitos países, ampliando os horizontes dos seus jovens integrantes.

Violinos de aterros sanitários! Música de comunidades! Isso representa a ação de Deus. Quando o profeta Isaías anteviu a nova criação de Deus, ressurge beleza semelhante da pobreza, com terras áridas explodindo em flores (ISAÍAS 35:1-2), desertos fluindo com riachos (VV.6-7), ferramentas de guerra transformadas em aparatos de jardim (2:4), e pobres se recompondo ao som de canções alegres (35:5-6,10).

O diretor dessa orquestra diz: "O mundo nos dá lixo e retribuímos com música". E, assim, dão ao mundo um vislumbre do futuro, quando Deus enxugará as lágrimas de todos os olhos e a pobreza não existirá mais.

SHERIDAN VOYSEY

Como Deus transforma o "lixo" em sua vida em beleza? Como extrair "música" do sofrimento?

Espírito Santo, transforma a pobreza em minha vida em algo belo.

A BÍBLIA EM UM ANO: JOSUÉ 22–24; LUCAS 3

RECEBENDO A REALEZA

Todos vocês são filhos de Deus mediante a fé em Cristo Jesus. v.26

Após conhecer a rainha da Inglaterra em um baile na Escócia, Sylvia e seu marido receberam uma mensagem de que a família real gostaria de visitá-los para um chá. Sylvia começou a limpar e se preparar, nervosa por receber os convidados reais. Antes que eles chegassem, ela colheu algumas flores para a mesa, com o coração acelerado. Então ela sentiu Deus lembrando-a de que Ele é o Rei dos reis e que está com ela todos os dias. Imediatamente, Sylvia sentiu-se em paz e pensou: "Afinal, é apenas a rainha!".

Sylvia está certa. Como o apóstolo Paulo observou, Deus é o "Rei dos reis e Senhor dos senhores" (1 TIMÓTEO 6:15) e aqueles que o seguem são "filhos de Deus" (GÁLATAS 3:26). Quando pertencemos a Cristo, somos herdeiros de Abraão (v.29). Não estamos mais limitados pela divisão como raça, classe social ou gênero, pois somos "um em Cristo Jesus" (v.28). Somos filhos do Rei.

Embora eles tenham tido uma refeição maravilhosa com a rainha, eu não espero receber um convite dela tão cedo. Mas gosto de lembrar que o maior Rei de todos está comigo a cada momento. Aqueles que acreditam em Jesus de todo o coração (v.27) podem viver em união, sabendo que são filhos de Deus. Como apegar-se a essa verdade molda a maneira como vivemos hoje?

AMY BOUCHER PYE

O que significa para você ser herdeiro de Abraão? Como convidar outros a se tornarem parte da família de Deus?

Poderoso e glorioso Rei dos reis e Senhor dos senhores, obrigado por me amares e me receberes em Tua família.

A BÍBLIA EM UM ANO: JUÍZES 1–3; LUCAS 4:1-30

OBSERVE!

Dos lábios das crianças e dos recém-nascidos suscitaste louvor. v.16

"Veja, vovó, a minha fada-princesa dança!" Minha neta de 3 anos gritou alegremente enquanto corria ao redor de nossa cabana, com um grande sorriso no rosto. Sua "dança" trouxe um sorriso. E o mau humor de seu irmão mais velho, ao dizer "Ela não está dançando, apenas correndo", não diminuiu a alegria de ela estar de férias com a família.

O Domingo de Ramos foi um dia de altos e baixos. Jesus entrou em Jerusalém montado em um jumento, e a multidão bradou com entusiasmo: "Hosana, [...] Bendito é o que vem em nome do Senhor!" (MATEUS 21:9). Entretanto, muitos ali esperavam um Messias que os libertasse de Roma, não um Salvador que morresse por seus pecados na mesma semana. Naquele dia, apesar da ira dos sacerdotes que questionaram a autoridade de Jesus, as crianças no Templo expressaram sua alegria gritando: "Hosana, Filho de Davi" (v.15), talvez saltando e agitando ramos de palmeiras enquanto corriam ao redor do pátio. Elas não podiam deixar de adorá-lo. Jesus revelou aos líderes indignados que Deus suscitou o louvor "dos lábios das crianças" (v.16). Elas estavam na presença do Salvador!

Jesus nos convida a também vê-lo por quem Ele é. Quando o fazemos, como uma criança transbordando de alegria, não temos como deixar de nos alegrar em Sua presença. *ALYSON KIEDA*

As distrações diárias e o descontentamento de outros desviam o seu foco no Senhor? O que o ajuda a manter seus olhos em Jesus?

Pai, obrigado pelo que fizeste por mim!
Foste tão longe por amor.
Ajuda-me a manter meus olhos em ti.

ENFRENTE AS BATALHAS

No SENHOR eu me refugio. v.1

O feito heroico do soldado Desmond Doss, do Exército dos EUA, é relatado no filme *Até o Último Homem* (2016). As convicções de Doss não permitiam que ele tirasse vidas humanas. Como médico do exército, ele se comprometeu a preservar a vida, mesmo que para isso tivesse que morrer. Doss foi honrado por isso: "O soldado Doss recusou-se a procurar cobertura e permaneceu na área com muitos feridos, levando-os um a um até a borda da escarpa. Enfrentou sem hesitação o bombardeio inimigo e o fogo de armas pequenas para ajudar um oficial de artilharia".

No Salmo 11, a convicção de Davi de que seu refúgio estava em Deus o compeliu a resistir às sugestões de fugir em vez de enfrentar seus inimigos (vv.2-3). Poucas palavras compõem sua declaração de fé: "No SENHOR eu me refugio" (v.1). Essa convicção guiou sua conduta.

As palavras de Davi, nos versículos 4 a 7, amplificaram a grandeza de Deus. Sim, a vida às vezes pode ser como um campo de batalha, pois somos bombardeados com problemas de saúde, tensões financeiras, relacionais e espirituais. Então o que deveríamos fazer? Reconhecer que Deus é o rei do Universo (v.4), confiar na Sua incrível capacidade de julgar com precisão (vv.5-6) e descansar no que é certo e justo (v.7). Podemos buscar a Deus sem demora para encontrar refúgio! *ARTHUR JACKSON*

Você consegue se lembrar de ocasiões em que Deus veio em seu socorro e sua esperança nele foi renovada?

Pai, abre os meus olhos para ver que és o meu refúgio, e que és maior do que qualquer força contra mim.

TE PEGUEI!

Se sou homem de Deus, que desça fogo do céu. v.12

"Por que o nariz das estátuas está quebrado?" Essa é a primeira pergunta dos visitantes a Edward Bleiberg, curador de arte egípcia do Museu do Brooklyn, EUA. Ele não pode culpar o desgaste normal; pois mesmo as figuras pintadas em duas dimensões não têm o nariz e supõe-se que isso tenha sido intencional. Inimigos que procuraram "matar" os deuses egípcios. É como se eles estivessem brincando de "te peguei", pois os exércitos invasores acreditavam que ao quebrarem o nariz dos ídolos, esses deuses não respirariam mais.

Sério? Só isso? Com deuses assim, o Faraó deveria saber que estava em apuros. Sim, ele tinha um exército e a lealdade de toda a nação. Os hebreus eram escravos cansados, liderados por um tímido fugitivo chamado Moisés. Mas Israel tinha o Deus vivo, e os deuses de Faraó eram falsos. Dez pragas depois, a vida imaginária desses ídolos reduziu-se a nada. Israel celebrou sua vitória com a "Festa dos Pães sem Fermento", quando comeram pão não fermentado por uma semana (ÊXODO 12:17; 13:7-9). O fermento simboliza o pecado, e Deus queria que o Seu povo se lembrasse de que suas vidas resgatadas pertenciam inteiramente a Ele.

Nosso Pai diz aos ídolos: "Te peguei", e aos Seus filhos: "resgatei a tua vida". Adore o Deus que lhe concede o fôlego de vida e descanse nos Seus amorosos braços. *MIKE WITTMER*

Que falso deus o sufoca?
Como você demonstra a Deus
que confia somente nele?

Pai, entrego-te a minha vida e reconheço que os "inimigos perceptíveis" nada são diante do Teu poder.

REMOVENDO ERVAS DANINHAS COM SABEDORIA

Examina-me, ó Deus, e conhece meu coração. v.23

Meus netos estão brincando no meu quintal arrancando ervas daninhas. "Arrancando-as pela raiz!", diz o mais novo, ao mostrar um pesado prêmio. Gostamos de arrancar as raízes daninhas, limpando cada ameaça desagradável. Mas antes da alegria, é necessário a escolha de ir atrás dessas raízes.

A remoção intencional de ervas daninhas também é o primeiro passo para remover o pecado pessoal. Por isso, Davi orou: "Examina-me, ó Deus, e conhece meu coração [...] Mostra-me se há em mim algo que te ofende..." (SALMO 139:23-24). Que abordagem sábia perseguir o pecado, pedindo a Deus que o mostre a nós. Ele, acima de tudo, sabe tudo sobre nós. "Ó SENHOR, tu examinas meu coração e conheces tudo a meu respeito. Sabes quando me sento e quando me levanto; mesmo de longe conheces meus pensamentos" (vv.1-2).

"Tal conhecimento", acrescentou Davi: "é maravilhoso demais para mim [...] para eu compreender" (v.6). Mesmo antes de um pecado criar raízes, Deus pode nos alertar sobre o perigo. Ele conhece nosso "quintal". E, quando uma atitude pecaminosa tenta criar raízes, Ele é o primeiro a saber e destacar. "É impossível escapar do teu espírito; não há como fugir da tua presença?" (v.7), escreveu Davi. Que possamos seguir de perto o nosso Salvador para terras mais altas! *PATRÍCIA RAYBON*

Quais pecados Deus revela ao examinar o seu coração? A "remoção" intencional de ervas daninhas o ajuda a livrar-se deles?

Pai, ao me mostrares o meu pecado, mostra-me também o Teu plano de remoção dessas ervas daninhas.

A BÍBLIA EM UM ANO: JUÍZES 11–12; LUCAS 6:1-26

DA RAIZ AMARGA À FLOR DO PERDÃO

Eu não queria ser alguém cheia de amargura. No entanto, a cor da minha pele me transformou num alvo. Na escola, um professor até me chamou de "Ninguém". Qual o resultado? Amargura! Eu conhecia Jesus, mas também conhecia a dor. Essa ferida fertilizou a minha amargura que, como erva daninha, causou "perturbação, contaminando muitos" (HEBREUS 12:15).

Assim, ao mesmo tempo em que amava a Deus e acreditava que Ele me amava, a minha angústia se colocava entre nós. Tinha me esquecido do apelo bíblico de "viver em paz com todos, e [procurar] ter uma vida santa, sem a qual ninguém verá o Senhor" (V.14).

Em vez disso, estava obcecada pelo ódio racial, ignorando o apelo de Paulo "livrem-se de toda amargura, raiva, ira, das palavras ásperas e da calúnia, e de todo tipo de maldade" (EFÉSIOS 4:31). Mas como? Deus nos revela três orientações:

Entregue a sua amargura ao Senhor. Peça-lhe que a afaste. Em resposta, ouvi Deus dizer: "Perdoe". Mas como?

Peça a Deus que o ensine. Na verdade, o perdão não é um ato, mas um processo. Como explicou o estudioso Lewis Smedes, o perdão não isenta os infratores; significa "que nós estamos prontos para ser curados". Como?

Confie no infinito poder do Espírito Santo. Nesse caso, o Seu trabalho em nós se torna o Seu testemunho. Na verdade, "Vocês receberão poder quando o Espírito Santo descer sobre vocês, e serão minhas testemunhas em toda parte: [...] e nos lugares mais distantes da terra" (ATOS 1:8).

Portanto, em Cristo, uma raiz de amargura pode florescer numa bela flor. É verdade: a minha "terra" precisa sempre de cuidado, mondadura e poda. Mas o amor de Deus transforma o meu pecado de amargura em graça.

PATRÍCIA RAYBON

PERDOANDO PORQUE SOMOS PERDOADOS

...sejam bondosos e tenham compaixão uns dos outros, perdoando-se como Deus os perdoou em Cristo. (v.32)

Um missionário emprestou dinheiro a outro. Como o pagamento não chegava, aquele que cedera emprestado passou a reclamar do colega para todos, inclusive para o líder deles. Certo dia, esse líder colocou ambos frente a frente e, inesperadamente, devolveu ao credor a quantia devida. Depois disse: "A dívida foi paga. Existe ainda algum problema entre vocês?". De modo semelhante, Jesus assumiu uma dívida que era nossa para que pudéssemos receber o perdão de Deus.

É nessa base que somos instruídos pela Bíblia a perdoar. Perdoamos a quem nos ofende porque Deus nos perdoou. O perdão é um ato de misericórdia, um momento de quebrantamento pessoal em que nos rendemos diante de Deus e passamos por cima de nossas emoções para fazer a vontade do Senhor.

Mas quando perdoamos alguém, devemos colocar o fato de lado. O perdão não pode virar moeda de troca, pois ele é fruto da misericórdia. É algo que Deus compartilha conosco para que compartilhemos com os outros. O apóstolo Paulo escreveu: "Lembrem-se de que o Senhor os perdoou, de modo que vocês também devem perdoar" (COLOSSENSES 3:13).

O resultado desse compartilhamento de perdão é que tiramos de nós mesmos o peso da culpa. O perdão traz credibilidade à nossa vida cristã porque quanto mais parecermos com Jesus, mais transpareceremos a Sua graça.

MIGUEL UCHÔA

Para falar sobre perdoar, precisamos compreender a graça do perdão de Deus para conosco.

Senhor, ajuda-me a perdoar o meu próximo com a mesma misericórdia e graça que tens comigo.

★ *TÓPICO DE ABRIL: PERDÃO*

REFÚGIO PARA O REJEITADO

Tem misericórdia de mim,
ó Deus, tem misericórdia!
Em ti me refugio. v.1

George Whitefield (1714–70) foi um dos pregadores mais talentosos e ativos da história, levando milhares à fé em Jesus. Mas sua vida foi polêmica. Sua prática de pregar ao ar livre (para acomodar grandes multidões) por vezes era criticada pelos que questionavam suas razões e achavam que ele deveria pregar somente dentro das quatro paredes de uma igreja. O epitáfio de Whitefield lança luz sobre a sua resposta às duras críticas: "Estou contente em esperar até o Dia do Juízo para o esclarecimento de meu caráter; e depois de morto, não desejo outro epitáfio senão este: 'Aqui jaz George Whitefield, o grande dia revelará que tipo de homem ele foi'".

Quando Davi enfrentou duras críticas alheias, ele também se colocou nas mãos de Deus. Quando Saul falsamente o acusou de liderar uma rebelião, Davi foi forçado a esconder-se na caverna do exército de Saul que se aproximava. Sentiu-se "...cercado de leões ferozes" entre homens com "...dentes [que] são como lanças e flechas, e sua língua [...] espada afiada" (SALMO 57:4). Mas ele se voltou a Deus e encontrou conforto: "Pois o teu amor se eleva até os céus; a tua fidelidade alcança as nuvens" (v.10).

Quando não nos entendem ou nos rejeitam, Deus é o nosso refúgio (v.1). Seja Ele louvado eternamente por Seu infalível e misericordioso amor!

JAMES BANKS

Pensar em Sua misericórdia o ajuda quando você está desanimado? Como demonstrar o amor divino aos outros?

Pai, louvo-te por me aceitares por causa de Teu Filho. Refugio-me em ti e em Teu perfeito amor hoje.

ACALMA AS ONDAS

Ó SENHOR, Deus dos Exércitos, quem é poderoso como tu, SENHOR? Tu és totalmente fiel! v.8

Enquanto meu marido fotografava o horizonte havaiano, preocupada com minha saúde, sentei-me numa grande rocha. Ainda que meus problemas me aguardassem no retorno, eu precisava de paz naquele momento. Olhei para as ondas que batiam nas pedras escuras e irregulares, e uma sombra chamou minha atenção. Identifiquei a forma de uma tartaruga marinha seguindo com as ondas tranquilamente com suas nadadeiras se esticando amplamente. Virando meu rosto para a brisa salgada, sorri.

"SENHOR, os céus louvam as tuas maravilhas" (SALMO 89:5). Nosso incomparável Deus governa "os mares revoltos e acalmas as ondas agitadas (v.9). Ele fez o mundo e todas as coisas (v.11). Ele criou tudo, é dono de tudo, governa tudo e Seu propósito é que tudo seja para Sua glória e nosso desfrute.

Apoiados no alicerce de nossa fé — o amor de nosso Pai imutável — podemos andar "na luz de [Sua] presença..." (v.15). Deus ainda é Todo-poderoso e misericordioso ao lidar conosco. Podemos nos alegrar em Seu nome o dia todo (v.16). Não importa os obstáculos ou quantos contratempos tenhamos que suportar, Deus nos mantém enquanto as ondas sobem e descem.

XOCHITL E. DIXON

Ao enfrentar as fortes ondas da vida, como o refletir sobre as maravilhas de Deus pode encher você de paz, coragem e confiança em Sua presença contínua e cuidado constante? Que situações você precisa entregar a Deus enquanto surfa pelas ondas da vida?

Pai, obrigado por me capacitares a passar pelas ondas da vida ancorado em Tua comprovada fidelidade.

A BÍBLIA EM UM ANO: JUÍZES 19–21; LUCAS 7:31-50

EM TODOS OS MOMENTOS

Durante o dia, a nuvem do SENHOR pairava no ar [...] e, à noite, fogo ardia [...] Israel podia vê-la... v.38

Em 28 de janeiro de 1986, o ônibus espacial *Challenger* dos EUA se destruiu 73 segundos após a decolagem. No discurso de conforto à nação, o presidente Reagan citou o poema *Voo alto* de John Gillespie Magee, piloto da Segunda Guerra Mundial, que escreveu sobre o "nunca antes ultrapassado espaço sagrado" e a sensação de estender a mão para tocar "a face de Deus".

Ainda que não possamos literalmente tocar a face de Deus, por vezes experimentamos um pôr do sol extasiante ou um lugar na natureza para meditarmos. Isso nos dá a maravilhosa sensação de que Ele está próximo. Alguns chamam esses momentos de transcendentais. A barreira que separa o Céu da Terra se torna mais tênue. *Deus parece mais perto*.

Os israelitas podem ter experimentado essa *proximidade* ao sentirem a presença de Deus no deserto. Ele proveu uma nuvem de dia e uma coluna de fogo à noite para guiar o povo em meio à jornada (ÊXODO 40:34-38). Quando estavam no acampamento, "a glória do SENHOR" enchia o tabernáculo (v.35). Durante toda a jornada, Seu povo sabia que Deus estava com eles.

Ao desfrutarmos da incrível beleza da criação divina, tomamos consciência de que Deus é onipresente. E quando oramos, ouvimos Sua voz e lemos Sua Palavra, podemos usufruir da comunhão com Ele em todo tempo e em todo lugar. *CINDY HESS KASPER*

Quais lugares na natureza o fazem sentir particularmente perto de Deus? Como buscá-lo em todo momento e lugar?

Pai, ajuda-me a buscar-te e a te encontrar mesmo quando eu estiver perdido no deserto.

ANCORADO NA VERDADE

...pois o colocarei firmemente no lugar, como um prego na parede. v.23

Minha família mora numa casa antiga que tem paredes de gesso com textura maravilhosa. Um construtor me advertiu que, para pendurar um quadro nessas paredes, eu teria que utilizar um suporte de madeira ou âncora de gesso. Do contrário, arriscaria que o quadro tombasse, deixando um buraco feio no lugar.

O profeta Isaías usou a imagem de um prego cravado firmemente numa parede para descrever um personagem bíblico menos conhecido chamado Eliaquim. Ao contrário do oficial corrupto Sebna (ISAÍAS 22:15-19), e até do povo de Israel que buscava força em si mesmo (vv.8-11), Eliaquim confiava em Deus. Profetizando a promoção de Eliaquim a administrador do palácio para o rei Ezequias, Isaías escreveu que Eliaquim seria cravado como um "prego na parede" (v.23). Estar firmemente ancorado na verdade e na graça de Deus também permitiria a Eliaquim ser um apoio para sua família e seu povo (vv.22-24).

Mesmo assim, Isaías concluiu essa profecia lembrando que nenhuma pessoa pode ser a segurança definitiva para amigos ou família. Todos nós falhamos (v.25). A única âncora totalmente confiável é Jesus (SALMO 62:5-6; MATEUS 7:24). Ao cuidarmos dos outros e compartilharmos seus fardos, também podemos direcioná-los a Ele, a âncora que jamais falhará.

LISA M. SAMRA

Como ancorar-se na verdade e na graça de Deus?
De que forma você pode apoiar
os que se sentem oprimidos pelos fardos da vida?

Querido Jesus, obrigado por seres minha âncora.
Como Teu filho, sei que estou firmemente alicerçado em ti.

Navegando pelas turbulentas águas da vida, acesse: paodiario.org

COMPANHEIROS EM CRISTO

Todas as vezes que penso em vocês,
dou graças a meu Deus. v.3

Um estudo feito pela Universidade de Harvard sobre o *desenvolvimento adulto* resultou em maior compreensão da importância dos relacionamentos saudáveis. Essa pesquisa começou com 268 alunos de Harvard, em 1930, e se expandiu para incluir 456 residentes da periferia de Boston, EUA. Todos foram entrevistados e seus históricos médicos examinados periodicamente. Descobriu-se que os relacionamentos íntimos são o maior fator para se prever a felicidade e a saúde. Provou-se que, se nos cercarmos das pessoas certas, provavelmente teremos maior sensação de alegria.

Isso parece refletir o que Paulo descreveu em Filipenses 1. Escrevendo da prisão, ele não pôde deixar de dizer aos amigos que agradecia a Deus por todos, cada vez que se lembrava deles e que orava "com alegria" (v.4). Mas eles não eram apenas amigos; eram irmãos e irmãs em Cristo que tinham participado da graça de Deus, tinham sido seus parceiros no evangelho (v.7). O relacionamento deles era de compartilhamento e de reciprocidade, uma comunhão moldada pelo amor de Deus e pelo evangelho.

Sim, amigos são importantes, mas companheiros em Cristo são catalisadores da alegria profunda e verdadeira. A graça de Deus pode nos unir como nada mais pode. E mesmo nos momentos sombrios, a alegria oriunda desse vínculo permanecerá.

GLENN PACKIAM

Quais amigos o cercam? Qual a essência dos seus relacionamentos? Como a graça de Deus moldou a escolha de seus companheiros?

Pai, ajuda-me a expressar minha gratidão aos companheiros fiéis e concede-me a graça de encorajá-los.

A BÍBLIA EM UM ANO: 1 SAMUEL 4–6; LUCAS 9:1-17

O PREÇO

Depois de prová-lo, Jesus disse: "Está consumado". Então, inclinou a cabeça e entregou o espírito. v.30

Michelangelo explorou aspectos comoventes da vida de Jesus. Nos anos 1540, ele esboçou uma *Pietá* (imagem de Maria segurando o corpo de Jesus) à sua amiga Vittoria Colonna. Com giz, ele retratou Maria mirando o céu, acolhendo-o em seus braços. Atrás dela, surge a viga vertical da cruz com as palavras do *Paraíso de Dante*: "Quanto sangue custou pouco se atenta". O propósito do artista era profundo: ao contemplarmos a morte de Jesus, devemos considerar o preço que Ele pagou.

Esse preço é captado em Sua declaração pré-morte: "Está consumado" (JOÃO 19:30). O termo para "está consumado" (*tetelestai*) foi usado em vários sentidos: mostrar que a conta estava paga, a tarefa concluída, um sacrifício oferecido, uma obra-prima finalizada. Cada um se aplica ao que Jesus fez em nosso favor na cruz! Talvez por isso o apóstolo Paulo tenha escrito: "...que eu jamais me glorie em qualquer coisa, a não ser na cruz de nosso Senhor Jesus Cristo. Por causa dessa cruz meu interesse neste mundo foi crucificado, e o interesse do mundo em mim também morreu" (GÁLATAS 6:14).

A disposição de Jesus em tomar nosso lugar é a evidência eterna do quanto Deus nos ama. Ao considerarmos o preço que Ele pagou, que também celebremos Seu amor e sejamos gratos pela cruz.

BILL CROWDER

Como cada significado de *tetelestai* poderia ser aplicado na cruz de Jesus e ao que Ele conquistou ali? Por que cada um deles significa algo a você?

Pai, reconhecemos o sacrifício de Jesus com humildade e gratidão. Somos gratos por Ele e por Sua cruz.

A BÍBLIA EM UM ANO: 1 SAMUEL 7–9; LUCAS 9:18-36

O AMOR NOS CONTROLA

É melhor deixar [...] de fazer qualquer outra coisa que leve um irmão a tropeçar. v.21

A maioria dos rapazes samoanos ganha uma tatuagem como sinal de sua responsabilidade com seu povo. Assim, os jogadores de rúgbi de Samoa têm seus braços repletos de tatuagens. Numa viagem ao Japão, onde as tatuagens podem ter conotações negativas, eles perceberam a inconveniência aos anfitriões. Os samoanos cobriram-se com mangas da cor da pele. "Nós os respeitamos," disse o capitão do time.

Nessa época em que se enfatiza o individualismo, é bom nos restringirmos, como Paulo descreveu em Romanos. Ele afirma que o amor às vezes requer que renunciemos nossos direitos pelo dos outros. Em vez de testar nossa liberdade até o limite, muitas vezes o amor nos freia. O apóstolo explicou que alguns na igreja acreditavam ser livres para "comer qualquer coisa", mas outros "somente legumes e verduras" (14:2). Isso pode parecer insignificante, pois naquele tempo a adesão às leis dietéticas do Antigo Testamento era controversa. Paulo instruiu: "...deixemos de julgar uns aos outros..." (v.13), antes de concluir àqueles que comiam livremente: "É melhor deixar de [...] fazer qualquer outra coisa que leve um irmão a tropeçar" (v.21).

Por vezes, amar o outro significa limitar as nossas liberdades. Nem sempre devemos usufruir dessa liberdade, pois o amor nos controla.

WINN COLLIER

Você já viu alguém limitar sua liberdade em favor de outros cristãos? Como foi? Qual a dificuldade nas situações em que o amor nos controla?

Deus, ajuda-me a encorajar outros a experimentarem a liberdade e ensina-me a utilizar a minha.

A BÍBLIA EM UM ANO: 1 SAMUEL 10–12; LUCAS 9:37-62

★ *TÓPICO DE ABRIL: PERDÃO*

NO JARDIM

Maria Madalena [...] lhes disse: "Vi o Senhor!". Então contou o que Jesus havia falado. v.18

Meu pai amava cantar hinos antigos. "No jardim" era um dos seus favoritos. Anos atrás, nós o cantamos em seu funeral. O refrão é simples: "E Ele caminha comigo, fala comigo e me diz que sou Seu. E a alegria que compartilhamos, enquanto estamos unidos, ninguém jamais conheceu". Essa canção trouxe tanta alegria ao meu pai — como traz a mim.

O hinista C. Austin Miles diz que escreveu essa canção na primavera de 1912 após ler João 20. "Enquanto eu lia naquele dia, parecia que eu fazia parte da cena. Tornei-me uma testemunha silenciosa daquele momento dramático na vida de Maria quando ela se ajoelhou diante de seu Senhor e clamou, 'Rabboni [Mestre]'".

Nessa passagem, encontramos Maria Madalena chorando perto do túmulo vazio de Cristo. Ali ela encontrou um homem que a questionou por que estava chorando. Pensando ser o jardineiro, Maria conversou com o Salvador ressuscitado — *Jesus*! Sua tristeza se transformou em alegria, e ela correu para dizer aos discípulos: "Vi o Senhor!" (v.18).

Nós também temos a certeza de que Jesus ressuscitou! Ele está agora no Céu com o Pai, mas não nos deixou por nossa conta. Os cristãos têm o Seu Espírito em seu interior. Por meio dele, nós temos a certeza e a alegria de saber que Ele habita em nós e que somos "Seus".

ALYSON KIEDA

De que maneira é reconfortante saber que não precisamos viver por conta própria? Quando você sentiu intimamente a presença de Jesus?

Jesus, sou muito grato porque estás vivo. Pertenço a ti e sei que habitas em mim!

A BÍBLIA EM UM ANO: 1 SAMUEL 13–14; LUCAS 10:1-24

A ALEGRIA NO LOUVOR

...mesmo assim me alegrarei no SENHOR. v.18

Quando o afamado escritor britânico C. S. Lewis entregou sua vida a Jesus, de início, ele resistiu em louvar a Deus. Chegou a dizer que o louvor era "pedra de tropeço". Sua luta era com a "sugestão de que o próprio Deus exigia isso". No entanto, ele finalmente reconheceu que "no processo de adoração o Senhor comunica Sua presença" a Seu povo. Então nós, "em perfeito amor com Deus", encontramos alegria nele não mais divisíveis "do que o brilho que um espelho recebe" do "brilho que derrama".

O profeta Habacuque concluiu isso há séculos. Tendo reclamado a Deus sobre os males designados ao povo de Judá, o profeta percebeu que louvar a Deus conduz à alegria, não pelo que Ele faz, mas por quem Deus é. Logo, mesmo frente às crises nacionais ou mundiais, Deus ainda é grande. Como o profeta declarou: "Ainda que a figueira não floresça e não haja frutos nas videiras, ainda que a colheita de azeitonas não dê em nada e os campos fiquem vazios e improdutivos, ainda que os rebanhos morram nos campos e os currais fiquem vazios, mesmo assim me alegrarei no SENHOR..." (3:17-18).

C. S. Lewis percebeu que: "O mundo inteiro ressoa em louvor". Da mesma forma, Habacuque rendeu-se a louvar sempre a Deus, encontrando a rica alegria no Único a quem pertencem "...os caminhos eternos" (v.6).

PATRÍCIA RAYBON

Quando você louva a Deus, como isso impacta o seu espírito? Cite três motivos para louvá-lo hoje.

Deus de amor, mesmo em meio às dificuldades, desperta em mim o espírito de alegre louvor a ti.

A BÍBLIA EM UM ANO: 1 SAMUEL 15–16; LUCAS 10:25-42

PLANOS IMPERFEITOS

É da natureza humana fazer planos, mas o propósito do SENHOR prevalecerá. v.21

Eu estava numa biblioteca que ficava no andar abaixo de uma academia de ginástica quando, repentinamente, um barulho sacudiu a sala. Minutos depois, ouvi o mesmo som. O bibliotecário explicou que tinha uma academia bem acima dali, e que o som ocorria toda vez que alguém deixava um peso cair. Os arquitetos planejaram bem as instalações, mas esqueceram-se de colocar a biblioteca longe dessa agitação.

Na vida, os nossos planos também podem falhar. Negligenciamos considerações importantes, e nossos planejamentos nem sempre consideram os acidentes de percurso. Embora o planejamento nos ajude a evitar déficits financeiros, limitações de tempo e problemas de saúde, as melhores estratégias não eliminam todos os nossos problemas. Vivemos no pós-Éden.

Com a ajuda divina, podemos encontrar o equilíbrio entre considerar com prudência o futuro e como reagir às dificuldades (PROVÉRBIOS 6:6-8). Deus tem um propósito para os problemas que Ele permite em nosso viver, e pode usá-los para desenvolver nossa paciência, aumentar nossa fé, ou simplesmente para nos aproximar dele. "É da natureza humana fazer planos, mas o propósito do SENHOR prevalecerá" (19:21). Ao apresentarmos a Jesus as nossas esperanças para o futuro, Ele nos mostrará o que deseja realizar em nós e por meio de nós. *JENNIFER BENSON SCHULDT*

Como você reage quando os seus planos não funcionam? O que Deus quer ensiná-lo com tais experiências?

Deus, creio que tudo está sob o Teu controle. Ajuda-me a entregar todos os meus planos a ti.

SERVINDO AO MENOR

E o Rei dirá: 'Eu lhes digo a verdade: quando fizeram isso ao menor destes [...] a mim que o fizeram'. v.40

Seu nome é Spencer. Mas todo mundo o chama de "Spence". Ele foi campeão estadual de atletismo no Ensino Médio; frequentou uma universidade de prestígio com bolsa de estudos integral. Hoje, esse respeitado engenheiro químico mora numa das maiores cidades dos EUA. Mas se você lhe perguntasse quais as suas maiores realizações até o momento, ele não mencionaria seus méritos. Spencer contaria com entusiasmo sobre as viagens que faz à Nicarágua, de tempos em tempos, para verificar como estão as crianças e os professores do programa de reforço escolar que ajudou a estabelecer numa das áreas mais pobres do país. E lhe diria como sua vida foi enriquecida por servi-los.

"Ao menor destes." Muitos usam essa frase de várias maneiras, mas Jesus a usou para descrever aqueles que, de acordo com os padrões do mundo, pouco ou nada têm a nos oferecer em troca do nosso serviço. São homens, mulheres e crianças que o mundo muitas vezes ignora ou esquece completamente. No entanto, são exatamente os que Jesus eleva a um status tão belo ao dizer: "quando fizeram isso ao menor destes [...], foi a mim que o fizeram" (MATEUS 25:40). Você não precisa ter tanto prestígio para compreender o que Cristo quis dizer: servir "ao menor destes" é o mesmo que servi-lo. Para isso, o coração disposto é realmente necessário.

JOHN BLASE

Quem lhe vem à mente ao ouvir a frase "ao menor destes"? Como você pode ajudar o próximo?

Rei Jesus, Tuas palavras são claras e chamaste-me para te servir, talvez na vizinhança ou noutro país.

A BÍBLIA EM UM ANO: 1 SAMUEL 19–21; LUCAS 11:29-54

A COBERTURA DA FÉ

Lembro-me de sua fé sincera,
como era a de sua avó, [...]
e sei que em você essa mesma
fé continua firme. v.5

De mãos dadas, meu neto e eu tentamos encontrar uma roupa especial para a volta às aulas. Em idade pré-escolar, ele estava animado com *tudo*, e eu bem determinada a transformar sua animação em alegria. Eu tinha acabado de ver uma caneca de café com os dizeres: "Vovós são mães com muito glacê." O glacê é doce, igual a diversão, brilho, alegria! Sou uma vó desse tipo, certo? Isso... e mais.

Paulo ao escrever a Timóteo, seu filho espiritual, destaca sua fé sincera e credita isso à avó e a mãe dele (2 TIMÓTEO 1:5). Essas mulheres viveram sua fé a ponto de Timóteo também passar a crer em Jesus. Certamente, elas o amavam e cuidavam de suas necessidades. Mas, com certeza, fizeram mais. Paulo destaca essa viva fé como a fonte da fé que mais tarde seria vista em Timóteo.

Meu trabalho como avó inclui o momento "glacê" da compra de uma roupa para voltar à escola. No entanto, inclui muito mais: sou chamada a esses doces momentos quando compartilho a minha fé, quando oramos por nossos "lanchinhos" juntos; ao percebermos as nuvens angelicais no céu formando obras de arte de Deus ou ao cantarolarmos juntos uma música sobre Jesus. Que sejamos persuadidos pelo exemplo de mães e avós como Eunice e Loide para permitir que a nossa fé se torne o "glacê" da vida permitindo que outros anseiem pelo que temos. *ELISA MORGAN*

A fé das outras pessoas o influenciou?
A sua fé causa impacto na vida de quem o cerca?

Querido Deus, ajuda-me a investir o meu tempo
para viver a minha fé diante dos outros.

A BÍBLIA EM UM ANO: 1 SAMUEL 22–24; LUCAS 12:1-31

VIVA COMO SE FOSSE O AMANHECER

Pois o fruto da luz produz apenas o que é bom, justo e verdadeiro. v.9

Em longas viagens de avião, tomo remédios para evitar os distúrbios do sono devido aos diferentes fusos horários. Certa ocasião, decidi ajustar minha alimentação, durante o voo, ao fuso horário para onde estava indo. Não jantei, mas continuei assistindo a um filme tentando adormecer. As horas de jejum eletivo foram difíceis e, na manhã seguinte, o desjejum antes de pousarmos deixou a desejar. Mas funcionou "diferenciar-me" das pessoas que estavam no voo. Fez meu relógio biológico entrar no novo fuso horário.

Paulo sabia que, se os cristãos quisessem verdadeiramente refletir Jesus em sua vida, precisariam viver em descompasso com o mundo ao redor. Eles "outrora [eram] trevas", mas agora deveriam viver como "filhos da luz!" (EFÉSIOS 5:8). Mas viver como? Paulo prossegue explicando: "O fruto da luz consiste em toda bondade, e justiça, e verdade" (v.9).

Dormir durante o jantar pode ter parecido tolice às pessoas naquele voo. Mesmo que no mundo ao redor seja meia-noite, como cristãos, somos chamados a viver como se fosse o amanhecer. Isso pode provocar desprezo e oposição, porém em Jesus podemos andar "em amor", seguindo o exemplo daquele "que nos amou e se entregou a si mesmo por nós, como oferta e sacrifício a Deus, em aroma suave" (v.2). *GLENN PACKIAM*

Suas ações e escolhas se alinham estreitamente ao mundo ao seu redor? Como os frutos da bondade, justiça e verdade se refletem em sua vida?

Jesus, preenche-me com Teu poder. Abre os meus olhos para escolher a bondade, a retidão e a beleza.

Saiba mais sobre as características do cristão, visite: universidadecrista.org

EMPATIA UNS PELOS OUTROS

...amem-nos como a si mesmos. Lembrem-se de que vocês eram estrangeiros quando moravam [no] Egito... v.34

Karen leciona para jovens e criou uma atividade para ensinar seus alunos a se entenderem melhor. Nessa "atividade", os alunos anotavam alguns pesos emocionais que carregavam. As anotações foram compartilhadas anonimamente. Cada estudante teve uma visão sobre as dificuldades uns dos outros e puderam demonstrar suas reações a isso. Desde então, há mais respeito mútuo entre os adolescentes, cujo senso de empatia agora é mais profundo entre eles.

Por toda a Bíblia, Deus incentivou o Seu povo a tratar uns aos outros com dignidade e demonstrar empatia nas interações (ROMANOS 12:15). Na história de Israel, em Levítico, Deus orientou os israelitas a praticarem a empatia, especialmente em relação aos estrangeiros. Disse-lhes para amá-los como a si próprios porque também haviam sido estrangeiros no Egito e conheciam intimamente tais dificuldades (LEVÍTICO 19:34).

Muitas vezes, nossos fardos nos fazem sentir como estrangeiros, sozinhos e incompreendidos, mesmo entre nossos pares. Nem sempre temos a experiência que os israelitas vivenciaram com os estrangeiros entre eles. No entanto, sempre podemos tratar quem Deus coloca em nosso caminho com o respeito e a compreensão que desejamos. Quer seja um estudante, um israelita ou seja quem for, honramos a Deus agindo assim.

KIRSTEN HOLMBERG

Quem ao seu redor precisa da sua empatia pelos fardos que carrega? Como você pode amá-lo como a si mesmo?

Deus, aliviaste-me quando coloquei a minha confiança em ti. Ajuda-me a ser empático e compassivo.

★ *TÓPICO DE ABRIL: PERDÃO*

ESTENDENDO MISERICÓRDIA

Se um irmão pecar, repreenda-o e, se ele se arrepender, perdoe-o. V.3

Ao refletir sobre como ela perdoou Manassés, o assassino do seu marido e de alguns de seus filhos no genocídio de Ruanda, Beata disse: "Meu perdão se baseia no que Jesus fez. Jesus recebeu a punição por cada ato maligno ao longo de todos os tempos. Sua cruz é o único lugar onde encontramos a vitória!". Mais de uma vez, Manassés lhe escrevera da prisão relatando os pesadelos regulares que o atormentavam e implorando o perdão dela, e de Deus. No início, ela não pôde lhe estender a misericórdia, dizendo que o odiava por ter matado sua família. Mas então "Jesus adentrou-se em seus pensamentos" e, com a ajuda divina, cerca de dois anos depois, ela o perdoou.

Beata seguiu a instrução de Jesus aos Seus discípulos para perdoar os que se arrependessem. Ele disse que mesmo se alguém: "...peque contra você sete vezes por dia e, a cada vez, se arrependa e peça perdão, perdoe-o" (LUCAS 17:4). Mas perdoar pode ser muito difícil, como é possível concluirmos pela reação dos discípulos: "...Faça nossa fé crescer!" (V.5).

Enquanto Beata lutava em oração por sua incapacidade de perdoar, a sua fé "cresceu". Se, como ela, estamos lutando para perdoar, peçamos a Deus por meio de Seu Espírito Santo que nos ajude a fazer isso. À medida que a nossa fé cresce, Ele nos ajuda a perdoar.

AMY BOUCHER PYE

Você já perdoou alguém que o ofendeu e se arrependeu? Como Deus pode ajudá-lo a perdoar nessas situações?

Jesus, graças te dou por me libertares das consequências do meu pecado por meio da Tua morte na cruz.

Saiba mais sobre o perdão de Jesus, acesse:universidadecrista.org

JANELAS

Vocês viverão com alegria e paz... v.12

No Himalaia, um visitante viu muitas casas sem janelas. O guia explicou que alguns aldeões temiam a entrada furtiva dos demônios enquanto dormiam, e por isso construíam paredes assim. Sabia-se quando um dono de casa começara a seguir a Jesus pelas janelas que deixavam a luz entrar. Dinâmica semelhante pode ocorrer conosco, ainda que não vejamos dessa forma. Vivemos tempos assustadores e polarizados. Satanás e seus demônios instigam divisões que apartam famílias e amigos. Muitas vezes quero me esconder atrás das minhas paredes. Mas Jesus deseja que eu "recorte" uma janela.

Israel refugiou-se em muros mais altos, mas Deus lhes disse que a segurança deles estava nele. Ele reina dos Céus e Sua palavra governa a todos. Se Israel voltasse a Deus, Ele teria misericórdia deles (ISAÍAS 55:7,10-11) e os restauraria como Seu povo para abençoar o mundo (GÊNESIS 12:1-3). Deus os levantaria, levando-os, finalmente, a um desfile triunfal. Sua celebração "...resultará em glória para o nome do SENHOR; será sinal permanente, que nunca será destruído" (ISAÍAS 55:13).

Às vezes, as paredes com "janelas" são necessárias e melhores para demonstrarmos que confiamos em Deus para o futuro. Nossos medos são reais. Nosso Deus é maior. As janelas nos abrem para Jesus: "a luz do mundo" (JOÃO 8:12), e para os que precisam dele.

MIKE WITTMER

Há alguém ou uma situação à qual você precisa estar mais disponível?

Pai Todo-Poderoso, inunda o meu coração com a confiança do Teu amor.

SOLO DURO E MISERICÓRDIA TERNA

...Louvado seja o SENHOR... v.14

Quando James tinha apenas 6 anos, seu irmão mais velho, David, morreu num trágico acidente de patinação no gelo, um dia antes de completar 14 anos. Nos anos seguintes, James fez o possível para consolar a mãe, Margaret, que, em sua profunda dor, lembrava-se de que seu filho mais velho nunca enfrentaria os desafios de crescer. Na imaginação fértil de James Barrie, décadas depois, essa ideia germinaria em inspiração para um personagem de história infantil muito amado que nunca envelheceu: Peter Pan. Como uma flor abrindo caminho através do asfalto, o bem emergiu mesmo do solo duro de uma dor impensável.

É reconfortante saber que Deus, de forma infinitamente mais criativa, traz o bem de nossas circunstâncias mais difíceis. Rute o ilustra belamente. Noemi perdeu seus dois filhos, ficando sem suporte financeiro. Sua nora, a viúva Rute, escolheu ficar com Noemi para ajudá-la no sustento e servir ao seu Deus (1:16). No final, a provisão de Deus lhes trouxe inesperada alegria. Rute se casou novamente e teve um filho, "...e lhe deram o nome de Obede. Ele é o pai de Jessé, pai de Davi" (4:17), também listado como ascendente de Jesus (MATEUS 1:5).

A afetuosa misericórdia de Deus vai além de nossa capacidade de compreender e nos encontra em lugares surpreendentes. Continue olhando! Talvez você a reconheça hoje. *JAMES BANKS*

Deus lhe concedeu benefícios inesperados em circunstancias difíceis? Compartilhe.

Deus de amor, sou grato porque és maior do que toda a dificuldade que eu vier a enfrentar.

 A BÍBLIA EM UM ANO: 2 SAMUEL 3–5; LUCAS 14:25-35

ISOLADO PELO MEDO

Busquem, acima de tudo,
o reino de Deus... v.31

Em 2020, um surto do coronavírus amedrontou o mundo. Muitas pessoas entraram em quarentena; países sofreram bloqueios, voos e eventos foram cancelados. Quem está em áreas ainda livres do vírus teme a infecção. O especialista em ansiedade, Graham Davey, acredita que a transmissão de notícias negativas "talvez o deixem mais triste e ansioso". Um dos *memes* que circulou na mídia social mostrava um homem assistindo notícias na TV e perguntando como parar de se preocupar. Em resposta, outra pessoa na sala estendeu a mão e desligou a TV, sugerindo que a resposta poderia ser a mudança de foco!

Em Lucas 12, temos a ajuda para pararmos de nos preocupar: "Busquem, acima de tudo, o reino de Deus..." (v.31). Buscamos esse reino quando nos concentramos na promessa de que os Seus seguidores têm uma herança no Céu. Ao enfrentarmos dificuldades, podemos mudar o nosso foco e nos lembrar de que Deus nos vê e conhece as nossas necessidades (vv.24-30).

Jesus encoraja os Seus discípulos: "Não tenham medo [...], pois seu Pai tem grande alegria em lhes dar o reino" (v.32). Deus gosta de nos abençoar! Vamos adorá-lo, sabendo que Ele se preocupa mais conosco do que com os pássaros e as flores do campo (vv.22-29). Mesmo em tempos difíceis, podemos ler as Escrituras, orar pela paz de Deus e confiar nele, que é bom e fiel. *JULIE SCHWAB*

O que o amedronta hoje? Você busca o reino de Deus quando começa a se preocupar?

Deus de amor, em vez de viver com medo ou preocupação, ajuda-me a focar em Teu cuidado por mim.

A PROMESSA DE JESUS PARA VOCÊ

E eu pedirei ao Pai, e ele lhes dará outro Encorajador, que nunca os deixará. v.16

Jason choramingou quando seus pais o entregaram a Ana. Foi a primeira vez do filho de 2 anos no berçário, enquanto a mamãe e o papai assistiam ao culto — e o garoto *não* estava feliz. Ana lhes garantiu que o garoto ficaria bem. Ela tentou acalmá-lo com brinquedos e livros, balançando-o em uma cadeira, andando com ele, parando e falando sobre como Jason poderia se divertir. Mas tudo foi recebido com muitas lágrimas e altos gritos. Então ela sussurrou cinco simples palavras em seu ouvido: "Eu vou ficar com você". A paz e consolo rapidamente se instalaram.

Jesus também ofereceu aos Seus amigos palavras de conforto durante a semana da Sua crucificação: "...o Pai, [...] lhes dará outro Encorajador que nunca os deixará. É o Espírito da verdade..." (JOÃO 14:16-17). Após a Sua ressurreição, Ele lhes deu esta promessa: "...estou sempre com vocês, até o fim dos tempos" (MATEUS 28:20). Jesus em breve ascenderia ao Céu, mas enviaria o Espírito para "permanecer" e habitar entre o Seu povo.

Sentimos o conforto e a paz do Espírito quando as nossas lágrimas fluem. Nós recebemos a Sua orientação ao nos questionarmos sobre o que fazer (JOÃO 14:26). O Espírito Santo abre os nossos olhos para entendermos mais de Deus (EFÉSIOS 1:17-20), ajuda-nos em nossas fraquezas e intercede por nós (ROMANOS 8:26-27).

Ele permanece para sempre com aquele que crê em Jesus.

ANNE CETAS

O que você precisa da parte do Espírito Santo hoje? Saber que Ele está sempre por perto o ajuda?

Como sou grato por estares sempre ao meu lado, Jesus! Eu preciso de ti.

A BÍBLIA EM UM ANO: 2 SAMUEL 9-11; LUCAS 15:11-32

PESSOAS DIFÍCEIS

A resposta gentil desvia o furor, mas a palavra ríspida desperta a ira. v.1

Lucy Worsley é historiadora britânica e apresentadora de TV. Sendo uma pessoa pública, muitas vezes ela recebe comentários desagradáveis em sua rede social. No caso dela, devido a um leve problema na pronúncia que faz seu *r* ecoar o som de *w*, alguém lhe escreveu: "Tente corrigir sua fala preguiçosa ou remover os 'erres' de seus roteiros. Não consegui assisti-la na TV porque foi muito irritante. Daniel".

Para alguns, um comentário tão insensível pode gerar uma resposta igualmente rude. Mas, ela respondeu: "Daniel, acho que você usou o anonimato da internet para dizer algo que talvez não me diria face a face. Por favor, reconsidere sua indelicadeza!". A resposta surtiu efeito. Ele se desculpou e prometeu não enviar mais tais mensagens.

Provérbios diz: "A resposta gentil desvia o furor, mas a palavra ríspida desperta a ira" (15:1). Enquanto a pessoa nervosa agita as coisas, a pessoa paciente as acalma (v.18). Ao recebermos um comentário crítico de um colega, uma observação sarcástica de um familiar ou uma resposta desagradável de um desconhecido, temos a escolha: falar palavras rancorosas que alimentam as chamas ou palavras gentis que as apagam.

Que Deus nos ajude a falar palavras que afastem a ira; palavras que encorajem as pessoas difíceis a mudarem. *SHERIDAN VOYSEY*

Você já agiu na defensiva? Por que reagiu assim?
Sendo orientado por Deus, você poderia ter reagido diferente?

Deus amoroso, concede-me
a capacidade de responder aos briguentos
com palavras gentis e pacientes.

O DEUS DE TODO CONFORTO

Ele nos encoraja [...] para que, com o encorajamento que recebemos de Deus, possamos encorajar outros.... v.4

Risonho era apenas um gatinho quando o seu dono o deixou no abrigo de animais, por considerá-lo doente demais para se recuperar. Mas ele recuperou a saúde e foi adotado pelo veterinário. Hoje, Risonho é residente nesse abrigo e passa seus dias "confortando" cães e gatos recém-saídos de cirurgia ou que se recuperam de doenças. Faz isso com sua calorosa presença e suave ronronar.

Essa é uma pequena ilustração do que o nosso Deus amoroso faz por nós e do que podemos fazer pelos outros em troca. Ele cuida de nós, em nossas doenças e lutas, e nos acalma com Sua presença. Paulo chama Deus de "Pai misericordioso e Deus de todo encorajamento" (2 CORÍNTIOS 1:3). Quando estamos desanimados, deprimidos ou maltratados, Ele está ao nosso lado. Quando nós nos voltamos a Ele em oração, Deus nos consola em todas as nossas aflições (v.4).

Paulo, que experimentou intenso sofrimento, segue: "para que, com o encorajamento que recebemos de Deus, possamos encorajar outros quando eles passarem por aflições" (v.4). O Pai nos encoraja, e quando experimentamos o Seu consolo, podemos fazer o mesmo por outros.

Nosso compassivo Salvador, que sofreu por nós, é mais do que capaz de nos consolar em nossa angústia (v.5). Ele nos ajuda em meio à nossa dor e nos prepara para fazer o mesmo por outras pessoas.

ALYSON KIEDA

Você já experimentou o conforto de Deus num momento difícil? Já o ofereceu aos outros?

Pai, obrigado por Tua presença reconfortante. Ajuda-me a ser conforto e encorajamento aos que me cercam.

★ *TÓPICO DE ABRIL: PERDÃO*

ENXERGANDO COM OUTROS OLHOS

Não procurem apenas os próprios interesses, mas preocupem-se também com os interesses alheios. v.4

Um determinado vídeo game coloca cem jogadores numa ilha virtual para jogar até que reste apenas um jogador. Se um jogador elimina outro, essa pessoa pode continuar assistindo pelo ponto de vista daquele jogador. Um jornalista observou: "Quando você se coloca no lugar de outro jogador e enxerga do ponto de vista dele, o registro emocional vai da autopreservação à empatia. Você começa a se sentir participante com o desconhecido que, pouco antes o colocou ali".

Isso ocorre quando vemos a experiência da outra pessoa além da nossa perspectiva. Encontramos a dor, o medo ou a esperança do outro. Quando seguimos o exemplo de Jesus sem ser "...egoístas, nem [tentando] impressionar ninguém..." mas sendo "humildes e [considerando] os outros mais importantes", notamos o que de outra forma teríamos perdido (FILIPENSES 2:3). Nossas preocupações se expandem e fazemos perguntas diferentes. Passamos a investir no bem-estar dos outros. Em vez de buscarmos os nossos interesses, comprometemo-nos "com os interesses alheios" (v.4). Não protegendo o que supomos precisar para prosperar, buscamos com alegria o que ajuda outros a florescerem.

Com essa visão transformada, somos compassivos e descobrimos novas maneiras de amar a nossa família. Podemos até transformar o inimigo em amigo! *WINN COLLIER*

O Espírito Santo pode lhe ajudar a não agir com egoísmo? Deus o chamou para ver os outros com novos olhos?

Jesus, por vezes vejo apenas o medo, a dor ou o que não tenho. Ajuda-me a enxergar o próximo e a amá-lo.

A BÍBLIA EM UM ANO: 2 SAMUEL 16–18; LUCAS 17:20-37

MELHOR COM DEUS

...a ele pertencem a sabedoria e o poder. DANIEL 2:20

No time de vôlei da faculdade, minha neta aprendeu o princípio da vitória. Se a bola vier em sua direção, não importa como, ela pode "melhorá-la". Poderá fazer uma jogada que deixará as companheiras de equipe numa melhor situação, sem fazer birras, sem culpar as outras ou procurar desculpas. Mas sempre melhorar a situação.

Essa foi a reação de Daniel quando ele e três amigos foram levados ao cativeiro pelo rei Nabucodonosor. Mesmo recebendo nomes pagãos e uma ordem de 3 anos de "treinamento" no palácio do inimigo, Daniel não se enfureceu. Ele pediu permissão para não se contaminar aos olhos de Deus com a comida e vinho do rei. Após consumir apenas vegetais e água por dez dias (DANIEL 1:12), ele e seus amigos "pareciam mais saudáveis e bem nutridos que os outros rapazes que se alimentavam da comida do rei" (v.15)

Noutra vez, Nabucodonosor ameaçou matar Daniel e todos os sábios do palácio se eles não pudessem interpretar o seu sonho perturbador. Novamente, Daniel não se apavorou, mas buscou misericórdia do "Deus dos céus", e o mistério lhe foi revelado numa visão (2:19). Daniel declarou que "a sabedoria e o poder" pertencem a Deus (v.20). Estando cativo, Daniel buscou o melhor do Senhor, apesar dos conflitos. Que possamos seguir esse exemplo, tornando a situação melhor, levando-a a Deus. PATRÍCIA RAYBON

Que batalhas você enfrenta? Buscando a Deus, Ele torna melhor a sua jornada?

Deus de amor, eu recorro a ti. Inspira-me a livrar-me do desespero e a viver em Tua presença.

UMA ÁRVORE PARA CURAR

...Você comeu do fruto da árvore que eu lhe ordenei que não comesse? v.11

Por 300 mil dólares, você pode comprar um novo carro esporte McLaren 720S. O veículo vem com motor V8 com 710 cavalos de potência, muito mais do que você precisa para seu trajeto diário. Claro que você pode sentir-se tentado a usar todo esse poder. Um motorista norte-americano descobriu que seu McLaren era tão "rápido" a ponto de ir do showroom de luxo à sucata em apenas 24 horas! Um dia depois de comprar o carro, ele bateu contra uma árvore e felizmente, sobreviveu.

Em apenas três capítulos na história da Bíblia, aprendemos como uma má escolha e uma árvore arruinaram a boa criação de Deus. Adão e Eva comeram da única árvore que deveriam ignorar (GÊNESIS 3:11). A história mal havia começado e o paraíso foi amaldiçoado (vv.14-19).

Outra árvore desfaria essa maldição — a cruz que Jesus suportou por nós. Sua morte comprou nosso futuro com Ele (DEUTERONÔMIO 21:23; GÁLATAS 3:13).

A história se completa no último capítulo da Bíblia. Nele, lemos sobre "a árvore da vida" crescendo ao lado do "rio da água da vida" (APOCALIPSE 22:1-2). Para João, essa árvore será "para curar as nações" (v.2). E também nos assegura que: "Não haverá mais maldição..." (v.3). A história de Deus vem com o final "felizes para sempre" que todos nós desejamos.

TIM GUSTAFSON

Hoje, de que forma experimentamos a realidade da vitória de Jesus sobre o pecado e a morte? Qual a resposta apropriada ao Seu sacrifício por nós?

Pai, que não esqueçamos jamais o que custou ao Teu Filho para desfazer a maldição iniciada no Éden.

EM NOSSO PIOR MOMENTO

Sejam sempre humildes e amáveis, tolerando pacientemente uns aos outros em amor. v.2

"Ela é tolerável, mas não bonita o suficiente para *me* tentar." Esta frase, dita pelo Sr. Darcy em *Orgulho e Preconceito*, de Jane Austen, é a razão pela qual nunca esquecerei aquele romance e seu impacto sobre mim. Porque depois de ler aquilo, eu estava decidida a nunca gostar do Sr. Darcy. Mas eu estava errada. Como a personagem de Austen, Elizabeth Bennet, eu tive a humilhante experiência de lentamente e com relutância mudar de ideia. Como ela, não quis conhecer o caráter de Darcy como um todo; preferia me apegar à minha reação a um de seus piores momentos. Terminada a leitura do romance, perguntei-me com quem eu havia cometido o mesmo erro no mundo real. Quais amizades perdera por não desistir de um julgamento precipitado?

Ser visto, amado e acolhido por nosso Salvador, em nosso pior momento, resume a essência da fé em Jesus (ROMANOS 5:8; 1 JOÃO 4:19). É maravilhoso perceber que podemos entregar o nosso velho e falso "eu" por quem realmente somos em Cristo (EFÉSIOS 4:23-24). Compreender que não estamos mais sozinhos, mas somos parte de uma família, um "corpo" entre os que estão aprendendo a trilhar o real e incondicional caminho do amor.

Lembrando o que Cristo fez por nós (5:2), como não desejar ver os outros como Ele nos vê? *MONICA LA ROSE*

Por que motivo você às vezes se apega a julgamentos negativos sobre os outros? Quais foram as experiências em que você esteve "errado" sobre alguém?

Deus, ajuda-me a compreender, de fato, que não preciso competir e que sou amado.

A BÍBLIA EM UM ANO: 2 SAMUEL 23–24; LUCAS 19:1-27

APRENDENDO COM A TOLICE

O sábio escolhe o caminho certo, mas o tolo toma o rumo errado. Os tolos podem ser identificados.... vv.2-3

Certo homem entrou numa loja em Wollongong, Austrália, pôs uma nota de 20 dólares no balcão e pediu troco. Quando o balconista abriu a gaveta, o homem puxou uma arma e exigiu todo o dinheiro. Ele agarrou o dinheiro que o atendente entregou e fugiu deixando a nota de 20 dólares no balcão. Qual o total que ele tirou da gaveta? *Quinze dólares*.

Muitas vezes, todos nós fazemos tolices, mesmo que, ao contrário deste ladrão, tentemos fazer o certo. O segredo é como aprendemos com o nosso comportamento tolo. Sem correção, nossas más escolhas podem se tornar hábitos, que nos moldarão negativamente. Nós nos tornaremos "tolos [...] sem o mínimo bom senso..." (ECLESIASTES 10:3 NVI).

Às vezes é difícil admitir a tolice por conta de todo trabalho que isso requer. Talvez precisemos refletir sobre uma falha de caráter, e isso é doloroso. Ou precisemos admitir que uma decisão foi tomada às pressas e devemos ter mais cuidado. Seja qual for o motivo, ignorar nossas tolices nunca vale a pena.

Felizmente, Deus pode usar nossa tolice para nos disciplinar e moldar. A disciplina não é "agradável no momento", mas seu treinamento produz bons frutos a longo prazo (HEBREUS 12:11). Que aceitemos a disciplina de nosso Pai por nosso comportamento e peçamos a Ele para nos tornar mais semelhantes aos filhos que Ele deseja que sejamos.

CON CAMPBELL

Você faz escolhas tolas?
O que Deus quer que você aprenda com isso?

Pai, agradeço-te por me ensinares sempre.
Que eu possa aceitar Tua disciplina
enquanto ages em mim.

ANINHAR

Volte, minha alma, a descansar, pois o SENHOR lhe tem sido bom. v.7

"Papai, você pode ler para mim?" minha filha perguntou. Não é uma pergunta incomum para uma criança fazer ao pai. Mas minha filha agora tem 11 anos. Hoje em dia, esses pedidos são menos frequentes do que quando ela era menor. "Sim," eu disse feliz, e ela se aninhou ao meu lado no sofá.

Enquanto eu lia a *Sociedade do anel* (J. R. R. Tolkien, Martins Fontes 2001), ela praticamente se esparramou sobre mim. Foi um daqueles momentos gloriosos como pai. Senti talvez apenas uma vaga ideia do amor perfeito que nosso Pai tem por nós e Seu profundo desejo de que nos "envolvamos" em Sua presença e amor por nós.

Percebi naquele momento que não sou muito parecido com minha filha. Na maior parte do tempo, estou focado em ser independente. É tão fácil perder o contato com o amor de Deus por nós, um amor cuidadoso e protetor que o descreve como "compassivo e justo [...] misericordioso!" (SALMO 116:5). É um amor no qual, como ela, em casa, faz-me aninhar no colo de Deus, em Seu contentamento por mim.

Talvez precisemos nos lembrar regularmente do bondoso amor de Deus e, em seguida, correr para os Seus braços à espera: "Volte, minha alma, a descansar, pois o SENHOR lhe tem sido bom" (v.7). E, de fato, Ele tem sido.

ADAM R. HOLZ

Quando foi a última vez que você descansou em silêncio no amor de Deus? Há barreiras que o impedem de experimentar o deleite do Pai por você?

Pai, sou grato por Teu grande amor. Ajuda-me a descansar em Tua bondade e contentamento em mim.

A BÍBLIA EM UM ANO: 1 REIS 3–5; LUCAS 20:1-26

TRABALHANDO JUNTOS

Se você seguir esse conselho, e se Deus assim lhe ordenar, poderá suportar as pressões... v.23

José trabalhava mais de 12 horas por dia, muitas vezes sem pausas. Começar uma instituição de caridade exigia dele tanto tempo e energia que mal lhe restava algo para oferecer à família ao voltar para casa. Depois do estresse crônico levá-lo ao hospital, um amigo se ofereceu para organizar uma equipe de apoio. Embora temesse renunciar ao controle, José sabia que não conseguiria manter o ritmo. Ele concordou em confiar em seu amigo, e em Deus, e delegou responsabilidades ao grupo de pessoas selecionadas. Um ano depois, José admitiu que a instituição e a família não teriam prosperado se ele tivesse recusado a ajuda que Deus enviara.

Deus não nos criou para prosperarmos sem o apoio de uma comunidade amorosa. Moisés conduziu os israelitas pelo deserto. Ele tentou servir ao povo de Deus como mestre, conselheiro e juiz com suas próprias forças. Quando Jetro visitou o seu genro Moisés o aconselhou, dizendo: "Você ficará esgotado e deixará o povo exausto. É um trabalho pesado demais para uma pessoa só" (ÊXODO 18:18). Jetro o encorajou a compartilhar a carga de trabalho com pessoas fiéis. Moisés aceitou ajuda e toda a comunidade foi beneficiada.

Quando confiamos que Deus age em e por meio de *todo* o Seu povo, enquanto trabalhamos juntos, podemos encontrar o verdadeiro descanso.

XOCHITL E. DIXON

Podemos confiar em Deus ao pedir ou oferecer ajuda a alguém na liderança? Ele lhe provê o apoio de servos fiéis?

Deus Pai, louvo-te por jamais me pedires para viver sem a Tua ajuda ou o apoio dos outros.

O LEITE VEM PRIMEIRO

O alimento sólido é para os adultos... 5:14

No século 7º, o Reino Unido, de hoje, englobava muitos reinos em constante guerra. O rei, Oswald da Nortúmbria, converteu-se a Cristo e convocou um missionário para levar o evangelho à sua região. Corman foi enviado, mas as coisas não correram bem. Achando que os ingleses eram "teimosos, bárbaros e desinteressados" em sua pregação, ele retornou frustrado. Então, o monge Aidan lhe disse: "Acredito que você foi mais severo com seus ouvintes iletrados do que deveria". Em vez de lhes dar "o leite dos conceitos mais básicos", deu-lhes o que ainda não podiam entender. Aidan foi à Nortúmbria e adaptou sua pregação à compreensão do povo. Milhares se tornaram cristãos.

Foi na Bíblia que Aidan aprendeu sobre essa abordagem. Paulo demonstra isso: "Tive de alimentá-los com leite, e não com alimento sólido, pois não estavam aptos para recebê-lo..." (1 CORÍNTIOS 3:2). Em Hebreus, lemos que o ensino básico sobre Jesus — arrependimento e batismo — deve ser compreendido antes que se possa esperar a santidade na vida das pessoas. E mesmo que a maturidade venha a seguir (5:14), não percamos a ordem. O leite vem antes da carne. As pessoas não podem obedecer ao ensino que não compreendem.

A fé se espalhou ao restante do país e além. Como Aidan, ao compartilharmos o evangelho que busquemos as pessoas onde elas estão.

SHERIDAN VOYSEY

Como explicar o evangelho às pessoas, na situação em que se encontram?

Jesus, obrigado por me alcançares com o Teu amor a ponto de eu poder compreender a Tua salvação.

A BÍBLIA EM UM ANO: 1 REIS 8–9; LUCAS 21:1-19

NÃO HÁ NECESSIDADE DE DISCUTIR

Passei um ano tentando persuadir Li Jun de que Deus existia. Disse-lhe que o nosso belo mundo deve ter tido um *Projetista* e que a lei moral exige um Legislador. Ela não se sentia tocada. Mais tarde, enquanto lia o capítulo um da carta de Paulo aos Romanos, notei que ali diz que todos conhecem o "seu poder eterno e sua natureza divina", e que aqueles que dizem que não o conhecem "não têm desculpa alguma" (V 20). *Isso é interessante!* pensei eu. A próxima vez que Li Jun levantou o assunto, eu estava pronto.

'Professor Wittmer", perguntou ela. "Por que você acredita em Deus?"

Devolvi-lhe a pergunta: "Diga-me você, Li Jun, por que você acredita?"

De repente, ela percebeu que, no fundo, acreditava realmente em Deus e meses mais tarde, Li Jun decidiu crer em Jesus e segui-lo!

Não temos de provar algo que as pessoas já sabem.

Claro, nem todos responderão dessa forma. Precisamos do Espírito Santo para interromper a nossa supressão ou o distanciamento que impede "que a verdade seja conhecida" e abrir o nosso coração a Jesus (v.18). Mas todos sabem intuitivamente que Deus existe e que Ele é poderoso e justo (vv.20,32).

Esse conhecimento nos liberta de discussões. Não temos de provar algo que as pessoas já sabem. A pressão acabou! Somos livres para questionar sobre as suas crenças, quem sabe, pagando mais uma rodada de café para alongar a conversa. Talvez a nossa discussão coloque uma pedrinha no sapato deles e, ao longo do caminho, eles a sacudam e entreguem a vida a Cristo. Quando nos lembramos do que as pessoas já sabem, percebemos que não precisamos debater com elas. Somos livres para ser seus amigos.

MIKE WITTMER

O CHOQUE DE COSMOVISÕES

...se alguém lhes perguntar a respeito de sua esperança, estejam sempre preparados para explicá-la. v.15

Há um choque de cosmovisões que batalha pela mente e coração das pessoas. Somos bombardeados todo o tempo com visões de mundo que se opõem ao conhecimento de Deus: nas mídias, na cultura, na arte etc. São muitas as perspectivas, mas, no fim de tudo, sempre busca-se Deus, ou deuses.

Como podemos então enfrentar essa questão? A apologética (defesa da fé) tem três faces: defesa/ dar razão (1PEDRO 3:15-16), articulação/ apresentação racional da fé (ATOS 17:19-34) e desafio/ desafiar a incredulidade e vindicar a proposta cristã (2 CORÍNTIOS 10:4-5). Todas elas visam persuadir o ouvinte dos significados que Deus propõe.

Porém, a persuasão só se completa quando toca na raiz mais profunda do anseio humano: o Caminho, a Verdade e a Vida é uma pessoa. Todos, cristãos ou não, temos um senso de Deus, e o ato de tentar suprimir isso é uma ponte para o diálogo. Por essa via, podemos fazer uma demonstração efetiva, franca e bela dos horizontes que o evangelho abre, pois, dessa forma, apelamos ao "anseio universal pelo eterno". Os argumentos são importantes, mas a "bala de prata" apologética é o testemunho em gesto e palavra de que a fé em nós produz efeito que abre a vastidão de horizontes de significados muito mais promissores a um mundo carente da verdade.

DAVI CHARLES GOMES

Que a nossa vida e palavras mostrem aquilo que o mundo sabe que lhe falta, mas não admite: a resposta está em Cristo.

Senhor, ajuda-me a viver de tal forma que minha defesa da fé seja significativa para os que me cercam.

 A BÍBLIA EM UM ANO: 1 REIS 10–11; LUCAS 21:20-38

★ *TÓPICO DE MAIO: APOLOGÉTICA*

O QUE NÃO PODE SER VISTO

A fé mostra a realidade daquilo que esperamos; ela nos dá convicção de coisas que não vemos. v.1

Os historiadores dizem que a era nuclear começou em 16 de julho de 1945, quando ocorreu a primeira explosão nuclear no deserto remoto do Novo México, EUA. Mas o filósofo grego Demócrito (460–370 A.C.) já explorava a existência e o poder do átomo muito antes da invenção de qualquer coisa que pudesse até mesmo ver esses minúsculos blocos de construção do Universo. Demócrito compreendeu mais do que se podia ver, e disso resultou a teoria do átomo.

As Escrituras nos dizem que a essência da fé é aceitar o que não se pode ver: Elas afirmam: "A fé mostra a realidade daquilo que esperamos; ela nos dá convicção de coisas que não vemos" (HEBREUS 11:1). Essa garantia não é o resultado de um desejo ou do pensamento positivo. É a confiança no Deus que não podemos ver, mas cuja existência é a realidade mais verdadeira do Universo. Essa realidade é demonstrada em Suas obras criativas (SALMO 19:1) e torna-se visível quando revela o Seu caráter invisível e os caminhos através de Seu Filho, Jesus, que veio para mostrar o amor do Pai por nós (JOÃO 1:18).

Paulo diz que é em Deus que "vivemos, nos movemos e existimos" (ATOS 17:28). Semelhantemente, "...vivemos pela fé, não pelo que vemos" (2 CORÍNTIOS 5:7). No entanto, não caminhamos sozinhos. O Deus invisível caminha conosco a cada passo do caminho.

BILL CROWDER

Como viver pela fé? O que fortaleceu sua fé e em que áreas você precisa descansar em Deus?

Pai, às vezes, é difícil crer no que não posso ver, mas tu és fiel. Ajuda-me a descansar nessa verdade.

IDEIAS IMPOPULARES DE JESUS

Dê a quem pedir... v.42

Por 15 anos, Mike Burden organizou reuniões cheias de ódio em sua loja de antiguidades. Mas em 2012, sua esposa o questionou sobre isso, e o coração dele se abrandou. Burden reconheceu que estava errado em seu ponto de vista sobre o racismo e não quis mais ser aquela mesma pessoa. O grupo militante o retaliou e expulsou sua família do apartamento que ele alugava de um deles.

Onde ele buscou ajuda? Surpreendentemente, ele a buscou com o pastor negro local com quem tivera conflitos. O pastor e sua igreja forneceram moradia e mantimentos para a família de Burden por algum tempo. Quando o pastor foi questionado sobre por que concordou em ajudar, ele explicou: "Jesus Cristo também fez coisas impopulares. Quando é hora de ajudar, você faz o que Deus quer que você faça". Mais tarde, Burden falou a essa igreja local e se desculpou com a comunidade negra por sua participação na disseminação do ódio.

Jesus ensinou ideias impopulares no Sermão do Monte: "Dê a quem pedir [...] amem os seus inimigos e orem por quem os persegue" (MATEUS 5:42,44). Essa é a maneira controversa de pensar que Deus nos chama para seguir. Embora pareça fraqueza, na verdade isso significa agir a partir da força de Deus.

Deus nos ensina e nos concede o poder de praticarmos essa "controvérsia" da maneira que Ele nos pedir. *ANNE CETAS*

Como você pratica as palavras de Jesus que nos ensinam a doar aos que pedem e a amar os inimigos?

Deus, ajuda-me a amar aos outros como tu me amas. Mostra-me como fazer isso hoje.

ABASTECIDO PELO FOGO

Se formos lançados na fornalha ardente, o Deus a quem servimos pode nos salvar... v.17

Quando dois bombeiros, cansados e cobertos de fuligem, pararam num restaurante para o desjejum, a garçonete os reconheceu do noticiário e percebeu que eles tinham passado a noite combatendo um incêndio no armazém. Para mostrar sua gratidão, ela escreveu na conta: "Seu café da manhã hoje é por minha conta. Obrigada por servir aos outros e por correr para os lugares de onde todos fogem. Abastecidos pelo fogo e movidos pela coragem, vocês são um exemplo".

No Antigo Testamento, vemos um exemplo de coragem nas ações de três jovens: Sadraque, Mesaque e Abede-Nego (DANIEL 3). Em vez de obedecerem à ordem de se curvar diante de uma estátua do rei da Babilônia, esses jovens mostraram corajosamente seu amor a Deus por meio de sua recusa. Seu castigo era serem lançados numa fornalha ardente. No entanto, os homens não recuaram: "Se formos lançados na fornalha ardente, o Deus a quem servimos pode nos salvar. Sim, ele nos livrará de suas mãos, ó rei. Mas, ainda que ele não nos livre [...] jamais serviremos seus deuses ou adoraremos a estátua de ouro que o rei levantou" (vv.17-18).

Deus os resgatou e até mesmo caminhou com eles no fogo (vv.25-27). Em nossas provações e dificuldades de hoje, também temos a certeza de que Deus está conosco. Ele é capaz.

ALYSON KIEDA

Quando você sentiu a presença de Deus em meio a uma provação? O que lhe dá confiança para prosseguir quando os desafios vierem?

Deus Todo-Poderoso, obrigado por estares comigo no fogo e por me confortares com a Tua presença.

É SOBRE *QUEM* VOCÊ CONHECE

...todas as outras coisas são insignificantes comparadas ao ganho inestimável de conhecer a Cristo... V.8

Charlie VanderMeer morreu com 84 anos no início de 2019. Por décadas, ele foi conhecido por milhares de pessoas como "tio Charlie", o apresentador do programa nacional de rádio — *Hora da Bíblia para crianças*. No dia antes de partir para a eternidade, ele disse a um bom amigo: "Não é o *que* você conhece, é *quem* você conhece. É claro que estou falando de Jesus Cristo". Mesmo ao enfrentar o fim de seus dias, tio Charlie não pôde deixar de falar sobre Jesus e a necessidade das pessoas de recebê-lo como seu Salvador.

O apóstolo Paulo considerou que conhecer a Jesus era o mais importante: "Sim, todas as outras coisas são insignificantes comparadas ao ganho inestimável de conhecer a Cristo Jesus, meu Senhor. Por causa dele, deixei de lado todas as coisas e as considero menos que lixo, a fim de poder ganhar a Cristo" (FILIPENSES 3:8). E como conhecemos Jesus? Se "...você declarar com sua boca que Jesus é Senhor e crer em seu coração que Deus o ressuscitou dos mortos, será salvo" (ROMANOS 10:9).

Podemos conhecer fatos sobre Jesus, podemos saber tudo sobre a igreja e até estarmos familiarizados com a Bíblia. No entanto, a única maneira de conhecer Jesus como Salvador é aceitar Seu presente gratuito da salvação. É Ele *quem* precisamos conhecer.

DAVE BRANON

Em seu relacionamento com Jesus, como você vivenciou que importa a *Quem* você conhece, não *o quê*? O que o perdão de Cristo significa para você?

Deus, se eu ainda não recebi Jesus como meu Salvador, hoje declaro que creio que "Jesus é o Senhor".

A BÍBLIA EM UM ANO: 1 REIS 19–20; LUCAS 23:1-25

PESADO, MAS ESPERANÇOSO

Ó Senhor, Deus de minha salvação... v.1

Em uma história em quadrinhos de *Minduim*, Lucy anunciava "ajuda psiquiátrica" por cinco centavos. Linus foi ao consultório dela e reconheceu seus "profundos sentimentos de depressão". Quando lhe perguntou o que ela poderia fazer sobre sua condição, Lucy respondeu: "Sai dessa! Cinco centavos, por favor".

Embora isso traga um sorriso momentâneo, a tristeza e o desânimo que podem nos dominar quando isso acontece, na realidade, não são facilmente descartados. Sentimentos de desesperança e angústia são reais e, às vezes, é necessário atenção profissional.

O conselho de Lucy não foi útil para lidar com a aflição verdadeira. Mas o Salmo 88 traz esperança. Cheio de problemas, o salmista buscou o Senhor com sinceridade: "...minha vida está cheia de problemas, e a morte se aproxima" (v.3). "Tu me lançaste na cova mais funda, nas profundezas mais escuras" (v.6). "...a escuridão é a minha amiga mais chegada" (v.18). Ouvimos, sentimos e talvez nos identifiquemos com a dor do salmista. No entanto, seu lamento está repleto de esperança. "Ó Senhor, Deus de minha salvação, clamo a ti de dia, venho a ti de noite. Agora, ouve minha oração; escuta meu clamor" (vv.1-2, 9,13). Coisas difíceis acontecem e talvez seja necessário tomar medidas práticas, como aconselhamento e cuidados médicos. Mas jamais abandone a esperança em Deus.

ARTHUR JACKSON

Você clama a Deus quando está em desespero? Há algo que o impede?

Pai, ajuda-me a ver Teus braços abertos e acolhedores, independentemente da minha situação.

AS PALAVRAS CERTAS

E orem também por mim. Peçam que Deus me conceda as palavras certas, para que eu possa explicar.... v.19

Recentemente, vários autores exortaram os cristãos a observarem o "vocabulário" da nossa fé. Um deles enfatizou que mesmo as palavras de fé ricas de conteúdo teológico podem perder seu impacto quando, pelo excesso de familiaridade e uso, perdemos contato com as profundezas do evangelho e nossa necessidade de Deus. Quando isso acontece, ele sugere que talvez precisemos reaprender a linguagem da fé "do zero", abandonando nossas suposições até que possamos ver as boas-novas pela primeira vez.

O convite para aprender "do zero" me lembra de que Paulo dedicou sua vida a "...encontrar algum ponto em comum com todos [...] para espalhar as boas-novas..." (1 CORÍNTIOS 9:22-23). Ele nunca presumiu que sabia melhor como comunicar os feitos de Jesus. Paulo orava e clamava aos irmãos que orassem por ele, para o ajudarem a encontrar "as palavras certas" (EFÉSIOS 6:19) para compartilhar as boas-novas.

Paulo reconhecia a importância de cada cristão permanecer diariamente humilde e receptivo à sua necessidade de raízes mais profundas no amor de Cristo (3:16-17). É apenas quando aprofundamos nossas raízes no amor divino, dia a dia nos tornando mais conscientes de nossa dependência de Sua graça, que podemos começar a encontrar as palavras certas para compartilhar a incrível notícia do que Ele fez por nós. *MONICA LA ROSE*

Como a oração pode mantê-lo receptivo à constante necessidade da graça de Deus?

Amado Deus, ajuda-me a encontrar as palavras certas para compartilhar o que tu fizeste por amor a mim.

 A BÍBLIA EM UM ANO: 2 REIS 1–3; LUCAS 24:1-35

LEGALMENTE DELE

...o Espírito de Deus, que os adotou como seus próprios filhos..." v.15

Liz chorou de alegria quando ela e seu marido receberam os novos documentos da filha, tornando a adoção juridicamente irrevogável. Agora Milena seria sua filha e parte da família para sempre. Enquanto Liz ponderava sobre esse processo legal, pensava na "verdadeira transformação" que acontece quando nos tornamos parte da família de Jesus: "Não somos mais reprimidos por nossa herança pecaminosa e de ruptura, pois entramos na plenitude do reino de Deus legalmente quando somos adotados como Seus filhos".

Nos dias do apóstolo Paulo, se uma família romana adotasse um filho, a situação legal dele mudaria completamente. Quaisquer dívidas de sua antiga vida seriam canceladas e ele ganharia todos os direitos e privilégios de sua nova família. Paulo queria que os cristãos romanos entendessem que esse novo status se aplicava a eles também. Não estavam sujeitos ao pecado e condenação, mas agora viviam segundo o Espírito (ROMANOS 8:4). Aqueles a quem o Espírito lidera são adotados como filhos de Deus (vv.14,15). Seu status legal mudou quando se tornaram cidadãos do Céu.

Se recebemos o dom da salvação, também somos filhos de Deus, herdeiros de Seu reino e unidos com Cristo. Jesus cancelou nossas dívidas com o Seu sacrifício. Não precisamos mais viver com medo ou sob condenação. *AMY BOUCHER PYE*

Ser filho de Deus afeta a sua maneira de viver? Como assumir essa parte central da sua identidade?

Deus Pai, Tu me criaste, me conheces e me amas. Que eu nunca duvide do quanto Tu te importas comigo.

★ *TÓPICO DE MAIO: APOLOGÉTICA*

PERCEBENDO A NATUREZA

Observem os pássaros. Eles não plantam nem colhem [...], pois seu Pai celestial os alimenta... v.26

Um amigo e eu escalamos uma colina açoitada pelo vento, cruzamos um campo de flores silvestres numa floresta de pinheiros altíssimos e, depois, descemos e paramos em um vale. As nuvens flutuavam suavemente e ouvíamos o som de um riacho nas proximidades. Ouvindo o canto dos pássaros, ficamos em silêncio por quinze minutos, absorvendo tudo. Por fim, nosso dia foi profundamente terapêutico. Certa pesquisa concluiu que as pessoas que param para contemplar a natureza experimentam níveis mais elevados de felicidade e menores de ansiedade, bem como maior desejo de cuidar da Terra. No entanto, o segredo não é estar na natureza, mas percebê-la.

Poderia haver uma razão espiritual para os benefícios da natureza? Paulo disse que a criação revela o poder e a natureza de Deus (ROMANOS 1:20). Deus aconselhou Jó a buscar na natureza as evidências de Sua presença (JÓ 38–39). E Jesus ensinou que contemplar os "pássaros do céu" e "flores do campo" pode revelar o cuidado de Deus e reduzir a ansiedade (MATEUS 6:25-30), portanto perceber a natureza é uma prática espiritual.

Por que a natureza nos afeta tão positivamente? Talvez porque ao percebê-la, temos um vislumbre do Deus Criador que nos observa.

SHERIDAN VOYSEY

Já que a natureza não é Deus, e vice-versa, como Ele pode ser visto através dela? De que forma você pode dedicar alguns minutos hoje para perceber Seu cuidado por meio de Sua criação?

Deus dos céus, da terra, dos riachos e do canto dos pássaros, eu te adoro hoje.

CANTANDO PARA NÓS

...Ele se agradará de vocês com exultação.... V.17

Um jovem pai segurava o filho em seus braços, cantando para ele e balançando-o suavemente. O bebê era deficiente auditivo, incapaz de ouvir a melodia ou as palavras. Mesmo assim, o pai cantou, num belo e afetuoso ato de amor ao filho. E seus esforços eram recompensados com sorrisos encantadores.

Essa imagem da troca entre eles assemelha-se às palavras de Sofonias. O profeta do Antigo Testamento diz que Deus cantará alegremente sobre Sua filha, o povo de Jerusalém (SOFONIAS 3:17). Deus se agrada em fazer coisas boas para Seu amado povo, como retirar seu castigo e dispersar seus inimigos (V.15). Sofonias lhes diz que eles não têm mais motivos para temer, mas para se alegrar.

Nós, como filhos de Deus redimidos pelo sacrifício de Jesus Cristo, às vezes temos problemas de audição, somos incapazes, talvez relutantes, de sintonizar nossos ouvidos ao imenso amor que Deus entoa para nós. Sua afeição por nós é como a do jovem pai, que cantava amorosamente para o filho, apesar de sua incapacidade de ouvir. Ele também retirou nosso castigo, dando-nos mais motivos para nos alegrarmos. Talvez possamos tentar ouvir com mais atenção para escutar a alegria ressoando bem alto em Sua voz. *Pai, ajuda-nos a ouvir Sua melodia amorosa e a saboreá-la estando bem seguros em Seus braços.* *KIRSTEN HOLMBERG*

O que o impede de ouvir a voz de Deus?
Como sintonizar seus ouvidos para ouvir a exultação de Deus por você?

Graças te dou, Deus, por te agradares comigo.
Que eu sempre ouça a Tua voz enquanto te exultas ao meu redor.

Para saber mais sobre Sofonias, visite: universidadecrista.org

A BÍBLIA EM UM ANO: 2 REIS 10–12; JOÃO 1:29-51

OUVINDO CONSELHOS SÁBIOS

O insensato pensa que sua conduta é correta, mas o sábio dá ouvidos aos conselhos. v.15

Com o intuito de agradar um político, durante a Guerra Civil Americana, Abraham Lincoln ordenou que certos regimentos fossem transferidos de local. O secretário de guerra, Edwin Stanton, recusou-se a cumprir tal ordem e acusou o presidente de idiota. Ouvindo isso, Lincoln respondeu: "Se Stanton disse que sou idiota, então devo ser, porque ele quase sempre está certo. Vou confirmar". Os dois conversaram e o presidente rapidamente percebeu que sua decisão era um erro grave e, sem hesitar, a retirou. Embora Stanton o tivesse chamado de idiota, Lincoln demonstrou sabedoria ao não insistir quando contrariado. Ele ouviu o conselho, levou-o em consideração e mudou de ideia.

Você já encontrou alguém que simplesmente não aceita conselhos sábios? (1 REIS 12:1-11.) É revoltante, não? *Você* já se recusou a ouvir conselhos? Lemos em Provérbios 12:15: "O insensato pensa que sua conduta é correta, mas o sábio dá ouvidos aos conselhos". As pessoas nem sempre estão certas, nem nós! Sabemos que todos cometem erros, apenas os tolos acreditam ser a exceção. Vamos exercitar a sabedoria divina e ouvir os conselhos sábios dos outros, mesmo se inicialmente discordarmos. Às vezes, é exatamente assim que Deus trabalha para o nosso bem (v.2).

CON CAMPBELL

Por que às vezes você reluta em ouvir os conselhos sábios de outras pessoas? Como certificar-se de que o conselho recebido reflete a verdadeira sabedoria?

Deus de sabedoria, ensina-me os Teus caminhos e ajuda-me a evitar a tolice. Sou grato por Tua bondade.

VISÃO RENOVADA

Meu coração se alegra no SENHOR*;*
o SENHOR *me fortaleceu...* 2:1

Após uma pequena cirurgia dolorosa no olho esquerdo, fiz um teste de visão. Confiante, cobri meu olho direito e li com facilidade. Cobrindo o olho esquerdo, vacilei. Como não percebi que não podia ver? Enquanto me ajustava aos novos óculos e à nova visão, pensei nas provações diárias que muitas vezes me deixavam espiritualmente míope. Concentrando-me apenas no que eu podia ver de perto, minhas dores e circunstâncias em constante mudança tornaram-me cega à fidelidade do meu Deus, eterno e imutável. Minha perspectiva limitada transformou a esperança num borrão inatingível.

Lemos a história de outra mulher que falhou em reconhecer a confiabilidade de Deus atrelando-se em sua angústia, incerteza e perda. Por anos, Ana suportou a falta de filhos e o tormento sem fim de Penina, a outra esposa de seu marido Elcana. O marido de Ana a amava, mas a alegria lhe escapou. Um dia, Ana orou com amarga honestidade. Quando o sacerdote Eli a questionou, ela lhe relatou a sua situação. Logo que Ana saiu, Eli pediu que Deus atendesse à oração dela (SAMUEL 1:17). Embora a situação não tenha mudado imediatamente, Ana sentiu-se esperançosa (v.18).

A oração de Ana revela uma mudança na perspectiva. Mesmo antes de as circunstâncias melhorarem, sua visão renovada mudou sua atitude. Ana se alegrou na presença de Deus, sua Rocha e esperança eterna.

XOCHITL E. DIXON

Você enfrenta lutas contra a miopia espiritual?

Pai, por favor, renova a minha visão para que eu possa me concentrar em Tua presença constante.

ÁGUAS ABUNDANTES

...Bata na rocha e dela jorrará água que o povo poderá beber"... v.6

Um relatório australiano descreveu "uma história sombria" de seca, calor e incêndios extremos. O ano fora horrível com chuvas esparsas transformando os arbustos ressequidos em pavios. Incêndios violentos devastaram o campo, os peixes morreram e as colheitas cessaram. Faltava um recurso que geralmente consideramos natural — a água, que precisamos para viver.

Israel sofreu igual dilema. Enquanto eles acampavam no deserto empoeirado e árido, lemos que: "não havia água para beberem" (ÊXODO 17:1). As pessoas estavam com medo. Suas gargantas estavam secas. A areia escaldava. Seus filhos estavam sedentos. Aterrorizado, o povo "se queixou de Moisés", exigindo água (v.2). Mas o que Moisés poderia fazer? Apenas buscar a Deus.

E Deus deu instruções estranhas a Moisés: "...chame alguns dos líderes [...] Bata na rocha e dela jorrará água que o povo poderá beber" (vv.5-6). Assim, Moisés o fez e dela jorrou uma corrente de água, o suficiente para o povo e seu gado. Naquele dia, Israel reconheceu que o seu Deus os amava ao prover água em abundância.

Se você estiver passando por uma seca ou deserto na vida, saiba que Deus está ciente disso e está com você. Seja qual for a sua necessidade, ou o que estiver lhe faltando, você pode encontrar esperança e renovo em Suas águas abundantes. *WINN COLLIER*

Onde estão os lugares secos e áridos em seu mundo? Como você pode buscar e confiar nas abundantes águas de Deus?

Deus, preciso da Tua água e provisão.
Não posso viver sem ela e peço-te
que me concedas da Tua Fonte divina.

A BÍBLIA EM UM ANO: 2 REIS 17–18; JOÃO 3:19-36

RECOLHIDO

Os que contam vantagem [...] como os animais, também morrerão. v.20

Minha cachorra já idosa está sentada ao meu lado olhando para o horizonte. Daria tudo para descobrir os seus pensamentos. Sei que ela *não está* pensando em morrer porque os cães não "entendem". Eles não pensam sobre coisas futuras. Mas nós sim. Não importa nossa idade, saúde ou riqueza, em algum momento pensamos na morte. Isso porque nós, ao contrário dos animais, temos "entendimento", de acordo com o Salmo 49:20. Sabemos que morreremos e não há nada que possamos fazer a esse respeito. "Mas não são capazes de se redimir da morte e pagar um resgate a Deus" (v.7). Ninguém tem dinheiro suficiente para comprar para si mesmo a saída da sepultura.

Mas há uma saída para a finalidade da morte: "[Deus] me livrará do poder da sepultura.", insiste o salmista. "Deus resgatará minha vida" (v.15); literalmente, "Ele me acolherá"). Robert Frost disse: "Casa é o lugar onde, quando você precisa ir para lá, eles precisam acolhê-lo". Deus nos redimiu da morte por meio de Seu Filho, "Ele deu sua vida para comprar a liberdade de todos" (1 TIMÓTEO 2:6). Assim, Jesus prometeu que, quando chegar a nossa hora, Ele nos receberá e nos acolherá (JOÃO 14:3).

Jesus, que a Deus entregou a minha vida por um preço, vai me receber na casa de Seu Pai de braços abertos quando minha hora chegar.

DAVID H. ROPER

Como você lida com a ideia de morrer?
Qual a base de sua confiança na vida eterna?

Deus, agradeço-te por teres preparado um lugar para os Teus filhos. Aguardo com ansiedade o momento de estar contigo.

Para saber mais sobre a vida após a morte, visite: universidadecrista.org.

ESTRELAS BRILHANTES

...brilhando como luzes resplandecentes [...]. Apeguem-se firmemente à mensagem da vida... vv.15-16

Posso fechar os olhos e voltar no tempo para a casa onde cresci. Lembro-me de observar as estrelas com meu pai. Nós nos revezávamos olhando através de seu telescópio, buscando pontos brilhantes que tremeluziam e piscavam. As pitadas de luz, nascidas do calor e do fogo, contrastavam nitidamente com o céu liso e negro.

Você se considera uma estrela brilhante? Não falo do ápice da realização humana, mas de destacar-se contra à corrupção e maldade. O apóstolo Paulo disse aos cristãos em Filipos que Deus brilharia neles e por meio deles se eles se apegassem "firmemente à mensagem da vida" e evitassem se queixar ou discutir (FILIPENSES 2:14-16). Nossa comunhão com outros cristãos e nossa fidelidade a Deus podem nos separar do mundo. O problema é que isso não surge naturalmente. Esforçamo-nos sempre para vencer a tentação e podermos manter um relacionamento íntimo com o Senhor. Lutamos contra o egoísmo para concordar com nossos irmãos espirituais.

Há esperança! O Espírito de Deus habita em cada cristão, capacitando-o a ser autocontrolado, bondoso e fiel (GÁLATAS 5:22,23). Assim como somos chamados a viver além de nossa capacidade natural, a ajuda sobrenatural de Deus torna isso possível (FILIPENSES 2:13). Se cada cristão "brilhar" pelo poder do Espírito Santo, imagine como a luz de Deus repelirá as trevas ao nosso redor!

JENNIFER BENSON SCHULDT

O que você precisa fazer para brilhar por Jesus?

Amoroso Deus, que o Teu Espírito nos conceda poder para "brilharmos" nas trevas e sermos fiéis a ti.

★ *TÓPICO DE MAIO: APOLOGÉTICA*

CULPA E PERDÃO

Demonstram que a lei está gravada em seu coração... v.15

No livro *Human Universals* (Universais humanos), o antropólogo Donald Brown lista mais de 400 comportamentos que considera comuns à humanidade. Brincadeiras, piadas, danças e provérbios, precaução com as cobras e amarrar coisas com barbante! Da mesma forma, ele acredita que todas as culturas têm conceitos de certo e errado, em que a generosidade é elogiada, as promessas são valorizadas e a maldade e o assassinato entendidos como errados. Todos temos essa percepção da consciência, não importa a nossa origem.

Paulo afirmou algo semelhante: Deus deu os Dez Mandamentos ao povo judeu para que diferenciassem o certo do errado. O apóstolo percebeu que os gentios podiam fazer o bem obedecendo à sua consciência. Portanto, as leis de Deus estavam, de fato, gravadas no coração deles (ROMANOS 2:14-15). Isso não significa que as pessoas sempre *fazem* o que é certo. Os gentios se rebelaram contra a sua consciência (1:32), os judeus violaram a Lei (2:17-24), tornando ambos culpados. Mas, pela fé em Jesus, Deus remove a pena de morte de todas as nossas violações (3:23-26; 6:23).

Deus nos criou com a percepção do certo e errado, e provavelmente sentiremos culpa pelo mau que fizemos ou pelo bem que deixamos de praticar. Confessando tais pecados, Jesus remove toda a culpa. Nós precisamos do Seu perdão. Isso não depende de quem somos ou de onde estivermos. *SHERIDAN VOYSEY*

Você deseja o perdão de Jesus hoje?

Jesus, não pratiquei o certo e cometi erros.
Obrigado por teres morrido em meu lugar.
Perdoa-me.

PERSEGUIDO PELO AMOR

...pois somente do SENHOR vem o livramento". V.9

"Dele fugi, noites e dias adentro", abre o famoso poema *O cão de caça do céu* do poeta inglês Francis Thompson. O autor descreve a busca incessante de Jesus — apesar de seus esforços para se esconder, ou até mesmo fugir, de Deus. O poeta imagina Deus falando com Jesus e dizendo: "Eu sou aquele a quem buscas!".

O amor de Deus *que vai ao encalço* é o tema central do livro de Jonas. O profeta recebeu a ordem de falar ao ninivitas (notórios inimigos de Israel) sobre a necessidade de eles se voltarem a Deus, mas, em vez disso, Jonas fugiu do Senhor (JONAS 1:3). Ele comprou uma passagem num navio que seguia em direção oposta de Nínive, mas o barco logo foi vencido por uma violenta tempestade. Para salvar a tripulação do navio, Jonas foi jogado ao mar sendo engolido por um grande peixe (1:15-17).

Em seu belo poema, Jonas contou que, apesar de seus melhores esforços para fugir de Deus, o Senhor o alcançou. Quando Jonas foi vencido por sua situação e precisava ser salvo, clamou a Deus em oração e voltou-se ao Seu amor (2:2,8). Deus respondeu e providenciou o resgate não apenas a ele, mas também aos seus inimigos assírios (3:10).

Em ambos os poemas, há momentos na vida que tentamos fugir do alcance de Deus. Mesmo assim, Jesus nos ama e orienta-nos de volta ao relacionamento restaurado com Ele (1 JOÃO 1:9).

LISA M. SAMRA

Você já tentou fugir do alcance de Deus?
Como Ele providenciou o seu resgate?

Jesus, graças te dou por me perseguires com amor a fim de me ofereceres o Teu resgate.

A BÍBLIA EM UM ANO: 1 CRÔNICAS 1–3; JOÃO 5:25-47

ENFRENTANDO A ESCURIDÃO

O povo que anda na escuridão verá grande luz... v.9

Nos anos de 1960, duas pessoas participaram de uma pesquisa sobre os efeitos da escuridão na psique humana. Eles entraram em cavernas separadas, enquanto os pesquisadores monitoravam seus hábitos alimentares e de sono. Um participante permaneceu em total escuridão por 88 dias, o outro 126. Cada um supôs o quanto de tempo eles poderiam permanecer na escuridão e erraram por meses. Um deles pensou que tinha tirado uma breve soneca, descobrindo depois que havia dormido por *30 horas*. A escuridão é desorientadora.

O povo de Deus se viu sob a escuridão do exílio iminente, esperando sem saber o que lhes aconteceria. O profeta Isaías usou as trevas como metáfora para sua desorientação e como forma de falar sobre o julgamento de Deus (ISAÍAS 8:22). Os egípcios tinham sido atingidos pelas trevas como uma praga (ÊXODO 10:21-29). Agora Israel se encontrava em trevas.

Mas uma luz viria! "O povo que anda na escuridão verá grande luz. Para os que vivem na terra de trevas profundas, uma luz brilhará" (ISAÍAS 9:2). A opressão seria quebrada, a desorientação acabaria. Uma Criança viria para mudar tudo e trazer um novo dia — de perdão e liberdade (v.6).

Jesus veio! E embora a escuridão do mundo possa ser desnorteadora, que possamos experimentar o conforto do perdão, da liberdade e da luz encontrados em Cristo. *GLENN PACKIAM*

Como seria um novo dia de perdão?
Como você pode acolher a luz de Cristo hoje?

Querido Jesus, faz brilhar Tua luz em minha vida trazendo o perdão. Ajuda-me a viver sob a Tua Luz.

ELA FEZ O QUE PODIA

Ela fez o que podia e ungiu meu corpo de antemão para o sepultamento. v.8

A mãe colocou tudo o que havia comprado para o aniversário da filha frente ao caixa do supermercado: *cupcakes* (bolinhos individuais), enfeites e guloseimas. Ela sentia-se cansada e sua filha implorava por atenção. A balconista anunciou o total e a mãe decepcionada suspirou e disse: "Bom, preciso devolver algo, mesmo sendo para a festa dela", e olhou com tristeza para a filha.

Na fila atrás dela, outra cliente reconheceu a dor dessa mãe. Essa cena é familiar nas palavras de Jesus para Maria de Betânia: "Ela fez o que podia" (MARCOS 14:8). Depois de ungi-lo com uma cara garrafa de nardo antes da morte e sepultamento de Jesus, ela foi ridicularizada pelos discípulos. Jesus os corrigiu e celebrou o que Maria havia feito. Ele não disse: "Ela fez *tudo* o que podia", mas sim, "Ela fez *o que* podia". Jesus não se referia ao alto custo do perfume. Era o amor de Maria que importava. O relacionamento com Jesus demanda uma reação.

Naquele momento, antes que a mãe pudesse protestar, a segunda cliente se inclinou e inseriu seu cartão de crédito no leitor, pagando pela compra. Não era uma grande despesa e, naquele mês, ela tinha dinheiro extra. Mas para aquela mãe, era tudo. Um gesto de puro amor derramado num momento de necessidade.

ELISA MORGAN

De que maneiras inesperadas Jesus o ajudou?
***O que* você pode fazer, não *tudo*,**
mas *o que*, para retribuir o amor de Jesus
numa necessidade que você vê hoje?

Pai, abre os meus olhos para eu ver
Teu convite para fazer o que eu puder ainda hoje.

A BÍBLIA EM UM ANO: 1 CRÔNICAS 7–9; JOÃO 6:22-44

ANDE, NÃO CORRA

...ande humildemente com seu Deus. V.8

Eu via a líder da *marcha atlética* dando as boas-vindas ao amanhecer todos os dias. Enquanto eu levava meus filhos para a escola, via-a na calçada com fones de ouvido e meias coloridas. Caminhando com movimentos alternados de braços e pés, sempre com um dos pés em contato com o solo. Essa marcha é diferente de corrida ou *jogging*, e envolve uma restrição intencional e o controle da inclinação natural do corpo para correr. Embora não pareça, há tanta energia, foco e potência envolvidos quanto em correr ou fazer *jogging*. Mas sob controle.

O segredo é o poder sob controle. Na Bíblia, a humildade, assim como a caminhada atlética, é geralmente vista como fraqueza, mas não deveria! A humildade não diminui nossas forças ou habilidades, mas permite serem controladas como os braços, pernas e pés de alguém que pratica essa caminhada matinal.

As palavras de Miqueias "ande humildemente" nos alertam a controlarmos nossa tendência de ir à frente de Deus. O profeta diz: "pratique a justiça, ame a misericórdia" (EZEQUIEL 6:8). Isso pode nos trazer o desejo de fazer algo imediatamente. É justo, já que as injustiças diárias no mundo são avassaladoras. Mas devemos nos controlar e ser guiados por Deus. Nosso objetivo é ver *Sua vontade* e propósitos cumpridos no alvorecer de *Seu* reino na Terra.

JOHN BLASE

**Você já "correu à frente" de Deus?
Você costuma ver a humildade
como força ou fraqueza? Por quê?**

Deus, treina-me para que os meus passos estejam em sintonia contigo e com a Tua vontade.

EM TERRA FIRME

"Silêncio! Aquiete-se!..."
MARCOS 4:39

Em Papua-Nova Guiné, a tribo Kandas esperava com entusiasmo a chegada dos Novos Testamentos da Bíblia impressos em seu idioma. As pessoas que os traziam precisavam viajar pelo oceano em pequenos barcos para alcançar a aldeia. O que lhes deu coragem para viajar por águas profundas? Suas habilidades marítimas, sim. Mas elas também conheciam o Criador dos mares. Ele é aquele que guia cada um de nós através das ondas agitadas e das águas mais profundas da nossa vida.

Como Davi escreveu: "É impossível escapar do teu Espírito..." (SALMO 139:7). "Se subo aos céus, lá estás [...] se habitar do outro lado do oceano, mesmo ali tua mão me guiará e tua força me sustentará"(VV.8-10). Essas palavras repercutiriam profundamente com a tribo Kandas, cuja nação é uma ilha com densas florestas tropicais e montanhas escarpadas que são chamadas de "O Último Desconhecido". No entanto, como os cristãos de todos os lugares sabem, nenhum lugar ou problema é muito distante para Deus. "Para ti, a noite é tão clara como o dia; escuridão e luz são a mesma coisa" (SALMO 139:12).

Em águas tempestuosas, portanto, nosso Deus fala: "Silêncio! Aquiete-se!" e as ondas e o vento obedecem. Portanto, não tema as águas profundas ou turbulentas da vida atual. Nosso Deus nos conduz com segurança à terra firme.

PATRÍCIA RAYBON

O que o provoca a não confiar em Deus?
O que você precisa para confiar nele hoje?

Pai, sei que governas os ventos
e as ondas e sou grato a ti por me guiares
com segurança até à costa.

Leia: *Navegando pelas turbulentas águas da vida* em:paodiario.org

ÁGUA ONDE PRECISAMOS

...mas quem bebe da água que eu dou nunca mais terá sede. v.14

O Lago Baikal contém 20% de toda a água doce da Terra e é considerado o mais profundo, vasto e magnífico do mundo. Ele tem mais de 1.600 m de profundidade e 636 km de comprimento por 79 km de largura. Mas a água é quase inacessível, pois o lago está na Sibéria, numa área remota da Rússia. Com a água tão necessária em grande parte do planeta, é irônico que esse vasto suprimento hídrico esteja guardado num lugar onde muitas pessoas não possam acessá-lo.

Embora o Lago Baikal seja tão distante, há uma fonte de água viva e infinita disponível e acessível àqueles que mais precisam. Quando Jesus aproximou-se de um poço em Samaria, Ele iniciou uma conversa com uma mulher, esquadrinhando os limites de sua profunda sede espiritual. Qual era a solução para as necessidades dela? O próprio Jesus que lhe ofereceu algo melhor do que a água que ela tinha ido buscar daquele poço dizendo: "Quem bebe desta água logo terá sede outra vez, mas quem bebe da água que eu dou nunca mais terá sede. Ela se torna uma fonte que brota dentro dele e lhe dá a vida eterna" (JOÃO 4:13-14).

Muitas coisas prometem trazer satisfação, mas nunca saciam plenamente o nosso coração sedento. Somente Jesus pode realmente satisfazer a nossa sede espiritual, e a Sua provisão está disponível para todos, em todos os lugares. *BILL CROWDER*

Onde você busca a sua realização?
Por que a busca pela verdadeira satisfação é impossível sem Cristo?

Deus de amor, obrigado pela vida, propósito e significado que tu me ofereces. Ensina-me a conhecer-te.

★ *TÓPICO DE MAIO: APOLOGÉTICA*

VISÃO INVISÍVEL

Se eles não ouvem Moisés e os profetas, não se convencerão, mesmo que alguém ressuscite.... v.31

Depois que Yuri Gagarin se tornou o primeiro homem a atingir o espaço, ele saltou de paraquedas na zona rural da Rússia. Uma agricultora avistou o cosmonauta vestido de laranja, com seu capacete e arrastando dois paraquedas. "Será que você veio do espaço sideral?" ela perguntou surpresa. "Na verdade, sim", disse ele.

Infelizmente, os líderes soviéticos transformaram o voo histórico em propaganda antirreligiosa. "Gagarin foi para o espaço, mas não viu nenhum deus lá", declarou o primeiro-ministro, sem jamais o astronauta ter dito isso. Como observou C. S. Lewis, "Aqueles que não encontram [Deus] na Terra dificilmente o encontrarão no espaço".

Jesus nos advertiu sobre ignorarmos a Deus nesta vida. Ele contou a história de dois homens que morreram: o rico que não tinha tempo para Deus e Lázaro, homem pobre, porém rico na fé (LUCAS 16:19-31). Em tormento, o homem rico implorou a Abraão por seus irmãos ainda na Terra. "...mande Lázaro", implorou a Abraão. "se alguém dentre os mortos lhes fosse enviado, eles se arrependeriam!" (vv.27,30). Abraão foi direto: "Se eles não ouvem Moisés e os profetas, não se convencerão, mesmo que alguém ressuscite dos mortos" (v.31).

"Ver é nunca acreditar", escreveu Oswald Chambers. "Interpretamos o que vemos à luz do que cremos." *TIM GUSTAFSON*

O que você crê sobre a existência de Deus e a ressurreição de Cristo? A sua fé impacta as suas escolhas do dia a dia?

Pai, oro para que os que não creem em ti sejam atraídos pelo poder e amor do Teu Santo Espírito.

 A BÍBLIA EM UM ANO: 1 CRÔNICAS 19–21; JOÃO 8:1-27

TINHA PLANOS?

É da natureza humana fazer planos, mas é o SENHOR quem dirige nossos passos. v.9

Carlos, 18 anos, esperava cursar sua faculdade sendo bolsista. Ele participava de um ministério cristão no Ensino Médio e queria prosseguir na universidade. O jovem economizou o dinheiro do seu trabalho de meio-período e sempre demonstrou excelente conduta. Carlos estabeleceu seus objetivos e tudo estava saindo como o planejado.

Mas no início de 2020, uma crise sanitária global mudou tudo. Carlos soube que seu primeiro semestre seria provavelmente on-line. O ministério em campus foi interrompido. A probabilidade de arrumar emprego sumiu quando o negócio foi fechado. Desesperado, ele ouviu seu amigo citar as palavras de um conhecido boxeador profissional: "Todo mundo tem um plano até levar um soco na boca".

Lemos em Provérbios que ao entregarmos tudo o que fazemos a Deus, Ele firmará nossos planos e os realizará de acordo com a Sua vontade. Entretanto, entregar tudo, pode ser difícil. Envolve submeter-se à direção de Deus, aliado à disposição de resistir em traçar os nossos planos (16:3-4.9; 19:21).

Podemos nos decepcionar por não realizarmos os nossos sonhos, mas a nossa visão limitada do futuro nunca pode competir com os caminhos oniscientes de Deus. Rendendo-nos a Ele, podemos reconhecer que o Senhor direciona os nossos passos com amor, mesmo quando não vemos o caminho à frente (16:9).

CINDY HESS KASPER

Alguma decepção mudou os seus planos? O que é necessário para buscar a orientação de Deus hoje?

Pai, ajuda-me a confiar em ti, reconhecendo que Tu és bom e fiel e que firmarás os meus passos.

MUDAR PARA PONTO NEUTRO

...depois do fogo, veio um suave sussurro. v.12

O atarefado motorista à minha frente no lava-rápido caminhou propositalmente até a parte de trás de sua picape e removeu o engate para que não engatasse na escova rolante. Ele pagou ao atendente, e entrou na pista automatizada, deixando o motor em movimento. O atendente gritou atrás dele: "Ponto morto! Ponto morto!" mas com as janelas fechadas o motorista não o ouviu. A lavagem durou quatro segundos e mal molhou a caminhonete.

Elias também estava ocupado servindo a Deus de maneiras importantes. Ele tinha acabado de derrotar os profetas de Baal num confronto sobrenatural. O profeta sentiu-se exausto e precisava de descanso (1 REIS 18:16-39). Deus trouxera Elias ao Monte Horebe, onde Ele havia aparecido a Moisés muito antes. Mais uma vez, Deus sacudiu a montanha. Mas o Senhor não estava no vento destruidor de rochas, terremoto ou fogo violento. Em vez disso, Deus veio a Elias num suave sussurro. "Quando Elias o ouviu, cobriu o rosto com a capa..." e foi ao encontro dele (1 REIS 19:13).

Nós também temos uma missão. Colocamos a nossa vida em movimento para realizar grandes coisas para o nosso Salvador. Mas se nunca nos aquietamos, podemos passar pela vida e perder o derramar do Seu Espírito. Deus sussurra: "Aquietem-se e saibam que eu sou Deus!" (SALMO 46:10). Acalmem-se! Aquietem-se!

MIKE WITTMER

Você diminui o seu ritmo para passar mais tempo com o Pai? Por que é necessário "aquietar-se"?

Pai, eu me aquietei, porque o Senhor é Deus.

AMOR CORAJOSO

Façam tudo com amor. V.14

Numa gélida noite, em 1943, o navio de transporte *SS Dorchester* foi torpedeado. Os quatro capelães deram tudo de si para acalmar os soldados em pânico. Um dos sobreviventes relatou que enquanto o navio afundava e os feridos pulavam para os botes salva-vidas superlotados, os capelães acalmavam o tumulto "pregando coragem". Quando os coletes salva-vidas acabaram, cada um doou o seu a um jovem assustado, decidindo morrer para que outros pudessem viver. Outro sobrevivente disse: "Foi a melhor coisa que já vi ou espero ver deste lado do céu". Quando o navio começou a submergir, os capelães, abraçados, oraram em voz alta, oferecendo encorajamento aos que padeciam com eles.

O heroísmo desses homens foi marcado por bravura. Os quatro ofereceram a dádiva do amor. Paulo instou todos os cristãos a praticar esse amor, incluindo os da igreja devastada em Corinto. Atormentada por conflitos, corrupção e pecado, Paulo os exortou: "Estejam vigilantes. Permaneçam firmes na fé. Sejam corajosos. Sejam fortes" e, acrescentou: "Façam tudo com amor" (1 CORÍNTIOS 16:13-14).

É um excelente mandamento para todo cristão, especialmente em meio à crise. Na vida, quando surgem as ameaças, que a nossa reação mais corajosa seja refletir a Cristo e compartilhar o Seu amor.

PATRÍCIA RAYBON

Por que o amor altruísta reflete Jesus? Como o Seu amor pode influenciar a maneira como você reage numa situação turbulenta?

Jesus, quando estou desencorajado, capacita-me para que eu possa oferecer amor com ousadia.

FLORESÇA NOVAMENTE

Porém, quanto mais eram oprimidos, mais os israelitas se multiplicavam e se espalhavam.... v.12

Com a luz solar e água suficientes, as exuberantes flores silvestres cobrem extensas áreas de vegetação. Mas o que acontece quando a seca chega? Os cientistas descobriram que certas flores silvestres armazenam grandes quantidades de suas sementes no subsolo, não permitindo que penetrem no solo e floresçam. Após a seca, as sementes armazenadas reflorescem.

Os israelitas prosperaram na terra do Egito, apesar das condições adversas: eram obrigados a trabalhar nos campos e a fazer tijolos. Supervisores implacáveis exigiam que construíssem cidades inteiras para o Faraó. O rei do Egito tentou usar o infanticídio para reduzir o número deles. "Porém, quanto mais eram oprimidos, mais os israelitas se multiplicavam..." (ÊXODO 1:12). Muitos estudiosos da Bíblia estimam que a população cresceu para dois milhões (ou mais) durante esse tempo.

Deus, que preservou Seu povo *naquela época*, sustenta-nos *hoje* também. Ele pode nos ajudar em qualquer ambiente. Podemos nos preocupar em perseverar por mais uma temporada, porém a Bíblia nos garante que o Deus, que "veste com tamanha beleza as flores silvestres que hoje estão aqui e amanhã [se vão]...", pode suprir nossas necessidades (MATEUS 6:30).

JENNIFER BENSON SCHULDT

Por que é tão difícil confiar em Deus durante as estações "áridas" da vida? Como Deus proveu para você no passado, e como a história de Sua fidelidade pode encorajar alguém que você conhece?

Pai, às vezes é tão difícil continuar. Por favor, ajuda-me a perseverar pelo poder do Teu Espírito Santo.

 A BÍBLIA EM UM ANO: 2 CRÔNICAS 1–3; JOÃO 10:1-23

O RESPLENDOR DO ARCO-ÍRIS

...o arco-íris nas nuvens [...] é o sinal da minha aliança com toda a terra. v.13

Ao caminhar nas montanhas, Adriano observou algumas nuvens baixas. Com o sol atrás dele, ele viu a sua sombra e a brilhante exibição conhecida como o espectro de *Brocken*. Esse fenômeno se assemelha ao halo do arco-íris, que envolve a sombra da pessoa. Ocorre quando a luz do sol é refletida nas nuvens baixas. Adriano o descreveu como um momento "mágico", que o encantou imensamente.

Podemos imaginar como deve ter sido encantador para Noé ter visto o esplendor do primeiro arco-íris. Mais do que um deleite para os olhos, a luz refletida e as cores vieram com uma promessa de Deus. Após um dilúvio devastador, Deus garantiu a Noé e a todos os "seres vivos" desde então, que: "Nunca mais as águas de um dilúvio destruirão toda a vida" (GÊNESIS 9:15).

Nossa Terra ainda experimenta inundações e fenômenos assustadores que causam perdas trágicas, mas o arco-íris é uma promessa de que Deus nunca mais julgará a Terra com um dilúvio global. Essa promessa de Sua fidelidade pode nos lembrar de que, embora soframos perdas pessoais e morte física por doenças, desastre natural, erros ou idade avançada, Deus nos ampara com Seu amor e presença em todas as dificuldades. O reflexo da luz solar lembra-nos de Sua fidelidade em encher a Terra com aqueles que portam Sua imagem e refletem Sua glória. *KIRSTEN HOLMBERG*

Essa promessa divina o tranquiliza? Quem em sua vida precisa do seu reflexo da glória de Deus?

Obrigado, Deus, por Tua fidelidade, proteção e provisão. Ajuda-me a refletir Tua glória ao meu redor.

ZONA DA MORTE

...Mas Davi ficou em Jerusalém. v.1

Em 2019, um alpinista viu o seu último nascer do sol no pico do Monte Everest. Ele sobreviveu à perigosa subida, mas a elevada altitude pressionou seu coração e ele faleceu na descida. Um médico alerta os escaladores para não pensarem no cume como o fim de sua jornada. Eles devem subir e descer rapidamente, lembrando-se de que "eles estão na zona da morte".

Davi sobreviveu à sua perigosa escalada até o topo. Ele matou leões e ursos, Golias, se esquivou da lança de Saul e do exército perseguidor e conquistou filisteus e amonitas para se tornar o rei da montanha. Mas Davi esqueceu-se de que estava na zona da morte. "O SENHOR concedia vitórias a Davi por onde quer que ele fosse" (2 SAMUEL 8:6). Mas no auge de seu sucesso, Davi cometeu adultério e assassinato. Seu erro inicial? Ele permaneceu no topo da montanha. Quando seu exército partiu para novos desafios, ele "ficou em Jerusalém" (11:1). Davi que uma vez se voluntariou para lutar com Golias, agora usufruía desses triunfos.

É difícil ser humilde quando os outros, incluindo Deus, o consideram especial (7:11-16), mas, devemos, se tivermos tido algum sucesso. Podemos comemorar a conquista e aceitar os parabéns, mas seguir em frente. Estamos na zona da morte. Desça a montanha. Sirva humildemente aos outros no vale. Peça ao Senhor que o guarde.

MIKE WITTMER

Você está escalando sua montanha ou está perto do topo? Como evitar as armadilhas que vêm com o sucesso?

Pai, concede-me o sucesso e protege-me dos excessos que dele advêm.

A BÍBLIA EM UM ANO: 2 CRÔNICAS 7–9; JOÃO 11:1-29

VALE A PENA? É DIGNO?

Digno é o Cordeiro que foi sacrificado... v.12

Helen Roseveare, uma médica missionária inglesa no Congo Africano, foi feita prisioneira por rebeldes durante a Rebelião Simba em 1964. Espancada e abusada por seus captores, ela sofreu terrivelmente. Nos dias que se seguiram, ela se perguntou: "Vale a pena?".

Ao começar a ponderar o custo de seguir a Jesus, ela sentiu Deus lhe falar sobre isso. Anos depois, ela explicou a um entrevistador: "Quando vieram os momentos terríveis durante a rebelião e o preço parecia alto demais, o Senhor pareceu dizer-me: Mude a pergunta. Não é: Vale a pena?, mas: Ele é digno?". Helen concluiu que, apesar da dor que havia sofrido, a resposta é sempre: "Sim, Ele é digno".

Com a graça de Deus atuando nela durante a terrível provação, Helen decidiu que o Salvador que havia sofrido até a morte por ela era digno de ser seguido, não importava o que enfrentasse. Suas palavras, "Ele é digno" repercutem os clamores dos que cercam o trono de Jesus: "Cantavam com forte voz: Digno é o Cordeiro que foi sacrificado de receber poder e riqueza, sabedoria e força, honra, glória e louvor!"(APOCALIPSE 5:12).

Nosso Salvador sofreu, sangrou e morreu por nós, entregando-se inteiramente, para que possamos receber gratuitamente a esperança e a vida eterna. Seu tudo merece tudo de nós. Ele é digno!

JAMES BANKS

De que maneiras você dirá a Jesus que Ele é digno hoje? Como a Sua morte e ressurreição provam que Ele é o mais digno?

Jesus! Tu és sempre digno de ser adorado. Por favor, ajuda-me a ser inteiramente agradecido a ti.

DOADOR SECRETO

Tenham cuidado! Não pratiquem suas boas ações em público, para serem admirados por outros... v.1

Para Cristóvão, veterano militar, a sua deficiência física tinha tornado as suas atividades cotidianas mais desafiadoras, demoradas e doloridas. Mesmo assim, ele fez o possível para ser útil à sua família. Os passantes o viam cortar a grama usando um cortador inadequado a ele todas as semanas. Certo dia, o veterano recebeu uma carta, e um cortador de grama motorizado e caro, de um doador anônimo. O doador secreto sentiu-se privilegiado por ajudar alguém necessitado.

Jesus não diz que todas as nossas ofertas devem ser em segredo, mas Ele nos lembra de verificar nossas motivações quando doamos (MATEUS 6:1). O Mestre também ensinou: "quando ajudarem alguém necessitado, não façam como os hipócritas que tocam trombetas nas sinagogas e nas ruas para serem elogiados pelos outros" (v.2). Embora Deus espere que sejamos doadores generosos, Ele nos encoraja a evitar praticarmos boas ações à vista das pessoas com o propósito de receber elogios ou reconhecimento especial (v.3).

Quando percebemos que tudo o que temos vem de Deus, podemos ser doadores sigilosos que não precisam dar tapinhas nas próprias costas ou ganhar a admiração alheia. Nosso Onisciente Doador de todas as boas coisas se alegra com a genuína generosidade de Seu povo. Nada supera a recompensa de Sua aprovação.

XOCHITL E. DIXON

Deus já o ajudou por meio de uma doação secreta? Você pode ajudar alguém com um presente anônimo hoje?

Amoroso Deus, por favor, dá-me oportunidades de doar com abnegação e sacrifício como recebi do Senhor.

CRESCER EM CRISTO

Como crescemos na nossa relação com Cristo?

Ouça-o. Ao lermos a Bíblia, Deus nos fala por meio das Suas próprias palavras.

"Toda a Escritura é inspirada por Deus e útil para nos ensinar o que é verdadeiro e para nos fazer perceber o que não está em ordem em nossa vida. Ela nos corrige quando erramos e nos ensina a fazer o que é certo. Deus a usa para preparar e capacitar seu povo para toda boa obra" (2 TIMÓTEO 3:16-17).

Responda-o. À medida que recebemos dele a compreensão, reagimos a Ele com amor e lhe confiamos as necessidades do nosso coração.

"Mas, se vocês permanecerem em mim e minhas palavras permanecerem em vocês, pedirão o que quiserem, e isso lhes será concedido" (JOÃO 15:7).

Tenha comunhão com os outros. À medida que temos comunhão com pessoas que compartilham a nossa fé em Cristo, experimentamos o encorajamento mútuo para amarmos os outros como nós próprios fomos amados.

"Pensemos em como motivar uns aos outros na prática do amor e das boas obras. E não deixemos de nos reunir, como fazem alguns, mas encorajemo-nos mutuamente, sobretudo agora que o dia está próximo" (HEBREUS 10:24-25).

Compartilhe a sua fé em Cristo. Cristo deseja que sejamos os Seus representantes para aqueles que ainda não creem nele. Demonstrar uma preocupação genuína pelo outro é uma das melhores formas de fazermos isso. Se as pessoas veem a nossa vida transformada e nosso sincero interesse por elas, é mais provável que sintam-se curiosas sobre as diferenças que observam em nós.

Um cristão genuíno terá o desejo de ouvir a Deus e lhe responder, ter comunhão com outros crentes em Jesus e de compartilhar a sua fé com os que ainda não conhecem a Cristo. Peça a Deus que guie o seu caminho para um relacionamento mais profundo com Ele.

DENNIS FISHER

ESTAR EM CRISTO

...todo aquele que está em Cristo se tornou nova criação. v.17

A expressão "estar em Cristo" é usada em várias passagens das Escrituras. Ela significa um modo de ser, um estilo de vida. Paulo a usa também para expressar o andar cristão como "o andar em Cristo".

Estar em Cristo traz um novo entendimento. Paulo diz que antes "...pensávamos em Cristo apenas do ponto de vista humano, mas agora o conhecemos de modo bem diferente" (2 CORÍNTIOS 5:16). Isso vai além de saber da história de Jesus, sobre os milagres que Ele fez e Sua morte na cruz. Além dessas coisas, nós o conhecemos pela fé como Aquele que habita em nosso coração por meio do Espírito Santo. Assim, estamos em Cristo e Ele está em nós (JOÃO 15:4).

Além disso, estar em Cristo nos traz à condição de "nova criação". Quando a Palavra de Deus penetra em nosso coração, a semente de nova vida nasce dentro de nós. É a isso que Jesus se refere como "nascer de novo" (JOÃO 3:3). Nosso modo de pensar, de agir, de perceber as coisas são transformados.

Por fim, estando em Cristo nós provamos novas coisas. "...A velha vida acabou, e uma nova vida teve início" (2 CORÍNTIOS 5:17). Antes não tínhamos noção do poder de Deus, do temor do Senhor, do serviço cristão, do amor a Deus e ao próximo. Mas tudo isso passa a ser a nossa prática quando estamos em Cristo.

Estar em Cristo traz coisas maravilhosas para a nossa vida!

JUAREZ MARCONDES FILHO

O nosso interior jamais envelhece quando estamos em Cristo.

Pai, que nada nos faça retroceder nesta caminhada em novidade de vida.

★ *TÓPICO DE JUNHO: CRESCIMENTO ESPIRITUAL*

UMA VIDA NOTÁVEL

Procurem viver de maneira exemplar entre os que não creem... v.12

Lendo o obituário de Catherine Hamlin, conheci um pouco dessa notável cirurgiã australiana. Na Etiópia, Catherine e seu marido estabeleceram o único hospital do mundo dedicado a vítimas do devastador trauma físico e emocional das fístulas obstétricas —, lesão comum em países em desenvolvimento, que pode ocorrer durante o parto. Ela foi responsável por supervisionar o tratamento de mais de 60 mil mulheres.

Catherine, aos 92 anos, iniciava seus dias com uma xícara de chá, o estudo bíblico e ainda fazia cirurgias no hospital. Ela disse aos curiosos que era uma simples cristã e que apenas fazia o trabalho que Deus lhe dera para fazer.

Senti-me grata por descobrir sobre sua vida excepcional. Ela exemplificou poderosamente para mim o encorajamento que a Bíblia oferece aos cristãos para viverem de tal forma que mesmo os que rejeitam enfaticamente a Deus vejam "...seu comportamento correto e [deem] glória a Deus quando ele julgar o mundo" (1 PEDRO 2:12).

O poder do Espírito Santo que nos chamou das trevas para um relacionamento com Ele (v.9) também pode transformar o nosso trabalho ou áreas de serviço em testemunhos da nossa fé. Seja qual for a paixão ou habilidade que Deus nos deu, podemos dar-lhe significado e propósito ainda maior agindo de maneira que seja capaz de direcionar pessoas a Ele. *LISA M. SAMRA*

O que Deus o chamou para fazer? Como você pode fazer isso hoje, em nome de Jesus?

Jesus, que Seu amor e graça sejam evidentes em minhas palavras e ações hoje.

TUDO BEM SE LAMENTAR

O Senhor é bom para os que dependem dele, para os que o buscam. v.25

Durante a pandemia COVID-19, em 2020, ajoelhei e deixei as lágrimas escorrerem. "Deus, por que não estás cuidando de mim?" Chorei, pois tinha sido demitida há quase um mês e algo dera errado com meus papéis de desemprego. Ainda não tinha recebido nenhum dinheiro e o auxílio que o governo prometera ainda não tinha chegado. No fundo, eu confiava que Deus resolveria tudo. Cria que Ele de fato me amava e cuidaria de mim. Mas, naquele momento, sentia-me abandonada.

O livro de Lamentações ensina que não há problema em lamentar. Provavelmente, foi escrito durante ou logo após os babilônios destruírem Jerusalém, em 587 a.C. Descreve a aflição (3:1,19), opressão (1:18) e fome (2:20; 4:10) que o povo enfrentou. Porém no meio do livro, o autor lembra o motivo de sua esperança: "As misericórdias do Senhor são a causa de não sermos consumidos, porque as suas misericórdias não têm fim; renovam-se cada manhã. Grande é a tua fidelidade" (3:22-23 ARA). Apesar da devastação, o autor lembrou-se de que Deus permanece fiel.

Às vezes, parece impossível acreditar que "O Senhor é bom para os que dependem dele, para os que o buscam" (v.25), especialmente quando não vemos o fim do nosso sofrimento. Mas podemos clamar a Ele e confiar que nos ouve e será fiel para nos ajudar.

JULIE SCHWAB

Qual a sua dificuldade para confiar em Deus hoje? O que o ajudará a sentir-se confortável o suficiente para clamar a Ele?

Pai, preciso de ti. Por favor, ajuda-me a confiar que Tu agirás por mim, em minha dificuldade.

Saiba mais sobre o sofrimento e a fé cristã, visite: universidadecrista.org

JUSTIÇA PERFEITA

Ele é a Rocha, e suas obras são perfeitas. v.4

Em 1983, três adolescentes foram presos pelo assassinato de um garoto de 14 anos. Segundo a imprensa, o adolescente foi "baleado por causa de sua jaqueta esportiva." Condenados à prisão perpétua, os três passaram 36 anos encarcerados antes que surgissem evidências de sua inocência. Outro homem cometera o crime e antes que o juiz os libertasse, pediu desculpas a eles.

Não importa o quanto tentemos (nem quanto bem as autoridades pratiquem), a justiça humana geralmente é falha. Nunca temos todas as informações. Às vezes, pessoas desonestas manipulam os fatos. Outras vezes, estamos errados. E muitas vezes, os erros podem levar anos para serem corrigidos, se é que algum dia o serão. Felizmente, ao contrário dos humanos instáveis, Deus exerce justiça perfeita. "suas obras são perfeitas, tudo o que ele faz é certo" (DEUTERONÔMIO 32.4). Ele vê as coisas como realmente são. No tempo certo, após nosso pior erro, Deus trará a justiça definitiva. Embora incertos quanto ao tempo, confiamos porque servimos a um "Deus fiel, que nunca erra, é justo e verdadeiro" (v.4).

A incerteza sobre o certo ou errado pode nos assombrar. Podemos temer que as injustiças feitas a nós ou aos que amamos nunca sejam corrigidas. Mas confiamos que o Deus da Justiça um dia, aqui ou no porvir, fará justiça por nós. *WINN COLLIER*

Onde você viu a má prática da justiça? Onde seu coração clama para que Deus faça justiça?

Deus, há injustiças em toda parte. Sou grato pela esperança que tenho em ti e em Teus justos caminhos.

A BÍBLIA EM UM ANO: 2 CRÔNICAS 21–22; JOÃO 14

ESPERANÇOSO

Alegrem-se em nossa esperança.
Sejam pacientes nas dificuldades
e não parem de orar. v.12

Em uma de nossas conversas com Rogério, um garçom que conhecemos em nossas férias, ele agradeceu a Jesus por sua esposa ser compassiva e ter fé. Depois do primeiro filho, Deus lhes deu a oportunidade de cuidar de sua sobrinha com síndrome de *Down*. E, logo depois, sua sogra precisou de cuidados médicos.

Ele trabalha com alegria, muitas vezes dobra o turno para que sua esposa fique em casa cuidando das pessoas que Deus lhes confiou. Quando lhe disse que o seu testemunho em servir seus familiares me inspirou a amar melhor, ele disse: "É um prazer servir a eles e a vocês."

A vida dele reafirma o valor de sermos bondosos e confiantes na provisão de Deus para servirmos o próximo com altruísmo. Paulo nos exorta: "Amem-se com amor fraternal e tenham prazer em honrar uns aos outros [...]. Sejam pacientes nas dificuldades e não parem de orar" quando "membros do povo santo passarem por necessidade, ajudem com prontidão. Estejam sempre dispostos a praticar a hospitalidade" (ROMANOS 12:10-13).

Nossa vida pode mudar num instante e nós ou os nossos amados ficarmos em circunstâncias aparentemente insuportáveis. Mas dispondo-nos a compartilhar tudo o que Deus nos deu enquanto esperamos nele, podemos juntos nos apegar ao Seu eterno amor.

XOCHITL E. DIXON

Você pode apoiar hoje fisicamente e em oração alguém que precisa? Deus já usou alguém para lhe oferecer apoio tangível enquanto você esperava por Ele?

Deus, ajuda-me a amar aos outros
enquanto espero Tua ação em mim e através
de minhas circunstâncias.

 A BÍBLIA EM UM ANO: 2 CRÔNICAS 23–24; JOÃO 15

O NOSSO VERDADEIRO "EU"

Sabemos, porém, que seremos semelhantes a ele, pois o veremos como ele realmente é. v.2

No álbum de fotos dos meus pais, há a foto de um garoto rechonchudo, sardas, cabelos lisos, que gosta de desenhos animados, odeia abacates e tem só um disco, do grupo musical *Abba*. No mesmo álbum, há fotos de um adolescente. O rosto é oval; sem sardas, o cabelo ondulado. Ele gosta de abacates, filmes e jamais admitiria ter um disco dos *Abba*! Eles pouco se parecem. Segundo a ciência, eles têm pele, dentes, sangue e ossos diferentes. No entanto, eu sou ambos. Este paradoxo desconcerta os filósofos. Uma vez que mudamos ao longo da nossa vida, quem é o verdadeiro "nós"?

As Escrituras nos dão a resposta. Desde o momento em que Deus começou a nos tecer no ventre materno (SALMO 139:13-14), temos sido formados como um projeto único. Embora ainda não possamos imaginar no que finalmente nós nos tornaremos, sabemos que se somos filhos de Deus acabaremos por ser semelhantes a Jesus (1 JOÃO 3:2). Nosso corpo, com a Sua natureza, com a nossa personalidade, mas com o carácter dele, com todos os nossos dons brilhando, todos os nossos pecados perdoados.

Até o dia do regresso de Jesus, seguimos para esse futuro. Pela Sua obra, passo a passo, podemos refletir cada vez mais a Sua imagem (2 CORÍNTIOS 3:18). Ainda não somos quem somos destinados a ser, mas à medida que nos tornamos como Ele, tornamo-nos o nosso verdadeiro "eu".

SHERIDAN VOYSEY

Em que área você pode buscar a semelhança com Cristo?

Jesus, faz-me mais parecido contigo hoje e todos os dias.

Para saber mais sobre o crescimento espiritual, visite universidadecrista.org

UM CONSTRUTOR SÁBIO

A mulher sábia edifica o lar,
mas a insensata o destrói
com as próprias mãos. v.1

A Peregrina Negra da Verdade cujo verdadeiro nome era Isabella Baumfree nasceu escrava, em 1797, Nova Iorque. Quase todos os seus filhos foram vendidos como escravos, mas ela e uma filha foram libertas em 1826 e passaram a morar com a família que lhes comprou a liberdade. Isabella não aceitou ter a sua família separada e tomou medidas legais para recuperar o seu pequeno filho Pedro. Proeza espantosa para uma afro-americana naqueles dias. Sabendo que não podia criá-los sem a ajuda de Deus, tornou-se cristã e mudou o seu nome para Peregrina Negra da Verdade. Com isso demonstrou que a sua vida foi construída sobre os alicerces da verdade divina.

O rei Salomão declara: "A mulher sábia edifica o lar"; em contrapartida, a não sábia o destrói (PROVÉRBIOS 14:1). Essa metáfora demonstra a sabedoria que Deus concede aos que estão dispostos a ouvi-lo. Como construir com sabedoria? Dizendo "palavras [que] sejam boas e úteis" (EFÉSIOS 4:29; 1 TESSALONICENSES 5:11). Como a destruir?: "A conversa arrogante do insensato se torna uma vara que o castiga" (PROVÉRBIOS 14.3).

Graças à sabedoria divina, a Peregrina encontrou refúgio seguro (v.26) num tempo turbulento. Talvez você nunca precise salvar os seus filhos de uma injustiça, mas você pode construir a sua casa sobre os mesmos alicerces que ela construiu — a sabedoria de Deus.

LINDA WASHINGTON

Sobre qual fundação
você estabeleceu o seu lar?

Pai, preciso da Tua sabedoria
para construir um legado duradouro para a Tua glória.

O RESGATE DIVINO

Desci para libertá-los... V.8

Ao atender uma chamada de emergência, o policial foi iluminando os trilhos do trem até avistar um carro atravessado na linha de ferro. A câmara do painel de bordo do policial capturou o cenário assustador quando o comboio se aproximava. "Vinha muito rápido", disse o oficial. Sem hesitar, ele puxou um homem inconsciente do carro, poucos segundos antes de o comboio passar.

As Escrituras revelam Deus como Aquele que salva, muitas vezes precisamente quando tudo parece estar perdido. Cativos no Egito e sob forte opressão, os israelitas não imaginavam qualquer possibilidade de fuga. No entanto, Deus lhes ofereceu palavras repletas de esperança: "Então o SENHOR lhe disse: [...] tenho visto a opressão do meu povo no Egito. Tenho ouvido seu clamor [...]. Sei bem quanto eles têm sofrido" E Deus não só *viu*, Ele agiu: "Desci para libertá-los" (ÊXODO 3:7-8). Deus conduziu Israel para fora da escravidão.

O resgate de Israel por Deus revela a Sua essência e o Seu *poder* para ajudar a todos que enfrentam necessidades. O Senhor cuida dos que dentre nós estão destinados à ruína, se Deus não vier nos salvar. Embora a nossa situação possa ser terrível ou impossível, podemos levantar os nossos olhos e o coração e estar atentos Àquele que ama salvar. *WINN COLLIER*

Onde tudo parece perdido e onde você precisa do resgate de Deus? Como entregar a sua esperança para Deus neste lugar de sofrimento?

Pai, estou com problemas, preciso de ajuda, não sei o que acontecerá. Peço a Tua salvação e socorro.

Leia sobre o resgate divino, acesse: paodiario.org

★ *TÓPICO DE JUNHO: CRESCIMENTO ESPIRITUAL*

RUMO À MATURIDADE ESPIRITUAL

Até que alcancemos a unidade que a fé e o conhecimento do Filho de Deus produzem e amadureçamos... v.13

Certa pesquisa pediu aos participantes que identificassem a idade em que se tornaram adultos. Quem se considerava adulto destacava os comportamentos que comprovavam isso. Ter um ganho financeiro e a compra de uma casa encabeçava a lista como sinal de "adultidade". Outros eram: cozinhar, cuidar da agenda médica, optar por lanches rápidos ou permanecer em casa num sábado à noite em vez de sair.

A Bíblia diz que também devemos buscar a maturidade espiritual. Paulo exortou a igreja de Éfeso, pedindo-lhes para amadurecer, "chegando à completa medida da estatura de Cristo" (EFÉSIOS 4:13). Enquanto somos "imaturos" na fé, somos vulneráveis a "qualquer vento de novos ensinamentos" (V.14), o que muitas vezes resulta em divisão entre nós. Em contrapartida, à medida que amadurecemos na nossa compreensão da verdade, agimos como um corpo unificado tornando-nos "mais parecidos com Cristo, que é a cabeça" (V.15).

Deus concedeu-nos o Seu Espírito para nos ajudar a crescer na plena compreensão de quem Ele é (JOÃO 14:26), e equipa os pastores e mestres para nos instruírem e nos conduzirem à maturidade na fé (EFÉSIOS 4:11-12). Assim como certas características distinguem a maturidade física, a nossa unidade como Seu corpo certifica o nosso crescimento espiritual.

KIRSTEN HOLMBERG

De que maneira você é vulnerável a qualquer vento de novos ensinos? O que fazer para continuar a crescer espiritualmente?

Deus amoroso, ajuda-me a ver onde a minha compreensão de ti ainda é imatura e ensina-me a ser sábio.

A BÍBLIA EM UM ANO: 2 CRÔNICAS 32–33; JOÃO 18:19-40

QUEM É VOCÊ?

Você se considera um leão forte entre as nações, mas na verdade é um monstro marinho... v.2

O líder da videoconferência disse: "Eu respondi sem sequer olhar para ele. Estava distraído com a minha imagem na tela. *É assim que sou?* Olhei os rostos sorridentes dos outros na chamada. Pareciam-se com eles. Então, sim, este deve ser eu". E pensei: *Será que preciso emagrecer ou talvez cortar o cabelo?*

Na sua mente, o Faraó era muito bom. Ele era "um leão forte entre as nações [...] um monstro marinho" (EZEQUIEL 32:2). Mas depois ele teve um vislumbre de si próprio da perspectiva de Deus. O Senhor lhe disse que ele estava em apuros e que exporia a sua carcaça a animais selvagens, causando "espanto em muitas terras" e que os reis ficariam "aterrorizados ao saber de seu destino "e tremeriam de medo". O Faraó era muito menos impressionante do que ele pensava ser.

Podemos pensar que somos "espiritualmente bonitos" até que vejamos o nosso pecado como Deus o vê. Em comparação com o Seu santo padrão, até mesmo os "nossos atos de justiça não passam de trapos imundos" (ISAÍAS 64:6). Mas Deus também vê algo mais, algo ainda mais verdadeiro: Ele vê Jesus e nos vê *em* Jesus.

Você se sente desencorajado sobre *como está*? Lembre-se de que isto não é *quem você é*. Se você colocou a sua confiança em Jesus, então *está* em Jesus, e a santidade dele o encobre. Você é mais belo do que pode imaginar. *MIKE WITTMER*

Que imagem você tem de si mesmo?
Como ela se compara à imagem que Deus tem de você?

Jesus, apego-me a ti e sei que o Teu amor e a Tua bondade me embelezam.

Leia sobre o perdão de Deus, acesse paodiario.org

MARAVILHA INVISÍVEL

Embora nunca o tenham visto, vocês o amam. E, ainda que não o vejam agora, creem nele... v.8

No declínio dos seus anos, os pensamentos da Sra. Goodrich entravam e saíam do foco com as memórias de uma vida desafiadora e plena de graça. Sentada junto à janela com vista para as águas de um grande lago, ela alcançou o seu bloco de notas. Em palavras que em breve não mais reconheceria como suas, escreveu: "Aqui estou eu na minha cadeira favorita, com os pés no peitoril e o coração no ar. O Sol tocando as ondas na água em constante movimento para onde eu não sei. Mas Pai: obrigada por Tuas inúmeras dádivas e Eterno amor! Surpreende-me sempre. Como posso amar tanto Alguém que não consigo ver?".

O apóstolo Pedro reconheceu essa maravilha. Ele tinha visto Jesus com os seus próprios olhos, mas os que leriam a sua carta não o tinham. "Embora nunca o tenham visto [...] , creem nele e se regozijam com alegria inexprimível e gloriosa" (1 PEDRO 1-8). Amamos Jesus não porque isso nos é ordenado, mas porque com a ajuda do Espírito (v.1) começamos a ver o quanto Ele nos ama.

Isso significa mais do que ouvir que Ele se preocupa com pessoas como nós. É experimentarmos por nós mesmos a promessa de Cristo de tornar real para nós a maravilha da Sua presença invisível e do Seu Espírito em cada etapa da vida. *MART DEHAAN*

Leia 1 Pedro 1:3-9. De que forma essas palavras mostram como o nosso Deus torna o inexprimível algo verdadeiro para nós? Quão abertos somos ao Espírito de Jesus, que vive em e entre nós?

Pai, ajuda-me a ver o milagre do Teu amor e presença em Teu Filho Jesus e a crer no Teu Santo Espírito.

ELE SABE O SEU NOME

...eu o chamei pelo nome;
você é meu. v.1

Meu marido e eu voltamos a nossa igreja local depois de três longos anos. *Como seríamos recebidos? Seríamos bem-vindos? Eles nos amariam e perdoariam por termos saído dali?* Recebemos a resposta numa manhã de domingo quando, ao entrarmos pela porta principal, ouvimos os nossos nomes. "Patrícia! Daniel! Que bom vê-los!" Como escreveu a autora Kate DiCamillo em um dos seus livros infantis: "Leitor, nada é mais doce neste triste mundo do que o som de alguém que amamos nos chamando pelo nome".

Essa mesma certeza foi válida para o povo de Israel. Nós tínhamos escolhido uma igreja diferente durante algum tempo, mas os israelitas tinham virado as costas a Deus. No entanto, o Senhor os acolheu novamente e enviou o profeta Isaías para lhes assegurar: "Não tema, pois eu o resgatei; eu o chamei pelo nome, você é meu" (ISAÍAS 43,1).

Podemos nos sentir invisíveis neste mundo, não valorizados, e até mesmo desconhecidos. Tenha a certeza de que Deus conhece cada um de nós pelo nome. Ele afirma: "...você é precioso para mim, é honrado e eu o amo" (v.4). "Quando passar por águas profundas, estarei a seu lado. Quando atravessar rios, não se afogará" (v.2). Essa promessa não é apenas para Israel. Jesus deu a Sua vida em resgate por nós. Ele conhece o nosso nome e, por amor, pertencemos a Ele.

PATRÍCIA RAYBON

Por que Deus acolheu o Seu povo de volta a Ele? Como o Senhor demonstrou que o conhece pelo nome?

Jesus, se eu me afastar dos Teus braços e Tua comunhão, chama-me pelo nome. Sou grato por te pertencer.

A BÍBLIA EM UM ANO: ESDRAS 3–5; JOÃO 20

O REINO DE DEUS

...pois o reino de Deus pertence aos que são como elas [as crianças]. v.14

A minha mãe empenhou-se em fazer muitas coisas em sua vida, mas sempre sobressaiu o seu desejo de ver crianças pequenas serem apresentadas a Jesus. Das poucas vezes que a vi discordar publicamente, todas foram quando alguém tentou cortar o orçamento do ministério infantil em favor do que achavam ser despesas mais "sérias". Ela me contou: "Só parei quando estava grávida do seu irmão, mas foi só isso". Calculei o tempo e concluí que ela trabalhou com as crianças na igreja por 55 anos.

Marcos 10 regista uma das mais cativantes histórias dos evangelhos comumente intitulada: "As crianças e Jesus". As pessoas traziam crianças a Jesus para que Ele as pudesse tocar e abençoar. Mas os discípulos tentaram impedir que isso acontecesse. Marcos relata que Jesus indignou-se e repreendeu os Seus discípulos: "Deixem que as crianças venham a mim. Não as impeçam, pois o reino de Deus pertence aos que são como elas" (v.14).

Charles Dickens escreveu: "Eu amo as crianças pequenas; e isso não é pouca coisa quando elas, que acabaram de ser dadas por Deus, nos amam". E não é pouca coisa quando nós, que somos mais velhos, fazemos tudo o que podemos para garantir que as criancinhas nunca sejam impedidas de conhecer o amor acolhedor de Jesus. *JOHN BLASE*

Você conheceu Jesus quando ainda era criança? Quais os adultos que fizeram parte disso? Que impressão lhe causa a indignação de Jesus nessa passagem?

Jesus, ajuda-me a revelar o Teu amor e presença a todas as pessoas, especialmente às crianças.

O PODER DE DEUS

Meu socorro vem do SENHOR,
que fez os céus e a terra! v.2

Os médicos de Rebeca e Rudi disseram-lhes que não podiam ter filhos. Mas Deus tinha outros planos. Dez anos mais tarde, Rebeca engravidou. Tudo ocorreu conforme o previsto e quando começaram as contrações, o casal correu para o hospital. No entanto, as horas de trabalho de parto tornaram-se longas e intensas, e o corpo dela não reagia o suficiente para completar o parto. Finalmente, a médica decidiu fazer uma cesariana de emergência. Receosa, ela chorou pelo bebê e por ela mesma. A médica a acalmou, dizendo: "Farei o meu melhor, mas vamos orar a Deus porque Ele pode fazer mais". Elas oraram juntas e 15 minutos depois nasceu um menino saudável.

A médica reconheceu que dependia de Deus e do Seu poder. Embora ela tivesse formação e habilidade para a cirurgia, ainda precisava da sabedoria, força e ajuda de Deus para guiar as suas mãos (SALMO 121:1-2).

Encoraja-nos ouvir pessoas altamente qualificadas, ou quaisquer pessoas que reconheçam que precisam do Senhor. Todos nós precisamos dele. Ele é Deus; nós não somos. Só Ele é "capaz de realizar infinitamente mais do que poderíamos pedir ou imaginar" (EFÉSIOS 3:20). Que tenhamos um coração humilde para aprender do Senhor e confiar nele em oração, pois Ele é "capaz de realizar infinitamente mais" do que nós alguma vez pudemos.

ANNE CETAS

Você compreende
a sua necessidade da presença de Deus?
Como isso se revela no seu dia a dia?

Deus, preciso diariamente
da Tua sabedoria, poder e orientação
em todas as áreas da minha vida.

A BÍBLIA EM UM ANO: ESDRAS 9–10; ATOS 1

OS CUIDADOS DO NOSSO PAI

Quanto custam dois pardais? [...] no entanto, nenhum deles cai no chão sem o conhecimento de seu Pai. v.29

Ouvi um barulho forte e vi na janela do carro o pássaro se debatendo. O meu coração se condoeu e eu queria ajudar aquele frágil ser emplumado.

Jesus descreveu o cuidado de Seu Pai pelos pardais, a fim de confortar os discípulos, ao mesmo tempo que os advertia sobre os perigos futuros. Ele instruiu os doze e "lhes deu autoridade para expulsar espíritos impuros e curar todo tipo de enfermidade e doença" (MATEUS 10:1). Embora o poder de fazer tais obras pudesse parecer grande aos discípulos, muitos se oporiam a eles, incluindo os governantes, as suas próprias famílias e o poder ludibriador do maligno (vv.16-28).

Jesus, no entanto, disse-lhes para não temerem o que quer que enfrentassem porque nunca estariam fora dos cuidados do Seu Pai. Ele perguntou: "Quanto custam dois pardais? Uma moeda de cobre? No entanto, nenhum deles cai no chão sem o conhecimento de seu Pai [...]. Portanto, não tenham medo; vocês são muito mais valiosos..." (vv.29-31).

Observei o pássaro ao longo do dia, encontrando-o sempre vivo mas imóvel. Depois, já tarde da noite, desapareceu. Orei para que tivesse sobrevivido. Se eu me preocupava tanto com o pássaro, certamente Deus preocupava-se ainda mais. Imagina o quanto mais Ele se preocupa com você e comigo! *ELISA MORGAN*

Como Deus cuidou de você no passado?
Como encorajar-se frente às lutas, e compreender que você está sempre sob os cuidados do Senhor?

Querido Pai, obrigado por sempre me observares e cuidares de mim.

Leia sobre o amor e cuidado de Deus, acesse:paodiario.org

A BÍBLIA EM UM ANO: NEEMIAS 1–3; ATOS 2:1-21

★ *TÓPICO DE JUNHO: CRESCIMENTO ESPIRITUAL*

A CADEIRA DE JESUS

...Vocês são verdadeiramente meus discípulos se permanecerem fiéis a meus ensinamentos. v.31

Quando a minha amiga Margie conheceu a Tânia numa reunião de estudo bíblico, percebeu que elas pareciam ter pouco em comum. Mesmo assim, Margie aproximou-se dela e aprendeu uma valiosa lição. Tânia nunca tinha frequentado um estudo bíblico e achou difícil compreender o que as pessoas falavam: que Deus comunicava-se com elas — algo que ela jamais experimentara.

Tânia desejava tanto ouvir a voz de Deus que resolveu agir. Mais tarde, relatou à Margie: "Coloquei ao meu lado uma antiga cadeira de madeira e sempre que estudo a minha Bíblia peço que Jesus se sente nela". Quando um versículo se sobressaía em sua mente, Tânia o escrevia em giz naquela cadeira especial: "cadeira de Jesus". Ela a encheu com as mensagens vindas de Deus diretamente da Bíblia. Margie diz que isso transformou a vida da Tânia. Ela está crescendo espiritualmente porque as Escrituras estão se tornando pessoalmente verdadeiras para ela.

Jesus disse: "Vocês são verdadeiramente meus discípulos se permanecerem fiéis a meus ensinamentos. Então conhecerão a verdade, e a verdade os libertará" (JOÃO 8:31-32). Permaneçamos firmes em Seus ensinamentos, quer isso signifique escrever as Suas palavras numa cadeira, memorizá-las ou praticá-las. A verdade e a sabedoria das mensagens de Cristo nos ajudam a crescer nele e nos libertam.

DAVE BRANON

De que maneira o Espírito Santo o ajuda a compreender a Bíblia?

Deus, ajuda-me a conectar-me cada vez mais contigo, através da Tua Palavra, e a praticar o que aprendi.

A BÍBLIA EM UM ANO: NEEMIAS 4–6; ATOS 2:22-47

O CAMINHO DA FÉ

O SENHOR disse a Gideão: "Você tem guerreiros demais. [...], Israel se vangloriará diante de mim". v.2

Num jogo qualificatório para a Copa do Mundo de 2018, a equipe de Trinidad e Tobago chocou o mundo quando eliminou a equipe dos Estados Unidos, na época ranqueada 56 posições acima deles. A vitória desse pequeno país foi tão inesperada, em parte porque a população e os recursos dos Estados Unidos anulavam os da pequena nação caribenha. Mas essas vantagens aparentemente intransponíveis foram insuficientes para derrotar esses apaixonados jogadores do *Soca Warriors*.

A história de Gideão e dos midianitas tem semelhanças, pois também ocorreu entre um pequeno grupo de combatentes e um grande exército. O exército israelita tinha mais de 30 mil pessoas, mas o Senhor os reduziu a apenas 300 guerreiros para que aprendessem que o sucesso deles dependia de Deus, não do seu exército, dinheiro, tesouro ou habilidade dos seus líderes (JUÍZES 7:1-8).

Pode ser tentador depositar a nossa confiança no que podemos ver ou medir, mas esse não é o caminho da fé. Embora muitas vezes seja difícil, quando estamos dispostos a depender de Deus, ser fortes nele e em Seu poder (EFÉSIOS 6:10), podemos enfrentar as situações com coragem e confiança, mesmo se estivermos sobrecarregados e desqualificados. A Sua presença e poder podem fazer coisas surpreendentes em nós e através de nós.

LISA M. SAMRA

Você já enfrentou probabilidades aparentemente intransponíveis? Na vitória ou na derrota, qual foi a provisão de Deus?

Deus, ajuda-me a aprender a confiar cada vez mais no Teu poder e graça ao enfrentar os desafios.

CASA DA PAZ

...a paz de Deus, que excede todo entendimento [...] guardará seu coração e sua mente em Cristo Jesus. V.7

Na Austrália, há um lugar chamado *Casa Shalom* onde as pessoas que lutam contra os vícios buscam ajuda. Nesse local, elas encontram pessoas atenciosas que os apresentam à *shalom* de Deus (paz em hebraico). Muitas vidas destruídas sob o peso dos vícios de drogas, álcool, jogo e outros comportamentos destrutivos estão sendo transformadas pelo amor de Deus. A mensagem da cruz está no centro dessa transformação. Essas pessoas despedaçadas descobrem que, através da ressurreição de Jesus, podem encontrar o seu renascimento. Em Cristo, encontramos a verdadeira paz e cura.

A paz não é apenas a ausência de conflito; é a presença da plenitude de Deus. Precisamos dessa *shalom*, que só se encontra em Cristo e no Seu Espírito. Por esse motivo, Paulo destacou a atuação transformacional do Espírito. À medida que o Espírito Santo age em nossa vida, Ele gera o Seu fruto que inclui: amor, alegria, paciência... (GÁLATAS 5:22-23). O Espírito Santo nos concede a paz verdadeira, duradoura e essencial.

Quando o Espírito nos permite viver na *shalom* de Deus, aprendemos a trazer nossas necessidades e preocupações ao Pai celestial. Consequentemente, recebemos "a paz de Deus, que excede todo entendimento [...] que guardará [os nossos] corações e [as nossas] mentes em Cristo Jesus" (FILIPENSES 4,7).

No Espírito de Cristo, os nossos corações experimentam a verdadeira *shalom*.

BILL CROWDER

O que lhe rouba a paz de Deus?

Deus de shalom, *obrigado por Jesus tornar a ação do Espírito frutífera em minha vida e trazer-me paz.*

Conheça Deus mais profundamente. Acesse: universidadecrista.org

MAIORES DO QUE OS NOSSOS PROBLEMAS

*Veja o Beemote, que eu criei, assim como criei você...*v.15

Como você imagina que os dinossauros eram? Dentes grandes? Pele escamosa? Caudas longas? A artista Karen Carr recria estas criaturas extintas em enormes murais. Um deles tem 6 m de altura e 18 m de comprimento. Seu tamanho exigiu uma equipe de especialistas para o instalar no Museu de História Natural de Sam Noble Oklahoma.

Seria difícil não se sentir um anão comparando-se ao tamanho dos dinossauros. Sinto o mesmo quando leio a descrição de Deus sobre o poderoso animal chamado "Beemote" (JÓ 40:15). Este grandalhão ruminava como boi, sua cauda era do tamanho de um tronco de árvore e seus ossos eram como tubos de ferro. Ele pastava nas colinas, parando ocasionalmente no pântano para relaxar e jamais se preocupou com as enchentes.

Ninguém podia domar essa incrível criatura, exceto o seu Criador (v.19). Deus lembrou Jó dessa verdade numa época em que os problemas dele tinham lançado sombras sinistras em sua vida. O luto, desnorteamento e frustração encheram o seu campo de visão até ele começar a questionar Deus. Mas a resposta do Senhor o ajudou a ver o tamanho real das coisas. Deus era maior do que todos os seus problemas e suficientemente poderoso para lidar com os que Jó não conseguia resolver sozinho. No final, Jó admitiu: "Sei que podes fazer todas as coisas" (42:2).

JENNIFER BENSON SCHULDT

Como a sua visão de Deus afeta a maneira como você lida com os seus problemas?

Senhor, ajuda-me a ser receptivo ao Teu poder e bondade quando me sinto sobrecarregado por problemas.

A BÍBLIA EM UM ANO: NEEMIAS 12–13; ATOS 4:23-37

TEMPO COM DEUS

Ele, porém, se retirava para lugares isolados, a fim de orar. v.16

A *River Runs Through It* (Um rio que corre, inédito), de Norman Maclean, é a magistral história de dois rapazes que cresceram ao lado do pai, um ministro presbiteriano. Nas manhãs de domingo, Norman e o seu irmão, Paulo, iam à igreja e ouviam o seu pai pregar. Nas noites de domingo assistiam-no novamente. Mas nesse meio tempo, eles caminhavam livremente pelas colinas e riachos com o pai "entre os dois cultos". Era uma retirada intencional, da parte do pai, para "restaurar a alma e reabastecê-la para transbordar no sermão da noite".

Ao longo dos evangelhos, vemos Jesus, nas colinas e cidades, ensinando as multidões e curando os doentes que lhe eram trazidos. Toda essa interação estava de acordo com a missão do Filho do Homem de "buscar e salvar os perdidos" (LUCAS 19;10). Mas também se nota que Jesus "...se retirava para lugares isolados" (5:16). O Seu afastamento era investido em tempo de comunhão com o Pai, em renovação e restauração para cumprir uma vez mais Sua missão.

Em nossos fiéis esforços para servir, é bom nos recordarmos de que Jesus muitas vezes se retirou. Se essa prática era importante para Jesus, quanto mais para nós? Que possamos investir regularmente tempo com o nosso Pai. Ele pode encher-nos de novo até transbordarmos. *JOHN BLASE*

O que lhe vem à cabeça ao pensar num lugar "solitário"? Quando e onde você pode se retirar para estar em comunhão com o Pai?

Pai, quero investir o meu tempo em Tua presença. Preciso da Tua graça, renova a minha alma tão cansada.

Para saber mais sobre como investir tempo com Deus em oração, visite: universidadecrista.org

ELE LUTARÁ POR VOCÊ

O cavalo é preparado para o dia da batalha, mas quem dá vitória é o S*ENHOR*. v.31

O cavalo ferido *Drummer Boy* foi um dos 112 que levou soldados britânicos à batalha. O animal mostrou tanta coragem e resistência que o seu comandante o tornou merecedor de uma medalha tanto quanto os seus valentes homens, apesar da ação militar ter falhado. No entanto, o valor da cavalaria, igualado pela coragem dos seus cavalos, fez o confronto ser considerado um dos maiores momentos militares da Grã-Bretanha, ainda hoje celebrado.

O confronto, contudo, mostra a sabedoria de um antigo provérbio bíblico: "O cavalo é preparado para o dia da batalha, mas quem dá a vitória é o SENHOR" (PROVÉRBIOS 21:31). As Escrituras afirmam claramente este princípio. "pois o SENHOR, seu Deus, vai com vocês. Ele lutará contra seus inimigos em seu favor e lhes dará vitória" (DEUTERONÔMIO 20:4). Até mesmo contra o aguilhão da morte, escreveu o apóstolo Paulo: "Mas graças a Deus, que nos dá a vitória sobre o pecado e sobre a morte por meio de nosso Senhor Jesus Cristo!" (1 CORÍNTIOS 15:56-57).

Sabendo isso, a nossa tarefa continua a ser estarmos preparados para as duras provas da vida. Para criar um ministério, estudamos, trabalhamos e oramos. Para criar uma obra-prima, criamos a arte, dominamos a técnica. Para conquistar uma montanha, juntamos as ferramentas e nos preparamos fisicamente. Preparados, somos mais do que vencedores pelo grande amor de Cristo.

PATRÍCIA RAYBON

A sua vitória está no Senhor?

Pai, inspira-me, quando as lutas vierem,
a preparar o meu coração
para que a vitória seja do Senhor.

A BÍBLIA EM UM ANO: ESTER 3–5; ATOS 5:22-42

DEUS ESTÁ PRESENTE

Se, de fato, Deus for comigo e me proteger [...] então o SENHOR *certamente será o meu Deus.* vv.20-21

Audrey comprou um casaco de lã para o seu pai já idoso, mas ele morreu antes de poder usá-lo. Por isso, ela enfiou uma nota de encorajamento com uma doação em dinheiro no bolso e doou o casaco à caridade. A 150 quilômetros dali, incapaz de suportar a disfunção familiar por mais tempo, Cássio, de 19 anos, saiu de casa sem levar um casaco. Ele só conhecia um lugar para se abrigar, a casa da sua avó que sempre orava por ele. Horas depois, ele desceu de um ônibus e abraçou sua avó. Protegendo-o do vento invernal, ela disse: "Temos de lhe arranjar um casaco". Na loja de usados, Cássio experimentou um casaco que gostou e ao colocar as mãos nos bolsos, encontrou um envelope com dinheiro e o bilhete de Audrey.

Jacó fugiu da sua família disfuncional temendo por sua vida (GÊNESIS 27:41-45). Quando ele parou para passar a noite, Deus revelou-se a ele num sonho e lhe disse: "estarei com você e o protegerei aonde quer que vá" (28:15). Jacó prometeu: "Se [...] Deus for comigo e me proteger nesta jornada, se ele me providenciar alimento e roupa, [...] então o SENHOR certamente será o meu Deus" (vv.20 21).

Jacó fez um altar rudimentar e o chamou de "lugar de adoração a Deus" (v.22). Cássio leva a nota de Audrey para onde quer que vá. São lembretes de que não importa para onde corramos, Deus está presente.

TIM GUSTAFSON

De que maneira você pode lembrar-se da presença de Deus em sua vida?

Pai, tu és o único a quem posso sempre recorrer. Ajuda-me a sempre buscar primeiro a ti.

★ *TÓPICO DE JUNHO: CRESCIMENTO ESPIRITUAL*

IMAGINEM ISTO!

Vejam! Crio novos céus e nova terra... v.17

Em um conhecido programa televisivo de renovação de casas, os telespectadores ouvem a anfitriã dizer: "Imaginem isto!" Depois ela demonstra como poderá ficar quando tudo for restaurado e as paredes e o chão tiverem sido pintados ou recobertos. Num desses episódios, a proprietária da casa ficou tão radiante com o resultado que dos seus lábios jorraram as palavras: "Ficou lindo!" e outras expressões de contentamento.

Lemos, em Isaías 65:17-25, sobre uma deslumbrante recriação! A renovação do céu e da terra está por acontecer (v.17), e não é meramente de embelezamento. É profunda e real, transformadora e preservadora de vida. "...habitarão nas casas que construíram e comerão dos frutos de suas próprias videiras" (v.21). A violência será uma coisa do passado: "Em meu santo monte, ninguém será ferido nem destruído" (v.25).

Enquanto os retrocessos previstos em Isaías 65 serão realizados no futuro, o Deus que orquestrará esta restauração universal está transformando vidas hoje. O apóstolo Paulo nos assegura: "todo aquele que está em Cristo se tornou nova criação. A velha vida acabou, e uma nova vida teve início!" (2 CORÍNTIOS 5:17). Você precisa de restauração? Será que a sua vida foi danificada pela dúvida, desobediência e dor? A transformação que Jesus oferece é verdadeira, bela e disponível aos que o pedem e creem nele.

ARTHUR JACKSON

O que o impede de crer que Jesus pode transformá-lo?

Deus, Tu és o Senhor que restaura e renova. Por favor, age em mim e transforma-me.

A BÍBLIA EM UM ANO: ESTER 9-10; ATOS 7:1-21

PARTILHANDO A SUA FÉ

Minha graça é tudo de que você precisa. Meu poder opera melhor na fraqueza. v.9

Quando a autora e evangelista Becky Pippert viveu na Irlanda, seu desejo era compartilhar as boas-novas de Jesus com a sua manicure durante dois anos. Mas ela parecia não demonstrar qualquer interesse. Sentindo-se incapaz de iniciar uma conversa, Becky orou antes do seu atendimento.

Enquanto a manicure a atendia, Becky folheou uma revista e pausou na foto de uma das modelos. Quando a atendente lhe perguntou o porquê de tanto entusiasmo, Becky lhe contou que a foto era de uma amiga que tinha sido modelo de capa da revista *Vogue* anos antes. Becky partilhou algumas histórias sobre a fé daquela sua amiga em Deus e, a manicure a ouviu com grande atenção.

Becky viajou e quando regressou à Irlanda, soube que a manicure tinha se mudado para um novo local. E pensou: "Eu tinha pedido a Deus que desse uma oportunidade de partilhar o evangelho, e Ele me concedeu"!

Inspirada pelo apóstolo Paulo, em sua fraqueza, Becky procurou a ajuda de Deus. Quando Paulo estava fraco e suplicou a Deus que removesse o espinho da sua carne, o Senhor disse: "Minha graça é tudo de que você precisa. Meu poder opera melhor na fraqueza" (2 CORÍNTIOS 12:9). Paulo tinha aprendido a confiar em Deus, em todas as circunstâncias — grandes e pequenas.

Vamos depender de Deus para nos ajudar a amar os que nos rodeiam e compartilhemos a nossa fé. *AMY BOUCHER PYE*

Você já compartilhou a sua fé com alguém? Pode fazê-lo hoje?

Amado Jesus, age em minha vida hoje, para que eu possa compartilhar a dádiva das Tuas boas-novas.

A BÍBLIA EM UM ANO: JÓ 1–2; ATOS 7:22-43

FILHOS DE DEUS

...imitem-no em tudo que fizerem. Vivam em amor, seguindo o exemplo de Cristo, que nos amou. VV:1-2

Numa palestra para casais sem filhos, muitos casais tinham o seu coração despedaçado pela infertilidade, outros estavam desesperados com o seu futuro. Tendo passado pela mesma experiência, tentei encorajá-los, dizendo: "É possível ter uma identidade de valor sem ser pais. Somos feitos de modo extraordinário, e há um novo propósito a encontrar".

Mais tarde, uma mulher aproximou-se de mim e disse em lágrimas. "Obrigada, sinto-me inútil por não ter filhos e precisava ouvir que fui maravilhosamente criada". Disse-me que tinha se afastado de Deus há anos, mas precisava relacionar-se com Ele novamente".

Isso nos leva à profundidade do evangelho. Algumas identidades, como "mãe e pai", são difíceis para alguns alcançarem. Outras, como as que se baseiam na carreira, podem perder-se pelo desemprego. Mas através de Jesus tornamo-nos "filhos amados de Deus", e isso jamais pode ser roubado (EFÉSIOS 5:1). Podemos viver em amor — um propósito de vida que transcende qualquer papel ou título laboral (V.2).

Todos os seres humanos são feitos "de modo tão extraordinário" (SALMO 139:14), e os que seguem Jesus tornam-se filhos de Deus (JOÃO 1:12-13). No desespero, aquela mulher encontrou a esperança e estava prestes a encontrar uma identidade e um propósito maior do que o mundo pode conceder. *SHERIDAN VOYSEY*

Há alguém que precise ouvir que Deus o criou de modo extraordinário e quer se relacionar com ele?

Pai, somente Tu nos concedes que vivamos em Tua plenitude. Estou pronto a aceitá-la.

A BÍBLIA EM UM ANO: JÓ 3–4; ATOS 7:44-60

ELE NOS OUVE

...quando vocês clamarem por mim em oração, eu os ouvirei. v.12

O Presidente dos EUA, Franklin D. Roosevelt, suportava longas filas de recepção. Ele se queixava de que ninguém prestava atenção ao que era dito e decidiu testar isso numa dessas filas. A todos os que apertavam-lhe a mão, ele dizia: "Assassinei a minha avó esta manhã". Os convidados respondiam com frases do tipo: "Maravilhoso! Continue o bom trabalho. Deus o abençoe, senhor". Só no final da fila, o embaixador da Bolívia ouviu realmente suas palavras. Sem rodeios, o embaixador sussurrou: "Tenho certeza de que ela mereceu".

Alguma vez você se questiona se as pessoas estão realmente ouvindo? Ou pior, teme que Deus não o ouça? Podemos perceber se as pessoas nos ouvem, observando suas respostas ou pelo contato visual. Mas como ter certeza de que Deus nos ouve? Devemos confiar nos sentimentos, ou ver se Deus responde às nossas súplicas?

Após 70 anos de exílio na Babilônia, Deus prometeu trazer o Seu povo de volta a Jerusalém e proteger o seu futuro (JEREMIAS 29:10-11). Quando eles o invocaram, o Senhor os ouviu (v.12). Os israelitas sabiam que Deus ouviu as suas orações porque Ele prometeu ouvi-las. Isso também é verdadeiro para nós (1 JOÃO 5:14). Não precisamos confiar em sentimentos ou esperar por um sinal para reconhecer que Deus nos ouve. O Senhor prometeu ouvir e Ele cumpre as Suas promessas (2 CORÍNTIOS 1:20).

CON CAMPBELL

**Você já sentiu que Deus não o ouvia?
Por que se sentiu assim?**

*Deus, obrigado por ouvires
as minhas orações. Ajuda-me a confiar
na Tua promessa de que me ouves.*

A BÍBLIA EM UM ANO: JÓ 5–7; ATOS 8:1-25

LEGADO DE BONDADE

...viúvas que choravam e lhe mostravam os vestidos e outras roupas que Dorcas havia feito para elas. v.39

Marta foi professora assistente de Ensino Fundamental por mais de 30 anos. Ela sempre poupou dinheiro para comprar casacos, cachecóis e luvas para os alunos necessitados. Depois de ela ter perdido a sua luta contra a leucemia, celebramos o seu testemunho de vida. Em vez de flores, as pessoas doaram centenas de casacos de inverno novinhos aos estudantes que ela amou e serviu durante décadas. Muitos relembraram histórias sobre as inúmeras vezes que ela encorajou os outros com palavras amáveis e atos de bondade. Os seus colegas honraram a sua memória com uma coleta anual de casacos de inverno por 3 anos após a sua partida. Sua bondade ainda inspira outros a servirem generosamente os necessitados.

O evangelista Lucas compartilha a história de Dorcas, uma mulher que "sempre fazia o bem e ajudava os pobres" (ATOS 9:36). Depois de ter adoecido e morrido, a comunidade de Dorcas exortou Pedro a vir até eles. As viúvas mostraram a Pedro como Dorcas vivera para servir (v.39). Num milagroso ato de compaixão, Pedro trouxe Dorcas de volta à vida. A notícia da ressurreição de Dorcas espalhou-se, e "muitos creram no Senhor" (v.42). O empenho de Dorcas em servir aos outros de forma prática tocou o coração das pessoas e revelou o poder da abundante generosidade.

XOCHITL E. DIXON

Como amar alguém com palavras bondosas e generosidade hoje em dia? Deus usou a bondade de alguém para o aproximar dele?

Deus, ajuda-me a amar generosamente para poder deixar um legado de bondade que direcione outros a ti.

A PROTEÇÃO DE DEUS

...à sombra de tuas asas canto de alegria. Minha alma se apega a ti; tua forte mão [...] me sustenta. vv.7-8

Agulhas, leite, cogumelos, elevadores, abelhas e favos de mel... essas são apenas frações das muitas fobias atribuídas ao Sr. Adrian Monk, detetive protagonista de um show de TV. Mas quando ele e o seu rival, Harold Krenshaw, são trancados no porta-malas de um carro, Monk risca pelo menos a claustrofobia da sua lista.

Quando ambos entram em pânico, surge um pensamento que interrompe abruptamente a angústia de Monk. "Acho que estamos olhando para isto da forma errada", ele diz ao Harold. "Na verdade, o porta-malas está nos protegendo. Isso permite que as coisas ruins fiquem de fora — germes, cobras e lagartos". Com os olhos arregalados, Harold se dá conta do que Monk diz e sussurra maravilhado: "Este bagageiro é nosso amigo".

No Salmo 63, é quase como se Davi tivesse esclarecimento semelhante. Apesar de estar numa "terra seca e exausta", quando Davi se lembra do poder, glória e amor de Deus (vv.1-3), é como se o deserto se transformasse num lugar de proteção divina. Como um pássaro à sombra das asas de sua mãe, Davi descobre que quando ele se apega a Deus, esse lugar estéril se torna: "mais que um rico banquete" (v.5), onde se encontra alimento e força num amor que "é melhor que a própria vida" (v.3). *MONICA LA ROSE*

Você já sentiu o cuidado de Deus enquanto estava num lugar difícil? Em quais lutas você pode aprender a cantar "à sombra de Tuas asas [de Deus] canto de alegria"?

Amoroso Criador e Sustentador, obrigado porque o Teu amor transforma o deserto em lugar seguro.

A PAIXÃO DA SUA VIDA

Pois o amor ao dinheiro é a raiz de todo mal [...] fuja de todas essas coisas más. Busque a justiça. vv.10-11

Certa noite, minha mulher e eu descíamos uma trilha de montanha, acompanhados por dois amigos. O caminho era estreito e circulava uma encosta íngreme de um lado e impossível de escalar do outro. Ao contornarmos uma curva, vimos um enorme urso balançando sua cabeça de um lado a outro e bufando calmamente. Estávamos a favor do vento, e ele ainda não tinha detectado a nossa presença.

A nossa amiga começou a vasculhar no seu casaco por uma câmera. "Tenho de fotografar", disse ela. Eu, estando menos à vontade com as nossas probabilidades, disse: "Não! Temos de sair daqui." Recuamos silenciosamente, até estarmos fora da vista, e saímos correndo.

É assim que devemos sentir sobre a perigosa paixão pelo enriquecimento. Não há nada de errado com o dinheiro, pois é apenas um meio de troca. Paulo exorta: "...aqueles que *desejam* enriquecer caem em tentações e armadilhas e em muitos desejos tolos e nocivos, que os levam à ruína e destruição" (1 TIMÓTEO 6:9). A fortuna é apenas um gatilho para se obter mais e mais.

Em vez disso, devemos buscar "a justiça, a devoção e também a fé, o amor, a perseverança e a mansidão" (v.11). Essas virtudes crescem em nós à medida que as perseguimos e pedimos a Deus que as forme em nosso interior. É dessa forma que asseguramos a profunda satisfação que buscamos em Deus. *DAVID H. ROPER*

Como você pode desenvolver atitudes que o tornem mais parecido com Jesus?

Deus, quero crescer para me tornar mais semelhante a Cristo. Ajuda-me a praticar o que tu me ensinas.

O SEGREDO DO CONTENTAMENTO

Aprendi o segredo do viver em qualquer situação. v.12

A vida de Joni Eareckson Tada tornou-se muito diferente quando ela sofreu um acidente de natação e ficou tetraplégica. As portas da casa dela eram estreitas para a cadeira de rodas e as pias muito altas. Até reaprender a fazer isso, ela precisava de ajuda para alimentar-se. Levando a colher especial da sua tala de braço à boca pela primeira vez, Joni sentiu-se humilhada ao manchar sua roupa. Mas prosseguiu e diz: "O segredo foi aprender a apoiar-me em Jesus e pedir Sua ajuda". E Ele a ajudou.

Joni diz que esse confinamento a fez olhar a outro prisioneiro — o apóstolo Paulo, que esteve encarcerado, e ao que ele escreveu aos filipenses. Ela se esforça para conseguir o que Paulo alcançou: "aprendi a ficar satisfeito com o que tenho" (FILIPENSES 4:11). Paulo precisou *aprender* a sentir paz. Isso não lhe era natural. Como Paulo encontrou contentamento? Por meio da confiança em Cristo: "Posso todas as coisas por meio de Cristo, que me dá forças" (v.13).

Todos nós enfrentamos desafios diferentes em nossos dias; todos nós podemos olhar para Jesus todo momento em busca de ajuda, força e paz. Ele nos ajudará em nossas reações tempestivas com os nossos entes queridos. O Senhor nos ajudará a termos coragem para dar o próximo passo difícil. Olhemos para Jesus e encontraremos o verdadeiro contentamento. *AMY BOUCHER PYE*

Em que áreas da sua vida você enfrenta lutas? Você pode entregá-las a Deus?

Cristo Salvador, tens-me dado coragem e esperança. Ajuda-me a encontrar forças em ti.

LIDERADOS PELO ESPÍRITO

O ensino sobre o Espírito Santo, a terceira pessoa da Trindade, está no âmago da fé cristã. A orientação do Espírito em nossa vida está incluída nisso, pois é Ele que nos conduz em nossa vida cotidiana.

O capítulo 8 da carta aos Romanos refere-se 21 vezes ao Espírito Santo e afirma: "porque todos que são guiados pelo Espírito de Deus são filhos de Deus". Essa é a parte que fala ao cristão sobre a batalha contra a nossa "natureza humana" pecaminosa, a carne (vv.12-13). A orientação do Espírito é invisível, interna e ensinada nas Escrituras (a "espada do Espírito" em Efésios 6:17).

A liderança do Espírito é a herança de cada filho de Deus.

Os que creem em Jesus não ficam sem a ajuda de Deus, à medida que procuram honrá-lo na sua vida diária. Romanos 8:15 revela a dinâmica e os privilégios da filiação familiar: "Pois vocês não receberam um espírito que os torne, de novo, escravos medrosos, mas sim o Espírito de Deus, que os adotou como seus próprios filhos. Agora nós o chamamos 'Aba, Pai'".

Longe de ser o privilégio de um grupo de elite, a liderança do Espírito é a herança de cada filho de Deus. Na prática, como é a Sua liderança? Parece-se à liderança de um pastor que conduz amorosamente as suas ovelhas, tal como expresso no Salmo 23:3: Ele "me guia pelos caminhos da justiça; assim, ele honra o seu nome". O Espírito de Deus nos guia por "caminhos da justiça". Ao investirmos o nosso o tempo em oração e nas Escrituras, aprendemos a viver segundo a Sua liderança e a caminhar passo a passo com Ele. Consequentemente, a nossa luz brilha, e o Senhor recebe a glória.

ARTHUR JACKSON

LIDERADOS PELO ESPÍRITO SANTO

"...todos que são guiados pelo Espírito de Deus são filhos de Deus." ROMANOS 8:14

Quando ingressei na escola, aos 7 anos, eu estava apavorado com o trajeto para chegar nela e com o ambiente novo. Meu pai me pegou pela mão, ainda dentro de casa, e me conduziu por todo o caminho assim. Depois me ajudou a encontrar a sala em que eu estudaria e me deu todas as instruções. Só depois disso soltou a minha mão.

Deus não deseja que erremos em nossa caminhada com Ele, por isso nos proveu com a liderança do Espírito: "todos que são guiados pelo Espírito de Deus são filhos de Deus" (ROMANOS 8:14). A palavra "guiados", no original grego, quer dizer ser conduzido pela mão até o destino final. O Espírito quer nos tomar pela mão e nos levar até o destino final, como meu pai fez comigo. Não devemos ter apenas *uma* experiência com o Espírito de Deus, mas sim, a partir dessa experiência, viver liderados por Ele.

Para que sejamos guiados pelo Espírito, nem sempre precisaremos de uma voz espetacular, tampouco de uma experiência impressionante, embora seja possível isso acontecer. O que precisamos é do que Paulo diz em Romanos 8:16: do testemunho do Espírito Santo. Quando fazemos escolhas, Ele confirma a vontade de Deus em nosso interior. Para não errar o destino, comece sua vida com Deus pela conversão, mediada pelo Espírito e, na sequência, tenha uma experiência mais profunda com o Seu Espírito, cultive o seu relacionamento com o Espírito Santo.

LUCIANO SUBIRÁ

Permita-se ser guiado pelo Espírito Santo no caminho.

Deus, dá-me ouvidos sensíveis à voz do Teu Espírito dentro de mim.

★ *TÓPICO DE JULHO: A LIDERANÇA DO ESPÍRITO*

OPTE POR HONRAR A DEUS

Aos fiéis te mostras fiel... v.25

Em *Felicidade conjugal* de Leo Tolstoy (Editora 34, 2010), Sergey e Masha encontram-se quando ela é jovem e linda. Ele é um homem de negócios, mais idoso, bem viajado, e compreende o mundo fora do contexto rural onde ela vive. Eles se apaixonam e se casam. Vivem na área, mas Masha se aborrece. Sergey a leva a São Petersburgo. Nela, a beleza e o encanto de Masha lhe trazem imediata popularidade. Quando eles estão prestes a regressar ao campo, um príncipe vem à cidade e quer conhecê-la. Sergey sabe que pode forçá-la a voltar com ele, mas deixa-a tomar a decisão, e Masha escolhe ficar onde está. A traição parte o coração dele.

Deus jamais nos forçará a lhe sermos fieis. O Senhor nos ama e permite que nós escolhamos ser *a favor* ou *contra* Ele. Nossa primeira escolha *por* Ele é quando recebemos o Seu Filho, Jesus Cristo, como sacrifício pelo nosso pecado (1 JOÃO 4:9-10). Depois, temos uma vida inteira de decisões a tomar.

Escolheremos a fidelidade a Deus guiados por Seu Espírito, ou deixaremos que o mundo nos seduza? A vida de Davi não foi perfeita, mas muitas vezes ele escreveu sobre guardar "os caminhos do SENHOR" e sobre os bons resultados advindos dessa escolha (SALMO 18:21-24). Quando as nossas escolhas honram a Deus, experimentamos as bênçãos que Davi descreveu. Deus mostra-se fiel.

JENNIFER BENSON SCHULDT

Alguma decisão difícil para honrar a Deus influenciou a sua comunhão com Ele?

Deus, ajuda-me a honrar-te com as minhas escolhas. Obrigado por me amares ao longo da minha vida.

MÉTODO DE LIMPEZA

Lavem as mãos, pecadores; purifiquem o coração... v.8

Duas crianças cantam alegremente a canção "Feliz aniversário" e a repetem duas vezes, enquanto lavam as mãos. "Demora todo esse tempo para tirar os germes", diz-lhes a mãe. Assim, as crianças aprenderam a dedicar tempo para limpar as mãos. Manter as coisas limpas pode ser aborrecido, como aprendemos na pandemia. Porém, limpar o pecado significa seguir alguns passos para voltar a Deus.

Tiago exortou os cristãos espalhados pelo Império Romano a voltarem sua atenção a Deus. Eles se fizeram inimigos do Senhor ao se envolverem em disputas e lutas, batalhas por superioridade, bens, prazeres mundanos, dinheiro e reconhecimento. Tiago os exortou: "...submetam-se a Deus. Resistam ao diabo, e ele fugirá de vocês. [...] Lavem as mãos, pecadores; purifiquem o coração, vocês que têm a mente dividida" (TIAGO 4:7-8). Mas como?

"Aproximem-se de Deus, e ele se aproximará de vocês" (v.8). Essas palavras são higienizantes e descrevem a necessidade de nos voltarmos para Deus a fim de varrermos o solo do pecado da nossa vida. Tiago explicou melhor esse método de limpeza: "Que haja lágrimas, lamentação e profundo pesar. Que haja choro em vez de riso, e tristeza em vez de alegria. Humilhem-se diante do Senhor, e ele os exaltará" (vv.9-10).

É humilhante lidar com o nosso pecado, mas aleluia! Deus é fiel para transformar a nossa "lavagem" em adoração.

PATRÍCIA RAYBON

Em que área de sua vida o pecado persiste?

Deus, obrigado, pois os Teus métodos de limpeza para purificar o pecado me atraem de volta a ti.

CONFIAMOS EM DEUS

...Na tranquilidade e na confiança está sua força... v.15

Nos primeiros dias da Revolução Americana, foi lançada uma expedição contra as forças britânicas no Quebec. Quando os soldados subiam a caminho do Canadá, visitaram o túmulo do evangelista George Whitefield. Eles abriram o caixão desse evangelista e retiraram o seu colarinho clerical e suas abotoaduras. Cortaram sua roupa em pedaços e a distribuíram entre eles por acreditarem que lhes traria sorte.

A expedição falhou. Isso demonstra a nossa tendência humana de confiar em dinheiro, força humana ou em tradições religiosas para o nosso bem-estar em vez de confiarmos no relacionamento com Deus. O Senhor advertiu o Seu povo contra isso, quando os invasores da Assíria os ameaçaram, eles procuraram a ajuda do Faraó em vez de abandonarem seus pecados e buscarem pessoalmente a Deus: "Assim diz o SENHOR Soberano, o Santo de Israel: [...] Na tranquilidade e na confiança está sua força, mas vocês não quiseram saber. Disseram: 'Nada disso! Entraremos na batalha, montados em cavalos velozes'" (ISAÍAS 30:15-16).

A "expedição" deles falhou, como Deus alertara, e a Assíria dominou Judá. Mas Deus também disse ao Seu povo: "o SENHOR esperará [...] para lhes mostrar seu amor e compaixão". Mesmo quando confiamos em coisas menores, Deus ainda estende a Sua mão para nos ajudar a voltarmos a Ele. "Felizes os que nele esperam" (v.18)!

JAMES BANKS

Por que confiar em outras coisas?
Você confia somente no Senhor?

Deus, confio em ti. Ajuda-me a confiar sempre em ti, porque Tu és sempre fiel e digno de confiança!

POR QUE PARTILHAMOS A NOSSA FÉ?

Minha mensagem e minha pregação foram muito simples [...], me firmei no poder do Espírito. v.4

Alan queria conselhos sobre como lidar com o medo de falar em público, pois o seu coração disparava, a boca secava e o seu rosto ficava vermelho quando o fazia. A glossofobia é o medo de falar em público. Muitos afirmam que têm mais medo de falar em público do que de morrer! Para ajudar Alan a vencer o seu medo de não "se expressar" bem, sugeri que ele se concentrasse na ideia central da mensagem em vez da forma como a transmitiria.

Mudar o foco para *o que* será compartilhado, em vez de na habilidade de *como* apresentá-lo, é semelhante à abordagem que Paulo usou para conduzir pessoas a Deus. Paulo escreveu à igreja de Corinto que a sua mensagem e pregação não usava de "argumentos persuasivos e astutos" (1 CORÍNTIOS 2:4). Ao contrário, ele estava determinado a destacar somente a verdade sobre Jesus Cristo e Sua crucificação (v.2). Paulo confiou no Espírito Santo para dar poder às suas palavras, e não em sua eloquência como orador.

Quando conhecemos a Deus pessoalmente, desejamos compartilhar sobre o Senhor com os que nos rodeiam. Mas, às vezes, evitamos por temermos não o apresentar com as palavras "certas" ou eloquentes. Porém, se destacarmos a verdade sobre quem Deus é e Suas maravilhosas obras, podemos, como Paulo, confiar em Deus para dar poder às nossas palavras e compartilhá-las sem medo ou relutância. *KIRSTEN HOLMBERG*

O que o impede de compartilhar sobre Deus com os outros?

Pai celestial, ajuda-me a compartilhar a Tua graça, confiando em ti para dar poder às minhas palavras.

Saiba mais sobre a confiança em Deus, acesse: paodiario.org

TEMOS UM PAI

...pois o seu Espírito confirma a nosso espírito que somos filhos de Deus. ROMANOS 8:16

John Sowers, no seu livro *Fatherless Generation* (Geração sem pai), afirmou que "Nenhuma geração sentiu tanto a ausência voluntária de um pai como esta, com 25 milhões de crianças crescendo em lares monoparentais". Eu mesmo, se tivesse esbarrado com o meu pai na rua, não o teria conhecido. Os meus pais se divorciaram quando eu era muito novo, e as fotos dele foram queimadas. Durante anos, senti-me órfão. Aos 13, ouvi a oração do *Pai Nosso* (MATEUS 6:9-13) e disse a mim mesmo: "Você pode não ter um pai terreno, mas agora tem Deus como Pai celestial".

Em Mateus 6, somos ensinados a orar: "Pai nosso que estás no céu, santificado seja o teu nome" (v.9). "Ao orar, não repitam frases vazias sem parar"(v.7). Podemos questionar a conexão entre esses versículos. Percebi que, por Deus se lembrar do que ouve, não precisamos repetir. Ele compreende perfeitamente. Por isso, não precisamos lhe explicar. Ele tem um coração compassivo; não precisamos duvidar de Sua bondade. E porque Ele conhece o fim a partir do início, sabemos que o tempo dele é perfeito.

Porque Deus é o nosso Pai, não precisamos usar "frases vazias" (v.7) para mover o Seu coração. Através da oração, conversamos com um Pai que nos ama e cuida de nós e nos tornou Seus filhos por meio de Jesus. *ALBERT LEE*

Quando você quis "mover Deus" em oração, usando muitas palavras? Ter um relacionamento de Pai-filho o ajuda a confiar nele?

Pai celestial, sou grato por ser Teu filho e por me acolheres em Tua presença por meio da oração.

O PRINCÍPIO DO CONHECIMENTO

O temor do SENHOR é o princípio do conhecimento... V.7

Helena retirou da caixa de correio um envelope volumoso enviado por sua querida amiga. Dias antes, elas tinham discutido. Curiosa, Helena o abriu e encontrou um colar de contas coloridas num fio de juta. No cartão anexo havia uma mensagem em Código Morse e a tradução das sábias palavras dessa mensagem: "Busque os caminhos de Deus". Sorrindo, ela o colocou no pescoço.

O livro de Provérbios é a compilação de ditos sábios e contém muitos escritos de Salomão, o homem aclamado como o mais sábio da sua época (1 REIS 10:23). Os seus 31 capítulos convidam o leitor a ouvir a sabedoria e evitar a loucura, começando pela mensagem: "O temor do SENHOR é o princípio do conhecimento" (1:7). Conhecimento — saber o que se deve fazer é a consequência de honrar a Deus e buscar os Seus caminhos. Lemos: "preste atenção à correção de seu pai e não deixe de lado a instrução de sua mãe. O que aprender com eles será coroa de graça em sua cabeça e colar de honra em seu pescoço" (VV.8-9).

A amiga de Helena a tinha direcionado ao princípio do conhecimento que ela precisava: Busque os caminhos de Deus. O colar ajudou aquela jovem a descobrir como buscar a ajuda que tanto precisava.

Se honrarmos a Deus e buscarmos os Seus caminhos, receberemos a sabedoria de que precisamos para todos os desafios que enfrentamos na vida. Todos e cada um deles. *ELISA MORGAN*

Onde você busca a sabedoria e o conhecimento que precisa?

Deus, lembra-me de que tu és sempre a Fonte de toda a sabedoria de que necessito.

Saiba mais sobre o livro de Provérbios, acesse: universidadecrista.org.

ORAÇÕES BLOQUEADAS

...se tiverem alguma coisa contra alguém, perdoem-no, para que seu Pai no céu [...] perdoe seus pecados. v.25

A sonda espacial *Opportunity* (2004) enviada a Marte comunicou-se com o Laboratório da NASA. Ela percorreu mais de 45 quilômetros, registrou imagens e analisou muitos materiais. Mas em 2018, a comunicação entre a sonda e os cientistas terminou após uma grande tempestade de poeira cobrir seus painéis solares e comprometer a energia da sonda.

Será que permitimos que o "pó" bloqueie a nossa comunicação com Alguém fora deste mundo? Na oração, no contato com Deus, há certas coisas que podem atrapalhar a nossa comunicação.

O pecado bloqueia o nosso relacionamento com Deus. O salmista diz: "Se eu não tivesse confessado o pecado em meu coração, o Senhor não teria ouvido" (SALMO 66:18). Jesus nos ensina: "Quando estiverem orando, se tiverem alguma coisa contra alguém, perdoem-no, para que seu Pai no céu também perdoe seus pecados" (MARCOS 11:25). As dúvidas e problemas de relacionamento dificultam a nossa comunicação com Deus (TIAGO 1:5-7; 1 PEDRO 3:7).

O bloqueio da sonda pode até ser permanente, mas as nossas orações não precisam estar bloqueadas. Por Seu Espírito Santo, Deus nos atrai com amor e restaura a nossa comunicação com Ele. Ao confessarmos os nossos pecados e voltarmos a Deus, experimentaremos, por Sua graça, a maior comunicação que o Universo já conheceu: a oração face a face entre nós e Deus. *DAVE BRANON*

A sua comunicação com Deus melhorou após confessar os seus pecados a Ele?

Pai, guia-me para descobrir o que pode limitar a minha comunicação contigo. Sou grato por Tua ajuda!

 A BÍBLIA EM UM ANO: JÓ 36–37; ATOS 15:22-41

★ *TÓPICO DE JULHO: A LIDERANÇA DO ESPÍRITO*

CRESCER NA GRAÇA DE DEUS

*...esforcem-se ao máximo [...].
Acrescentem à fé a excelência moral; à excelência moral o conhecimento.* v.5

O pregador inglês Charles H. Spurgeon (1834–92) viveu "a todo o vapor". Tornou-se pastor aos 19 anos e pregava a grandes multidões. Ele editou pessoalmente os seus sermões, que somam 63 volumes, escreveu muitos comentários, livros sobre oração e outras obras. Spurgeon lia seis livros por semana! Num dos sermões, ele afirmou: "O maior de todos os pecados é o pecado de não fazer nada, pois envolve a maioria dos outros. Deus nos livre dessa terrível ociosidade!".

Spurgeon viveu com diligência, o que significa que ele esforçou-se "ao máximo" (2 PEDRO 1:5) para crescer na graça de Deus e para viver por Ele. Se somos seguidores de Cristo, Deus pode incutir em nós esse mesmo desejo e capacidade de crescer mais em semelhança a Jesus, de nos esforçarmos ao máximo para acrescentarmos "à [nossa] fé a excelência moral; à excelência moral o conhecimento [...] ao domínio próprio a perseverança; à perseverança a devoção a Deus..." (vv.5-7).

Temos motivações, capacidades e níveis de energia diferentes, nem todos podemos ou devemos viver ao ritmo de Spurgeon! Mas compreendendo o que Jesus fez por nós, somos motivados a ser servos diligentes e fiéis. Temos a nossa força por meio dos recursos que Deus nos concedeu para vivermos e para servi-lo. Deus, através do Seu Espírito, pode nos capacitar em nossos esforços.

ALYSON KIEDA

Quais são os seus esforços para crescer mais na graça de Cristo? O que é preciso?

Deus, quero ser diligente. Sou grato, pois me capacitas por meio do Teu Espírito que habita em mim.

A BÍBLIA EM UM ANO: JÓ 38–40; ATOS 16:1-21

MENTIRAS COM A VERDADE

Toda palavra de Deus se prova verdadeira; ele é escudo para quem busca sua proteção. v.5

Coloquei a Bíblia sobre o púlpito e olhei para os ouvintes. Eu estava preparada, mas não conseguia falar e pensei: *Jamais a ouvirão, especialmente se conhecerem o seu passado. E Deus nunca a usaria*. Seladas em mim, essas palavras ditas de várias maneiras ao longo da minha vida desencadearam uma luta contra as mentiras em que eu tão facilmente acreditava. Sabia que as palavras não eram verdadeiras, mas eu não abandonava as minhas inseguranças e temores. Em seguida, abri a Bíblia.

Antes de a ler em voz alta, inalei e exalei o ar lentamente. "Toda palavra de Deus se prova verdadeira; ele é escudo para quem busca sua proteção" (PROVÉRBIOS 30:5). Fechei os olhos, a paz me invadiu e compartilhei o meu testemunho com os presentes.

Muitos já experimentaram o poder paralisante das palavras e opiniões negativas de outros sobre nós. No entanto, a Palavra de Deus é verdadeira, perfeita e sã. Quando queremos crer em ideias que subjugam o nosso espírito quanto ao nosso valor ou propósito como filhos de Deus, a verdade duradoura e infalível de Deus protege a nossa mente e o nosso coração. Reportamo-nos ao salmista que escreveu: "Medito em teus estatutos tão antigos; ó SENHOR, eles me consolam!" (SALMO 119:52).

Vamos combater as mentiras que aceitamos a respeito de Deus, de nós e dos outros, substituindo a linguagem negativa pelas Escrituras.

XOCHITL E DIXON

Em quais mentiras você acreditou?

Pai amoroso, ajuda-me
a estudar Tua Palavra e a compreender a vida
através da lente da Tua verdade.

A BÍBLIA EM UM ANO: JÓ 41–42; ATOS 16:22-40

ESPERANÇA NO LUTO

...não [...] ignorem o que acontecerá [...] não se entristeçam como aqueles que não têm esperança. v.13

O taxista contou-nos a sua história enquanto nos conduzia ao aeroporto de Londres. Ele tinha imigrado sozinho, aos 15 anos, procurando escapar da guerra e privação. Hoje, 11 anos depois, ele tem sua própria família e lhes provê o que não poderia lhes dar em sua terra natal. Mas ainda lamenta por estar separado dos seus pais e irmãos. Ele nos disse que essa jornada difícil só estará completa quando a família toda estiver novamente reunida.

Estar separado dos nossos queridos nesta vida é difícil. Perder um deles por morte é mais difícil ainda. Essa sensação de perda só será aliviada quando nos encontrarmos outra vez. Quando os cristãos de Tessalônica se questionaram sobre essas perdas, Paulo escreveu: "...irmãos, não queremos que ignorem o que acontecerá aos que já morreram, para que não se entristeçam como aqueles que não têm esperança" (1 TESSALONICENSES 4:13) e explicou que, como cristãos, podemos viver na expectativa de um reencontro maravilhoso — para sempre na presença de Cristo (v.17).

Poucas experiências nos marcam tão profundamente como as separações que suportamos, mas em Jesus temos a esperança de nos reencontrarmos. Em meio a dores e perdas, podemos encontrar o conforto de que necessitamos "e [animar] uns aos outros" (v.18) nessa promessa duradoura.

BILL CROWDER

De que maneira uma perda marcou a sua vida? De que maneira Jesus o ajuda e traz a esperança de que você precisa?

Pai, nada preenche os lugares no coração esvaziados pela perda. Busco conforto em Teu amor e graça.

JESUS NOS RESTAURA

E o SENHOR Deus fez roupas de peles de animais para Adão e sua mulher. v.21

Embora Samuel nada tenha feito de errado, ele perdeu o seu emprego. O descuido de outra seção causou problemas nos carros que eles montaram. Vários acidentes tornaram-se notícias e os clientes pararam de comprar a tal marca. A empresa reduziu o seu pessoal, e Samuel foi demitido. Ele é apenas um dano colateral, e isso é injusto.

Os primeiros danos colaterais da história ocorreram após o primeiro pecado. Adão e Eva envergonharam-se da sua nudez, e Deus os vestiu graciosamente com "roupas de peles" (GÊNESIS 3:21). É doloroso imaginar um ou mais animais, que viviam seguros no jardim, sendo abatidos e despelados.

Havia mais por vir. Deus disse a Israel: "A cada manhã, vocês oferecerão um cordeiro de um ano sem defeito como holocausto ao SENHOR" (EZEQUIEL 46:13). *A cada manhã*. Quantos milhares de animais foram sacrificados por causa do pecado humano?

A morte deles foi necessária para cobrir o nosso pecado até Jesus, o Cordeiro de Deus, vir para removê-lo (JOÃO 1:29). Chamem isso de "reparação colateral". Assim como o pecado de Adão trouxe morte, a obediência do último Adão (Cristo) restaura todos os que acreditam nele (ROMANOS 5:17-19). A reparação colateral não é justa, custou a vida de Jesus, mas nos é gratuita. Confie em Jesus e receba a salvação que Ele oferece, e a vida dele o tornará um justo.

MIKE WITTMER

Você já sofreu pelo erro de outra pessoa? Beneficiou-se pelo acerto de alguém?

Jesus, creio em ti e reconheço que a Tua vida foi entregue para resgate e salvação da minha alma.

 A BÍBLIA EM UM ANO: SALMOS 4–6; ATOS 17:16-34

ANSEIO POR DEUS

...mesmo que estejam exilados nos confins da terra, eu os reunirei e os trarei de volta ao lugar que escolhi... v.9

Quando o casal Smith se mudou a uns 8 quilômetros adiante de onde viviam, o seu gato Amores mostrou o seu descontentamento fugindo da nova moradia. Certo dia, Sara o viu numa foto nas redes sociais no local de seu antigo lar.

Os Smiths foram buscá-lo, e o gato voltou a fugir. E para onde ele foi? Dessa vez, a família que tinha comprado a casa dos Smiths concordou em manter o gato também. Os Smiths não conseguiram evitar: o gato sempre voltava "ao lar".

Neemias serviu numa posição de prestígio na corte do rei em Susã, mas o seu coração estava noutro lugar. Ele tinha acabado de ouvir a triste notícia de que "a cidade onde [estavam] sepultados [seus] antepassados [estava] em ruínas" (NEEMIAS 2:3), e portanto, orou: "Lembra-te do que disseste ao teu servo Moisés [...] se voltarem para mim e obedecerem a meus mandamentos [...] mesmo que estejam exilados nos confins da terra, eu os reunirei e trarei de volta ao lugar que escolhi para estabelecer meu nome" (1:8-9).

O lar é onde está o coração, dizem eles. No caso de Neemias, o desejo pelo lar era mais do que algo atrelado ao solo. O que ele mais desejava era a comunhão com Deus. Jerusalém foi o lugar que Deus escolheu para estabelecer o Seu nome.

Na verdade, a insatisfação que sentimos é um anseio por Deus, o desejo de estar no lar eterno com Ele. *TIM GUSTAFSON*

Qual é a sua ideia de lar e por quê?
De que maneira você se sente ansioso por Deus?

Pai, ensina-me a compreender que só Tu satisfazes os meus anseios. Ajuda-me a estar sempre junto a ti.

OUVIR E APRENDER

...estejam todos prontos para ouvir, mas não se apressem em falar nem em se irar. v.19

De um lado da rua, o proprietário exibe no seu quintal o símbolo e a bandeira do seu país. O caminhão à entrada da garagem exibe na janela lateral uma bandeira pintada e o para-choques traseiro coberto de adesivos nacionalistas. Em frente, no outro lado da rua, o vizinho expõe sinais que destacam as questões que abordam a justiça social na mídia.

Podemos nos questionar: *Será que os moradores dessas casas estão se desentendendo ou estão sendo amigos?* Será possível que essas duas famílias sejam cristãs? Deus nos convoca a vivermos as palavras de Tiago: "...estejam todos prontos para ouvir, mas não se apressem em falar nem em se irar" (1:19). Com muita frequência, apegamo-nos obstinadamente às nossas opiniões, e não estamos dispostos a considerar o que os outros pensam. O *Comentário Bíblico Matthew Henry* (CPAD, 2016) tem isto a dizer: "Devemos ser rápidos a ouvir a razão e a verdade de todos os lados, e ser lentos para falar... e, quando falarmos, não deve haver qualquer ira em nossas palavras".

Alguém disse: "Aprender exige que ouçamos". As palavras práticas de Deus na carta de Tiago só podem ser cumpridas se estivermos cheios do Espírito amoroso de Deus e optarmos por respeitar os outros. O Senhor está disposto a nos ajudar a fazermos mudanças em nosso coração e atitudes. Estamos dispostos a ouvir e a aprender?

ANNE CETAS

Como Deus deseja que você pratique o versículo de hoje?

Deus, por vezes sou tão cheio de opiniões. Ajuda-me a ser rápido para ouvir e lento para falar.

A BÍBLIA EM UM ANO: SALMOS 10–12; ATOS 19:1-20

ORAÇÃO CONFIANTE

Vocês que são pais, respondam: Se seu filho lhe pedir um peixe, você lhe dará uma cobra? v.11

Ricardo e Susan alegraram-se muito quando ela finalmente engravidou. Como os problemas de saúde dela representavam riscos ao bebê, Ricardo orava muito pelo bem-estar deles. Certa noite, ele sentiu que não precisava orar tanto, pois Deus tinha prometido tomar conta das coisas. Mas dias depois, Susan sofreu um aborto e ele se sentiu devastado e questionou: *Será que não perseverei o suficiente?*

Numa primeira leitura, poderíamos pensar que a parábola de hoje sugere bem isso. Nessa história, um amigo (talvez representando Deus) só sai da cama para ajudar o outro por causa da persistência irritante deste (LUCAS 11:5-8). Lida dessa forma, a parábola sugere que Deus só nos dará o que precisamos se persistirmos. E, se não *orarmos* com insistência suficiente, talvez Ele não nos ajude.

Mas comentaristas bíblicos como Klyne Snodgrass acreditam que a parábola não comprova isso. O seu ponto de vista é de que, se os amigos podem nos ajudar por razões egoístas, quanto *mais* o nosso Pai que é *altruísta*. Portanto, oremos com confiança (vv.9-10), sabendo que Deus é maior do que os seres humanos imperfeitos (vv.11-13). Deus não é como o amigo nessa parábola, Ele é exatamente o oposto disso.

"Não sei porque você perdeu o seu bebê", disse ao Ricardo, "mas sei que não foi por falta de perseverar em oração o suficiente". Deus não age assim.

SHERIDAN VOYSEY

Como Deus é representado nos vv.11-13 da parábola?

Pai, trago-te as minhas necessidades e as dos outros, confiante de que me ouvirás e responderás.

Leia sobre o poder da oração em: paodiario.org

A BÍBLIA EM UM ANO: SALMOS 13–15; ATOS 19:21-41

★ *TÓPICO DE JULHO: A LIDERANÇA DO ESPÍRITO*

NAVEGAR NAS TEMPESTADES DA VIDA

Envia a tua luz e a tua verdade, para que me guiem. Que elas me conduzam ao teu santo monte... V.3

O pequeno avião pilotado por John F. Kennedy Jr. caiu no mar em julho de 1999. Os investigadores determinaram que a causa do acidente foi um erro comum, conhecido como desorientação espacial. Este fenômeno ocorre quando, devido à fraca visibilidade, os pilotos se desorientam e se esquecem de confiar nos seus instrumentos para os ajudar a alcançar o destino com sucesso.

À medida que navegamos na vida, tantas vezes tudo se torna tão avassalador que nos sentimos desorientados. O diagnóstico de câncer, a morte de alguém querido, a perda de emprego, a traição de alguém. As tragédias inesperadas podem facilmente nos deixar perdidos e confusos.

Quando nos deparamos com tais situações, podemos tentar orar o Salmo 43. Nele, o salmista está sobrecarregado e sente-se perdido porque se percebe rodeado pelo mal e por injustiça. Em desespero, ele pede a Deus que lhe conceda a orientação segura para o ajudar a navegar em segurança nessa situação até o destino desejado, a presença de Deus (vv.3-4). Na presença do Senhor, o salmista sabe que encontrará esperança e alegria e se sentirá renovado.

Ele deseja que, pelo Espírito Santo, a luz da verdade e a certeza da presença de Deus o orientem. Quando nos sentimos desorientados e perdidos, a orientação e a presença divina, por meio do Seu Espírito, podem nos consolar e iluminar nosso caminho.

LISA M. SAMRA

Você deseja a ajuda de Deus para o orientar?

Pai celestial, ajuda-me a confiar em ti.
Peço a Tua orientação sobre os meus passos e decisões.

A BÍBLIA EM UM ANO: SALMOS 16–17; ATOS 20:1-16

PRECONCEITO E PERDÃO

Vejo claramente que Deus não mostra nenhum favoritismo. v.34

Após ouvir a mensagem sobre a injustiça, um membro da igreja aproximou-se do pastor. Chorando, pediu perdão e confessou que não tinha votado a favor dele para pastorear sua igreja por causa do seu preconceito. "Preciso que me perdoe. Não quero que o preconceito e o racismo transbordem para a vida dos meus filhos. Não votei em você e estava errado". As lágrimas e a confissão foram recebidas com as lágrimas e o perdão do ministro. Uma semana depois, toda a igreja se alegrou ao ouvir o testemunho desse homem sobre como Deus agira em seu coração.

Até Pedro, discípulo de Jesus e líder principal da Igreja Primitiva, precisou ser corrigido por causa dos seus preconceitos sobre os não judeus. Comer e beber com gentios, que eram considerados impuros, era uma violação ao protocolo social e religioso. Pedro disse: "...nossas leis proíbem que um judeu entre num lar gentio como este ou se associe com os gentios" (ATOS 10:28). Foi preciso nada menos que a ação sobrenatural de Deus (vv.9-23) para o convencer de que ele não deve "considerar ninguém impuro ou impróprio" (v.28).

Através da pregação das Escrituras, da convicção do Espírito, e das experiências de vida, Deus continua a agir no coração humano para corrigir os nossos preconceitos. Ele nos ajuda a ver "que Deus não mostra nenhum favoritismo" (v.34). *ARTHUR JACKSON*

Quais pessoas Deus usou para o ajudar a ver que Ele não tem favoritos?

Querido Deus, sonda o meu coração e mostra-me onde eu preciso da Tua transformação.

OS CAMINHOS RESTAURADORES DE DEUS

Meu povo viverá novamente à minha sombra; crescerá como o trigo e florescerá como a videira... v.7

Lembro-me de uma canção comovente a respeito de "prosseguir". É sobre uma pessoa que reflete sobre as dores que causou aos familiares e amigos. A canção celebra a alegria do retorno ao lar e a descoberta de que o que já possuímos é mais do que o suficiente.

De maneira semelhante, o livro de Oseias conclui com alegria e gratidão desmedida pela restauração que Deus possibilita aos que voltam a Ele. Grande parte desse livro compara o relacionamento entre Deus e o Seu povo à relação com um cônjuge infiel e, lamenta os fracassos de Israel em amá-lo e viver para Ele.

Oseias expõe a promessa do amor ilimitado, graça e restauração de Deus, livremente disponível aos que regressam a Ele com o coração quebrantado pelas formas como o abandonaram (14:1-3). "Curarei de sua infidelidade", promete Deus, "e os amarei com todo o meu ser" (v.4). E o que parecia quebrado e sem restauração mais uma vez encontrará a plenitude e abundância, pois a graça de Deus, como o orvalho, fará o Seu povo florescer como o lírio e crescer como o trigo (vv.5-7).

Quando ferimos os outros ou pensamos que merecemos a bondade divina em nossa vida, é fácil presumir que desfiguramos para sempre os dons que nos foram dados. Mas quando voltamo-nos humildemente a Ele, descobrimos que o Seu amor está sempre pronto para nos receber e restaurar.

MONICA LA ROSE

O que é preciso para crer na promessa de Deus de curar e restaurar?

Deus, Criador da vida, ensina-me a confiar em Tua bondade, não só quando sou bom, mas o tempo todo.

RECUSA FIRME

Aquele homem, Daniel, [...] continua a orar ao Deus dele três vezes por dia. v.13

Franz Jägerstätter foi recrutado durante a Segunda Guerra Mundial. Ele completou o treino militar básico, mas recusou-se a assumir o juramento de lealdade ao regime. Jägerstätter foi autorizado a regressar à sua fazenda, mas depois o convocaram novamente. Ao observar a ideologia e o genocídio judeu, ele decidiu que a sua lealdade a Deus não permitiria que lutasse a favor do seu exército. Foi detido e condenado à execução, deixando para trás a sua esposa e três filhas.

Muitos cristãos, sob perigo de morte, recusaram-se a cumprir ordens para que desobedecessem a Deus. Daniel foi um deles. Quando um édito real ameaçou que quem "orasse a alguém, divino ou humano, exceto ao rei" (DANIEL 6:12) seria lançado na cova dos leões, o jovem descartou sua segurança e permaneceu fiel. "Como de costume [...]. Orava três vezes por dia e dava graças a seu Deus" (v.10). O profeta ajoelhava-se perante Deus, e somente Deus, independentemente do custo.

Por vezes, a nossa escolha é clara. Embora todos à nossa volta nos implorem que sigamos a opinião dominante, ainda que a nossa reputação ou bem-estar possa estar em risco, que nunca desistamos de obedecer a Deus. Tantas vezes, mesmo com enorme custo, tudo o que podemos oferecer é uma recusa firme.

WINN COLLIER

Onde você percebe que a obediência a Deus exigirá a sua recusa? Quanto tal recusa poderá lhe custar? O que você ganhará com ela?

Deus, sei que a minha lealdade a ti significará dizer não às expectativas alheias. Concede-me coragem.

O PODER DE DEUS EM EXPOSIÇÃO

Onde os relâmpagos se dividem? De onde se dispersa o vento leste? v.24

Era uma tempestade cheia de relâmpagos. Minha filha de 6 anos e eu observávamos o espetáculo deslumbrante pela porta de vidro. Ela repetia: "Uau! Deus é tão grande". Eu sentia a mesma coisa. Era óbvio para nós dois o quão pequenos éramos e o quão poderoso Deus deve ser. As palavras do livro de Jó vinham à minha mente: "Onde os relâmpagos se dividem? De onde se dispersa o vento leste?" (38:24)

Jó precisava ser lembrado do poder de Deus (vv.34-41). A vida dele tinha desmoronado, seus filhos estavam mortos, ele estava falido e doente. Os seus amigos não lhe ofereciam empatia e sua esposa o encorajou a abandonar a sua fé (2:9). Eventualmente, Jó perguntou a Deus o motivo de tudo (CAP.24), e o Senhor lhe respondeu "do meio de um redemoinho" (CAP.38).

Deus lembrou Jó do Seu controle sobre o mundo (CAP.38). Isso o reconfortou e Jó declarou: "Antes, eu só te conhecia de ouvir falar; agora, eu te vi com meus próprios olhos" (42:5). Ou seja: "Entendi e vejo que não posso limitar Deus".

Quando a vida nos "despedaça", por vezes o mais reconfortante que podemos fazer é nos deitarmos no chão e observar os relâmpagos, para relembrarmos que o Deus Criador é suficientemente grande e amoroso para cuidar de nós também. Podemos inclusive cantar os nossos louvores favoritos que falam da força e da grandeza do nosso Deus.

DANIEL RYAN DAY

O que lhe passou pela mente ao testemunhar a grandiosidade de Deus?

Deus, agradeço-te por seres grandioso e suficiente para me ajudar a enfrentar os desafios diários.

CRISTIANISMO AUTÊNTICO

Alegrem-se e exultem, porque uma grande recompensa os espera no céu... v.12

Certa vez, candidatei-me a uma função numa organização cristã e recebi uma lista de regras legalistas sobre o uso de álcool, tabaco e certos entretenimentos, com a explicação: "Esperamos que nossos empregados se comportem como cristãos". Eu podia concordar com a lista, pois por razões não relacionadas a minha fé, não fazia tais coisas. Mas pensei comigo mesmo: Por que não têm uma lista sobre não ser arrogante, insensível, severo, espiritualmente indiferente e crítico? Nenhum destes itens foi indicado.

Seguir Jesus não pode ser definido por uma lista de regras. É uma qualidade de vida tão sutil e primorosa que é difícil de quantificar, mas o que melhor a descreve é "bela".

As bem-aventuranças em Mateus 5:3-10 resumem essa beleza. Aqueles que são pobres de Espírito são felizes e humildes; são profundamente sensíveis ao sofrimento dos outros; são gentis e bondosos; anseiam por serem bondosos em si e para os outros; são misericordiosos com os que lutam e falham; são unânimes no seu amor por Jesus; são pacificadores e deixam um legado de paz; são bondosos para com os que os perseguem; retribuem o mal com o bem; são abençoados — palavra que significa "feliz" em seu sentido mais profundo.

Esse tipo de vida atrai a atenção dos outros e pertence aos que buscam a Jesus e lhe pedem por esses atributos. *DAVID H. ROPER*

**Qual dos atributos de Mateus 5 você necessita?
Como adquiri-los e desenvolvê-los?**

*Espírito de Deus, que essas
características a partir das bem-aventuranças
frutifiquem também em mim.*

EM BUSCA DA AJUDA DE DEUS

...nos colocaremos em tua presença [...]. Clamaremos a ti em nossa angústia. v.9

Durante cinco anos, no final do século 19, os gafanhotos destruíram as colheitas em Minnesota, EUA. Os agricultores tentaram apanhá-los e queimaram os seus campos para matar seus ovos. Sentindo-se desesperados, e à beira da fome, muitos separaram um dia de oração, ansiando, em conjunto, pela ajuda de Deus. O governador do estado cedeu e separou o dia 26 de abril para orar.

Dias após a oração coletiva, o tempo esquentou e os ovos começaram a eclodir. Mas quatro dias depois, uma queda de temperatura os surpreendeu e satisfez muitos, pois as temperaturas congelantes mataram as larvas. Eles voltaram a colher milho, trigo e aveia.

A oração também esteve por detrás da salvação do povo de Deus durante o período do rei Josafá. Quando o rei soube que um vasto exército vinha contra ele, chamou o povo de Deus para orar e jejuar. O povo lembrou a Deus como Ele os tinha salvado em tempos passados. E Josafá disse que se lhes viesse a calamidade, "quer a espada do juízo, quer a peste ou a fome", clamariam a Deus sabendo que Ele os ouviria e salvaria (2 CRÔNICAS 20:9).

Deus resgatou o Seu povo dos exércitos invasores. Ele nos ouve quando clamamos a Ele em aflição. Qualquer que seja a sua preocupação, seja um problema de relacionamento ou outra ameaça, entregue isso a Deus, em oração. Nada é impossível para Ele.

AMY BOUCHER PYE

Quais situações em sua vida você poderia entregar ao Senhor hoje?

Deus, Tu fizeste o mundo e tudo o que nele há. Por favor, restabelece a ordem e salva o Teu povo.

A BÍBLIA EM UM ANO: SALMOS 31–32; ATOS 23:16-25

★ *TÓPICO DE JULHO: A LIDERANÇA DO ESPÍRITO*

A MAIOR SINFONIA

...mas todos nós fomos batizados em um só corpo pelo único Espírito. v.13

Quando pediram a 151 dos principais maestros do mundo para listar as 20 melhores sinfonias já escritas, a Terceira de Beethoven, *Eroica*, ficou no topo. A obra, cujo título significa "heroica", foi escrita durante os tumultos causados pela Revolução Francesa e é fruto da luta individual de Beethoven, que perdia lentamente a sua audição. A música evoca ondas de emoções extremas que exprimem o que significa ser humano enquanto enfrentamos desafios. Com o impetuoso ritmo de felicidade, tristeza e eventual triunfo, essa Sinfonia é considerada um tributo perene ao espírito humano.

Paulo escreve aos coríntios com palavras inspiradas em vez de partituras musicais. Elas se elevam em bênçãos (1 CORÍNTIOS 1:4-9), descem à tristeza dos conflitos que esmagam a alma (11.17-22) e se elevam novamente em uníssono com pessoas capacitadas que cooperam umas com as outras para a glória de Deus (12:6-7).

A diferença é que aqui vemos o triunfo do nosso espírito humano como um tributo ao Espírito de Deus. Paulo nos exorta a experimentarmos o amor inexprimível de Cristo e nos ajuda a nos vermos como pessoas chamadas por nosso Pai, guiadas pelo Seu Filho e inspiradas pelo Seu Espírito. Deus não nos chamou para provocarmos simples ruídos, mas para contribuirmos com a maior sinfonia de todas.

MART DEHAAN

Onde é possível ouvir a dissonância do conflito em sua vida? Onde estão as harmoniosas sinfonias do amor?

Pai, mostra-me como agir com os outros com a percepção do que Tu podes fazer com um ruidoso como eu.

A BÍBLIA EM UM ANO: SALMOS 33–34; ATOS 24

DEUS NOS AMPARA

...o Senhor, seu Deus, cuidou de vocês ao longo do caminho, [...] como um pai cuida de seu filho. v.31

Quando o furacão Dorian inundou as ilhas das Bahamas, em 2019, isso foi considerado o pior desastre natural do país. Brent estava em casa com o seu filho adulto que tem paralisia cerebral e ambos precisavam sair do local. Mesmo sendo cego, Brent colocou ternamente o filho sobre seus ombros e o levou para um lugar seguro.

Se um pai terreno que enfrenta tamanho obstáculo deseja ajudar o seu filho, quanto mais o nosso Pai celestial está preocupado com os Seus filhos. No Antigo Testamento, Moisés recordou como Deus amparava o Seu povo, mesmo quando eles vacilavam na fé. Recordou aos israelitas como Deus os tinha libertado, provendo-lhes alimento e água no deserto, lutando contra os seus inimigos e os guiando com colunas de nuvem e fogo. Meditando sobre as muitas maneiras como Deus agiu em favor deles, Moisés disse: "Também viram como o Senhor, seu Deus, cuidou de vocês [...] como um pai cuida de seu filho" (DEUTERONÔMIO 1:31).

A viagem dos israelitas pelo deserto foi difícil, e, por vezes, a fé diminuiu. Mas estava cheia de evidências da proteção e provisão divina. A imagem de um pai carregando o seu filho com ternura, coragem e confiança reflete maravilhosamente como Deus cuidou de Israel. Mesmo quando enfrentamos desafios que provam a nossa fé, podemos nos lembrar de que Deus está presente e nos ampara.

KAREN PIMPO

De que maneira você recebeu a provisão e proteção de Deus em sua vida?

Pai, lembra-me do Teu amparo,
mesmo quando não o percebo.
Obrigado por Tua força e compaixão.

A BÍBLIA EM UM ANO: SALMOS 35–36; ATOS 25

ORAÇÃO, POEIRA E ESTRELAS

Olhe para o céu e conte as estrelas... v.5

Lara e Davi desejavam um bebê, mas o médico lhes disse que isso seria impossível. Com sinceridade, ela conversou com Deus, mas depois, o casal também conversou com o seu pastor, que lhes ministrou sobre a adoção. Mais tarde, o casal foi abençoado com a adoção de um menino.

A Bíblia fala de uma conversa franca entre Abrão e Deus. O Senhor tinha-lhe dito: "Não tenha medo, Abrão, pois eu serei seu escudo e sua recompensa será muito grande" (GÊNESIS 15:1). Mas Abrão, inseguro sobre o futuro, respondeu com franqueza: "Ó SENHOR Soberano, de que me adiantam todas as tuas bênçãos se eu nem mesmo tenho um filho?" (v.2).

Deus tinha prometido a Abrão: "Eu lhe darei tantos descendentes quanto o pó da terra" (13:16). Agora Abrão lembrava isso a Deus. Mas note a resposta divina: Deus assegurou Abrão, dizendo-lhe: "Olhe para o céu e conte as estrelas, se for capaz. Este é o número de descendentes que você terá", indicando que eles seriam incontáveis (15:5).

Deus é bom, não só para permitir a oração sincera, mas também para tranquilizar suavemente Abrão! Depois, Deus mudaria o nome desse patriarca para Abraão (pai de muitos). Como Abraão, podemos abrir o nosso coração com o Senhor e reconhecer que podemos confiar nele para fazer o que é melhor para nós e para os outros.

JAMES BANKS

Como Abraão se sentiu quando Deus o encorajou num momento tão difícil? Você precisa ter uma conversa franca com Deus?

Pai celestial e amoroso, obrigado por te preocupares comigo. Ajuda-me a ficar perto de ti em oração.

FLORESCENDO PARA JESUS

...eu lhes dou um novo mandamento: Amem uns aos outros. Assim como eu os amei, vocês devem amar... v.34

Eu nem gosto tanto assim das tulipas. No entanto, minha filha me presenteou com bulbos que ela trouxe de sua viagem a Holanda. Sendo assim, fiz uma cena ao receber e demonstrei entusiasmo, pois estava feliz ao reencontrá-la. Mas as tulipas são a minha flor menos favorita, pois florescem rápido e desvanecem-se rapidamente. Era verão e muito quente para as plantar.

Mas, no início do outono, plantei "os bulbos da minha filha". Pensando nela, fiz isso com amor. A cada virada no solo rochoso, o meu cuidado aumentava. Afofando o solo do canteiro eu oferecia uma bênção a cada bulbo, dizendo: "durma bem", na esperança de vê-los florescer na primavera.

O meu cuidado tornou-se um humilde lembrete do apelo de Deus para nos amarmos uns aos outros, mesmo que não sejam nossos "favoritos". Deixando de focar nas "ervas daninhas" uns dos outros, Deus também nos capacita a estendermos o Seu amor aos outros, mesmo nas fases temperamentais. Depois, apesar de nós mesmos, com o tempo, o amor mútuo floresce. Por isso, Jesus disse: "Seu amor uns pelos outros provará ao mundo que são meus discípulos" (v.35). Quando somos podados por Ele, somos abençoados para florescer, como as minhas tulipas floresceram na primavera seguinte. No fim de semana que minha filha nos visitou, eu lhe disse: "Vejam o que está florescendo!". Finalmente, sendo *sincera*.

PATRÍCIA RAYBON

Como você pode demonstrar o amor de Cristo?

Querido Jesus, poda o meu coração para que eu possa aprender a amar aos outros em Cristo.

A BÍBLIA EM UM ANO: SALMOS 40–42; ATOS 27:1-26

A ALEGRIA QUE DEUS PROPORCIONA

O coração alegre é um bom remédio... 17:22

Márcia sempre tenta sorrir para os outros. Essa é sua maneira de aproximar-se das pessoas que talvez precisem de um rosto amigável. A maioria das vezes, ela recebe em troca um sorriso genuíno. Mas, por certo tempo, Márcia se obrigou a usar uma máscara facial e ela percebeu que as pessoas já não conseguiam ver a sua boca, tampouco o seu sorriso. E, pensou: *Que triste! Mas não vou parar. Talvez eles vejam nos meus olhos que estou sorrindo.*

Na verdade, isso é científico. Os músculos dos cantos da boca e os que fazem os olhos enrugar podem mover-se juntos. Isso se chama de sorriso Duchenne e é descrito como "sorrir com os olhos".

Provérbios nos lembra que "o olhar animador alegra o coração" e "o coração alegre é um bom remédio" (15:30; 17:22). Muito frequentemente, os sorrisos dos filhos de Deus provêm da alegria sobrenatural que possuímos. É uma dádiva de Deus que nos é derramada regularmente, à medida que encorajamos as pessoas que carregam fardos pesados ou compartilhamos com os que buscam respostas às questões da vida. Mesmo quando sofremos, podemos refletir a nossa alegria no Senhor.

Se a vida parecer escura, escolha a alegria. Que o seu sorriso seja uma janela de esperança refletindo o amor de Deus e a luz da Sua presença aos outros.

CINDY HESS KASPER

O que você já aprendeu sobre alegrar-se no Senhor? A alegria interior contribui para a mente, o corpo e o espírito saudáveis?

Deus, a alegria que vem do Senhor é a minha força. Ajuda-me a ser mensageiro do Teu amor aos outros.

O AMOR DE DEUS É MAIS FORTE

Pois o amor é forte como a morte. v.6

Em 2020, Alyssa Mendoza recebeu um e-mail do seu pai com instruções sobre o que fazer pela sua mãe nas bodas de prata dos seus pais. Por que isso foi chocante? O pai dela falecera 10 meses antes. Ela descobriu que o pai, enquanto estava doente, percebeu que poderia não estar presente. Ele tinha agendado o e-mail e pago o envio de flores para a sua mulher nos aniversários futuros e Dia dos Namorados.

Essa história poderia constituir um exemplo do tipo de amor descrito em detalhes em Cântico dos Cânticos. "Pois o amor é forte como a morte, e o ciúme, exigente como a sepultura" (8:6). Comparar túmulos e morte ao amor parece estranho, mas ambos são fortes porque não desistem dos seus cativos. No entanto, nem o amor verdadeiro desistirá da pessoa amada. O capítulo 8 atinge o seu auge nos versículos 6 e 7, descrevendo o amor conjugal como algo tão forte que até mesmo as muitas águas não o podem apagar (v.7).

Ao longo da Bíblia, o amor entre marido e mulher é comparado ao amor de Deus (ISAÍAS 54:5; EFÉSIOS 5:25; APOCALIPSE 21:2). Jesus é o Noivo e a Igreja a Sua noiva. Deus demonstrou o Seu amor por nós enviando Cristo para enfrentar a morte para que não tivéssemos de morrer pelos nossos pecados (JOÃO 3:16). Quer sejamos casados ou solteiros, podemos recordar que o amor de Deus é mais forte do que qualquer coisa que possamos imaginar.

JULIE SCHWAB

Como você se sente sabendo o quanto Deus o ama?

Jesus, obrigado por Teu imenso amor e por me lembrares dele todos os dias concedendo-me vislumbres disso.

CRISTO É A NOSSA PAZ

...Cristo é nossa paz. Ele uniu [...] um só povo ao derrubar o muro de inimizade que nos separava. v.14

Um monge chamado Telêmaco viveu de maneira tranquila, mas a sua morte no final do século 4º mudou o mundo. Visitando Roma desde o Oriente, Telêmaco interveio nos combates sanguinários nas arenas. Saltou sobre o muro do estádio e tentou impedir os gladiadores de se matarem uns aos outros. Mas a multidão escandalizada apedrejou o monge até à morte. O imperador Honório, contudo, ficou comovido com a bravura desse monge e decretou o fim dos 500 anos de prática dos jogos entre os gladiadores.

Quando Paulo chama Jesus de "nossa paz", refere-se ao fim da hostilidade entre judeus e gentios (EFÉSIOS 2:14). O povo escolhido de Deus, Israel, era separado entre as nações e usufruía de certos privilégios.

Por exemplo, enquanto aos gentios era permitido que adorassem no Templo de Jerusalém, um muro divisório os restringia ao pátio exterior, sob pena de morte. Os judeus consideravam os gentios impuros, e, portanto, hostilizavam-se mutuamente. Mas agora, pela morte e ressurreição de Jesus para todos, judeus e gentios podem adorar a Deus livremente por meio da fé nele (vv.18-22). Não há muros divisórios. Não há privilégios de um sobre o outro. Ambos são iguais perante Deus.

Jesus traz paz e reconciliação a todos os que creem nele e em Sua morte e ressurreição. Ele é a nossa paz e nos uniu pelo Seu sangue. Não deixemos que as diferenças nos dividam. *CON CAMPBELL*

Como podemos preservar a paz com todos?

Querido Deus da paz, fizeste-nos um em Jesus. Ajuda-me a conhecer e a viver a paz que vem de ti.

A BÍBLIA EM UM ANO: SALMOS 49–50; ROMANOS 1

VENCER A INVEJA

Esta era a canção: Saul matou milhares, e Davi, dezenas de milhares. v.7

No filme *Amadeus* (1984), o compositor Antonio Salieri toca uma de suas músicas para um padre visitante que, envergonhado, não a reconhece. “E esta?”, diz Salieri, tocando uma melodia bem familiar. “Não sabia que você tinha escrito *isso*”, diz o padre. “Não escrevi; foi Mozart!”, responde Salieri. O sucesso de Mozart tinha causado profunda inveja em Salieri levando-o até mesmo a desempenhar um papel na morte de Mozart.

A Bíblia relata outra história de inveja. Após a vitória de Davi sobre Golias, os israelitas cantaram alegremente: “Saul matou milhares, e Davi, dezenas de milhares” (1 SAMUEL 18:7). A comparação não caiu bem com o rei Saul. Invejoso do sucesso de Davi e com medo de perder o seu trono (vv.8-9), Saul iniciou uma prolongada perseguição a Davi, tentando tirar-lhe a vida.

Como Salieri com a música ou Saul com o poder, somos normalmente propensos a invejar aqueles com dons semelhantes, mas melhores do que o nosso. E seja culpando o seu trabalho ou menosprezando o seu sucesso, nós também podemos tentar prejudicar os nossos “rivais”.

Saul tinha sido divinamente escolhido para a sua tarefa (10:6-7,24), e isso deveria ter fomentado segurança nele em vez de inveja. Sabendo que temos chamados únicos (EFÉSIOS 2:10), talvez a melhor maneira de superar a inveja seja deixar as comparações de lado e celebrarmos os êxitos uns dos outros. *SHERIDAN VOYSEY*

Como celebrar o sucesso do outro?

Amoroso Deus, agradeço-te pelo sucesso dos meus amigos e colegas.

VIDAS INESTIMÁVEIS EM CRISTO

há alegria na presença dos anjos de Deus quando um único pecador se arrepende. v.10

Lágrimas corriam-me pela face durante a busca frenética pelas minhas alianças de casamento e de aniversário perdidas. Finalmente, meu marido disse: "Lamento. Vamos substituí-las". Respondi a ele: "Obrigada, mas o valor sentimental ultrapassa o material e são insubstituíveis". Continuei orando e pedindo: "Por favor, Deus, ajuda-me a encontrá-las".

Mais tarde, encontrei minhas joias inestimáveis no bolso do roupão usado no início da semana e agradeci: "Obrigada, Jesus!". Enquanto nos regozijávamos, coloquei minhas alianças e recordei a parábola da mulher que perdera uma moeda (LUCAS 15:8-10). Tal como a mulher que procurou a sua moeda de prata perdida, eu reconhecia o valor da minha perda. Nenhuma de nós estava errada por querer encontrar os nossos bens. Jesus simplesmente usou essa história para enfatizar o Seu desejo de salvar cada pessoa que Ele criou. O arrependimento de um pecador causa grande celebração no Céu.

Que dádiva se orássemos por uma pessoa tão apaixonadamente como oramos para encontrar os "tesouros" perdidos. Que privilégio é celebrar quando alguém se arrepende e entrega a sua vida a Cristo. Se já confiamos em Jesus, podemos ser gratos por experimentar a alegria de sermos amados por Alguém que nunca desistiu de nós por acreditar que valia a pena nos encontrar.

XOCHITL E. DIXON

Você se comprometerá a orar pela salvação de alguém? De quem?

Pai, obrigado pela certeza de que cada pessoa que o Senhor criou é uma joia que Jesus pode salvar.

CONCIDADÃOS

Não assisti ao seu culto memorial por causa dos protocolos do coronavírus que limitavam o número de visitantes a 30 pessoas. Mas enquanto assistia *online*, pensei naqueles ao redor do mundo que também estavam sendo gratos pela pessoa vibrante, amorosa e divertida que Pamela tinha sido, incluindo os seus familiares no Malawi, onde foi sepultada.

Ela era uma das muitas na nossa igreja no norte de Londres que tinham vindo de um país distante, como eu, e a quem eu considerava irmã em Cristo. Afinal, a família de Deus transcende associações de tribo, raça e outras divisões, porque temos o mesmo Pai celestial. Deus nos une em Cristo.

O apóstolo Paulo reafirmou as nossas ligações familiares quando escreveu à igreja de Éfeso. Ele estava preocupado com as divisões entre os judeus e os cristãos gentios, dizendo: "Portanto, vocês já não são estranhos e forasteiros, mas concidadãos do povo santo e membros da família de Deus. Juntos, somos sua casa, edificados sobre os alicerces dos apóstolos e dos profetas. E a pedra angular é o próprio Cristo Jesus" (EFÉSIOS 2:19-20). Paulo sabia que o povo de Deus está unido como uma família "constituindo um templo santo para o Senhor. Por meio dele, vocês também estão sendo edificados como parte dessa habitação, onde Deus vive por seu Espírito" (VV.21-22).

Independentemente das nossas diferenças, como cristãos podemos buscar a Deus para nos ajudar a nos unirmos uns aos outros. Por meio do Seu Espírito, Ele não só suavizará as nossas peculiaridades, mas também nos ajudará a resolver as nossas diferenças mais profundas. O que nos une — o Pai, o Filho e o Espírito Santo — é mais do que aquilo que nos divide.

AMY BOUCHER PYE

UM NOVO ESTILO DE VIDA

Portanto, como filhos amados de Deus, imitem-no em tudo que fizerem. Vivam em amor... vv.1-2

Tenho dois netinhos e fico impressionado com a capacidade de imitação deles. É maravilhoso observar como eles aprendem pela convivência com seus pais. Todo amor que recebem, eles correspondem. O apóstolo Paulo diz que nós devemos ser assim com Deus, imitadores de nosso Pai e viver em amor, como Ele é amor. Mas a pergunta é: como posso fazer isso?

É claro que não podemos imitar a Deus em Sua onipotência ou onipresença; também não temos o Seu poder criador ou salvador. O que Paulo está dizendo é que, como Deus é amor, devemos viver em amor. Deus é luz, devemos andar na luz. Deus é verdade, então Seus filhos devem praticar a verdade.

Hoje em dia, há muitos cristãos confusos. Dizem crer na obra da salvação e que fazem parte da família de Deus, mas suas referências são, na maioria das vezes, celebridades que não servem de padrão de comportamento. Paulo diz que devemos imitar a Deus porque somos Seus filhos amados, porque fomos comprados por um alto preço; então devemos "viver em amor". Amor é perdão, é autossacrifício. Porém só podemos viver assim se nós nos relacionarmos com Jesus e não fizermos de nossa fé apenas um apêndice em nossa vida.

Temos uma escolha diária a fazer: quem será meu referencial? Será nossa sociedade idólatra, egoísta, narcisista, ou Jesus, que é amor?

PAULO MAZONI

Para nos despir da vida antiga
e nos revestir da nova vida,
precisamos escolher imitar a Deus.

Pai, muitas vezes tenho vivido de forma que não honra minha posição de filho Teu. Transforma-me, Senhor!

★ *TÓPICO DE AGOSTO: FAMÍLIA DE DEUS*

A BELEZA DA ADOÇÃO

Pois todos vocês são filhos de Deus por meio da fé em Cristo Jesus. v.26

O filme *Um sonho possível* (2009) retrata a vida do adolescente sem-teto Michael Oher. Uma família o acolhe e o ajuda a superar as dificuldades de aprendizagem e a alcançar a excelência no futebol. Em certa cena, depois de o jovem estar morando com essa família por meses, eles conversam sobre a possibilidade de adotá-lo. Demonstrando seu carinho, Oher lhes diz que pensava que já fazia parte da família!

A adoção é algo lindo. Compartilha-se o amor e a plena aceitação ocorre à medida que uma família abre os braços para o novo membro. Isso transforma vidas e mudou profundamente a de Oher.

Os cristãos são aceitos como "filhos de Deus por meio da fé em Cristo Jesus" (GÁLATAS 3:26). Somos adotados por Deus e nos tornamos Seus filhos e filhas (4:5). Adotados por Deus, recebemos o Espírito de Seu Filho, chamamos Deus de "Pai" (v.6), e nos tornamos Seus herdeiros e co-herdeiros com Cristo (ROMANOS 8:17). Tornamo-nos membros legítimos de Sua família.

A vida, a identidade e o futuro de Michael Oher foram transformados a partir de sua adoção. Quanto mais o é para nós que somos adotados por Deus! Nossa vida muda à medida que o conhecemos como Pai. Nossa identidade se transforma na medida em que fazemos parte da Sua família. E nosso futuro se transforma, pois recebemos uma gloriosa e eterna herança. *CON CAMPBELL*

Ser filho de Deus impacta a sua autoidentidade? Isso muda a maneira como você se vê?

Pai, obrigado, por me fazeres pertencer a ti.
Ajuda-me a entender minha identidade como Teu filho.

CAMINHANDO COM JESUS

...uma vez que estamos rodeados de tão grande multidão de testemunhas, livremo-nos de todo peso... v.1

A trilha *John Muir* tem 340 quilômetros no oeste dos Estados Unidos. Os caminhantes que a percorrem precisam essencialmente de alimentos leves, botas impermeáveis e um mapa. Essa trilha atravessa riachos, rodeia lagos e bosques, exige subidas e descidas de 1,5 km de elevação. É fundamental carregar a quantidade certa de suprimentos, uma vez que a travessia dura cerca de três semanas. Se levar muito, você ficará sem força para carregar tudo; se levar pouco, não terá o suficiente para a viagem.

Como cristãos, finalizar bem nossa jornada também requer cuidadosa consideração do que levamos conosco. O apóstolo Paulo nos exorta: "livremo-nos de todo peso que nos torna vagarosos e do pecado que nos atrapalha" (HEBREUS 12:1). Ele compara nossa vida a uma "corrida que foi posta diante de nós", na qual não ficaremos "cansados nem desanimados" (vv.1,3). Sobrecarregarnos com o pecado ou nos distrairmos por coisas que estão fora do propósito de Deus significa carregar um peso desnecessário.

Assim como há uma lista dos itens necessários para cruzar tal trilha, Deus em Sua Palavra nos dá instruções para seguirmos a Jesus. Podemos reconhecer quais os hábitos, sonhos e desejos que valem a pena cultivar quando os examinamos à luz das Escrituras. Viajando "sem pesos extras", terminaremos bem a jornada.

KAREN PIMPO

O que o impede de seguir a Jesus?
O que precisa ser "deixado para trás" para o seguir?

Jesus, durante o meu percurso aqui, ajuda-me a seguir Tuas instruções, Tua sabedoria e a terminar bem.

Saiba mais sobre fortalecer a sua jornada com Deus. Acesse: universidadecrista.org

NÃO ESQUECEREI

...eu não me esqueceria de vocês! v.15

"Tio Arthur, você se lembra do dia que você me levou à barbearia e ao supermercado? Eu estava usando calças cáqui, uma camisa xadrez, um cardigã azul-marinho, meias e sapatos marrom. Era uma quinta-feira, 20 de outubro de 2016." Os desafios relacionados ao autismo do meu sobrinho Jared são compensados por sua memória fenomenal que pode lembrar-se de detalhes como dias, datas e as roupas que ele vestia anos após isso ter ocorrido.

Por causa da maneira como Deus o criou, meu sobrinho tem o tipo de memória que me lembra do Deus onisciente e amoroso, o Guardião do tempo e da eternidade. Ele conhece os fatos e não esquecerá as Suas promessas ou Seu povo. Você já se questionou se foi esquecido ou não por Deus quando viu outros que parecem ser mais saudáveis, mais felizes, mais bem-sucedidos ou melhores em algo mais?

A situação menos que ideal de Israel permitiu que dissessem: "O SENHOR nos abandonou, o SENHOR se esqueceu de nós" (ISAÍAS 49:14). Mas não foi o caso. A compaixão e o cuidado de Deus excederam os laços naturais de afeto que as mães têm por seus filhos (V.15). Antes de aceitar rótulos como "abandonado" ou "esquecido", reflita sobre o que Deus fez em e através de Seu Filho, Jesus. No evangelho que traz perdão, Deus disse claramente: "eu não me esqueceria de vocês!" (V.15).

ARTHUR JACKSON

Você já aceitou o amor de Deus que enviou Seu Filho Jesus para morrer por seus pecados?

Pai, quando estou tentado a me sentir negligenciado e abandonado por ti, ajuda-me a refletir sobre o Teu amor.

GRANDEZA

*Quem quiser ser o primeiro,
que se torne o último e seja
servo de todos.* v.35

No século 17, Cuthbert evangelizou parte do norte da Inglaterra, aconselhou monarcas e influenciou o estado. A cidade de Durham foi construída em sua honra. Mas o legado dele é muito maior.

Depois de uma praga devastadora, Cuthbert visitou as cidades afetadas levando-lhes consolo. Ao sair de uma aldeia, ele verificou se havia alguém precisando de oração e encontrou uma mulher, segurando uma criança. Ela já tinha perdido um filho, e a criança em seus braços estava à beira da morte. Cuthbert segurou o menino, orou por ele e o beijou na testa. Ele disse à mãe: "Não tenha medo, ninguém mais em sua casa morrerá". Conta-se que o menino sobreviveu.

Certa vez, Jesus segurou uma criança em Seus braços para ensinar sobre a grandeza, dizendo: "Quem recebe uma criança pequena como esta em meu nome recebe a mim" (MARCOS 9:37). *Receber* alguém na cultura judaica significa o servir, como um anfitrião que recebe um convidado. Uma vez que as crianças serviam os adultos e não *eram* servidas, a ideia deve ter sido chocante. Qual o ensino de Jesus? A verdadeira grandeza reside em servir o menor e mais humilde (v.35).

Um conselheiro para monarcas. Um influenciador da história. Uma cidade construída em honra dele. Mas talvez no Céu seu legado seja assim: consolou uma mãe, beijou uma testa infantil, viveu com humildade e refletiu Seu Mestre. *SHERIDAN VOYSEY*

Como você pode refletir a grandeza de Jesus hoje?

Querido Deus, ajuda-me a servir humildemente os outros.

LEVANTE-SE NOVAMENTE

Embora os justos caiam sete vezes, eles se levantam novamente. v.16

O corredor olímpico Ryan Hall é o recordista dos EUA na meia maratona. Ele completou a distância da prova de 21 quilômetros em um tempo notável de 59 minutos e 43 segundos, tornando-se recorde norte-americano nessa corrida, completando-a em menos de uma hora. Embora ele já tenha celebrado vitórias com recordes, Hall conhece a decepção de não ter conseguido terminar uma corrida.

Tendo provado tanto o sucesso quanto o fracasso, Hall crê que a sua fé em Jesus o sustenta. Um de seus versículos favoritos é este encorajador lembrete: "Ainda que o justo tropece sete vezes, voltará a se levantar" (PROVÉRBIOS 24:16). Isso nos lembra de que os justos, aqueles que confiam e têm um relacionamento pessoal com Deus, ainda experimentarão dificuldades e sofrimentos. No entanto, à medida que o buscarem, mesmo em meio à dificuldade, Deus é fiel para dar-lhes a força para voltarem a se levantar.

Você já experimentou uma decepção ou fracasso devastador e sente que jamais se recuperará? As Escrituras nos encorajam a não confiarmos em nossa força, mas a continuarmos confiando em Deus e em Suas promessas. Quando confiamos no Senhor, o Espírito de Deus nos fortalece em cada uma das dificuldades que encontramos nesta vida, desde lutas aparentemente cotidianas até as mais significativas (2 CORÍNTIOS 12:9). *LISA M. SAMRA*

Como Deus o fortaleceu após uma difícil decepção? Isso o encoraja a enfrentar as lutas de hoje?

Pai, obrigado por Teu conforto e fortalecimento para que eu me levantasse novamente das minhas lutas.

 A BÍBLIA EM UM ANO: SALMOS 70–71; ROMANOS 8:22-39

PRIMEIRO PERDOE

Esaú correu ao encontro de Jacó e o abraçou... v.4

Nós nos considerávamos "irmãs em Cristo", mas minha amiga branca e eu começamos a agir como inimigas. Depois de discutir sobre as nossas as opiniões tão diferentes sobre raças, decidi que não queria mais vê-la. Tempos depois, fomos contratadas para servir no mesmo departamento de um ministério. No início, sentimo-nos *incapazes* de reconectar nossa amizade e conversamos sobre isso. Deus nos curou e ajudou a nos perdoarmos e darmos o nosso melhor ao ministério.

Deus também curou a amarga divisão entre Esaú e seu irmão gêmeo, Jacó, e abençoou a vida deles. O estrategista Jacó roubou a bênção de Esaú. Mas 20 anos depois, Deus chamou Jacó para voltar à sua terra natal. Jacó, então, enviou muitos presentes para apaziguar seu irmão. "Esaú correu ao encontro de Jacó e o abraçou; pôs os braços em volta do pescoço do irmão e o beijou. E os dois choraram" (GÊNESIS 33:4).

Deus insiste para que resolvamos os nossos conflitos com outros antes de oferecermos nossos dons, talentos ou tesouros a Ele (MATEUS 5:23-24). Em vez disso: "Vá, reconcilie-se com a pessoa e então volte e apresente sua oferta" (v.24). Jacó obedeceu a Deus reconciliou-se com Esaú, e mais tarde erigiu um altar ao Senhor (GÊNESIS 33:20). Que bela sequência: primeiro esforce-se por perdão e reconciliação. Depois, Ele nos recebe em Sua presença.

PATRÍCIA RAYBON

Quais passos são necessários para você se reconciliar com alguém?

Pai, quando guardo ressentimentos contra outros, leva-me antes ao Teu altar para pedir o Teu perdão.

A BÍBLIA EM UM ANO: SALMOS 72–73; ROMANOS 9:1-15

LUTAS JUSTAS

...quero ver uma grande inundação de justiça, um rio inesgotável de retidão. v.24

Quando John Lewis, congressista americano e líder dos direitos civis, morreu em 2020, políticos de muitas origens lamentaram. Em 1965, Lewis marchou com Martin Luther King Jr. para garantir aos cidadãos negros o seu direito de votar. Durante essa marcha, ele foi ferido no crânio e carregou as cicatrizes o restante de sua vida. Lewis nos alertou que quando vemos algo que é incorreto e injusto, temos a obrigação moral de dizer algo, fazer alguma coisa. Nunca, nunca, devemos temer "fazer barulho" e enfrentar as situações necessárias.

Lewis aprendeu cedo que fazer o que era certo, ser fiel à verdade, exigia envolver-se com o "bem". Ele precisaria falar coisas que eram impopulares. O profeta Amós sabia disso também. Vendo o pecado e a injustiça de Israel, ele não podia calar. Amós denunciou como os poderosos afligiam "o justo aceitando subornos e [não faziam] justiça ao pobre nos tribunais", enquanto construíam "belas casas de pedra" com "videiras verdejantes" (AMÓS 5:11-12). Em vez de ficar seguro e confortável fora do confronto, Amós destacou qual era o mal. Ele criou problemas bons e necessários.

Seu objetivo era obter justiça para todos: "um rio inesgotável de retidão" (v.24). Quando nos envolvemos com problemas que clamam por justiça, nosso objetivo deve sempre ser a bondade e a cura.

WINN COLLIER

O Espírito Santo o leva a clamar por justiça e retidão? Como discernir o que fazer?

Pai, ajuda-me a discernir o que fazer para honrar-te em todas as circunstâncias.

A BÍBLIA EM UM ANO: SALMOS 74–76; ROMANOS 9:16-33

★ *TÓPICO DE AGOSTO: FAMÍLIA DE DEUS*

AMOR DESTEMIDO

Se amamos nossos irmãos, [...] passamos da morte para a vida. Mas quem não ama continua morto. v.14

Há imagens tão poderosas que nunca são esquecidas. Pensei nisso ao ver uma famosa fotografia da falecida Princesa Diana de Gales. À primeira vista, a cena capturada parece corriqueira. Sorrindo calorosamente, a princesa está apertando a mão de um homem não identificado. Mas é a história por detrás dessa fotografia que a torna notável.

Em 19 de abril de 1987, quando a princesa visitou um hospital em Londres, o Reino Unido estava em completo pânico pela epidemia de AIDS. Sem saber como a doença que, muitas vezes matava rapidamente se espalhava, muitos tratavam suas vítimas como párias sociais.

O momento em que Diana cumprimentou um paciente aidético com as mãos sem luvas e um sorriso genuíno foi surpreendente. Essa imagem de respeito e bondade moveria o mundo para tratar as vítimas da AIDS com misericórdia e compaixão semelhantes.

Tal imagem me lembra de algo que muitas vezes esqueço. Vale a pena oferecer o amor de Jesus livre e generosamente aos outros. João lembrou aos primeiros cristãos que deixar o amor esmorecer ou esconder-se diante do nosso medo é realmente viver "morto" (1 JOÃO 3:14). E amar livremente e sem medo, na plenitude do poder e do amor do Espírito Santo significa que passamos da morte para a vida, significa experimentar a ressurreição em toda a sua perfeição (vv.14,16). MONICA LA ROSE

Quando você se sente mais propenso a deixar o medo sufocar o seu amor pelos outros?

Deus de amor, preenche-me com Teu Espírito até o meu medo se dissolver e Teu amor fluir através de mim.

AMOR QUE DISCIPLINA

Não rejeite a disciplina do SENHOR. v.11

Ela bateu fortemente a porta duas vezes. Calmamente, sussurrei: "Querida, aprenda a controlar o seu temperamento". Removi a porta e a levei para a garagem esperando que retirando-a temporariamente, isso a ajudasse a se lembrar da importância do autocontrole.

O sábio nos convida a aceitar a *disciplina*, que pode ser traduzida como "correção" de Deus. Sendo o Pai bom e amoroso, Ele fala através de Seu Espírito e das Escrituras para corrigir nosso comportamento autodestrutivo. A disciplina divina é relacional, enraizada em Seu amor e pelo desejo do que é melhor para nós. Às vezes se parece com consequências, outras, Deus pede que alguém indique os nossos pontos cegos. Pode ser desconfortável, mas a disciplina do nosso Pai é uma dádiva (PROVÉRBIOS 3:11-12).

Nem sempre a reconhecemos. O sábio advertiu: "Não rejeite a disciplina do SENHOR" (v.11). Às vezes tememos a disciplina divina; outras, interpretamos mal certas coisas como disciplina de Deus. Isso está longe da essência do Pai de amor que disciplina e corrige porque se deleita em nós e nos ama.

Em vez de temer a disciplina de Deus, que aprendamos a aceitá-la. Ao ouvirmos a Sua voz de correção em nosso coração ou aprendermos algo quando lemos as Escrituras, agradeçamos a Ele por se deleitar em nós o suficiente para nos levar ao que é melhor.

DANIEL RYAN DAY

Você reconhece a disciplina de Deus e sente o Seu amor divino quando é corrigido?

Deus, ajuda-me a reconhecer Tua disciplina para que eu possa descobrir a liberdade que me ofereces.

A BÍBLIA EM UM ANO: SALMOS 79–80; ROMANOS 11:1-18

ACESSÍVEL A TODOS

Mas a porta para a vida é estreita, e o caminho é difícil, e são poucos os que o encontram. v.14

Da ponte construída na ilha Eleutéria, os visitantes admiram o contraste gritante entre as águas de tom azul-escuro do Atlântico e as calmas águas turquesas do mar do Caribe. O tempo e as tempestades desfizeram a faixa original de terra antes marcada por um arco de pedra natural. Essa ponte de vidro é uma atração turística conhecida como "o lugar mais estreito do mundo".

A Bíblia nos ensina que o caminho que leva à vida eterna "é difícil, e são poucos os que o encontram" (MATEUS 7:14). A porta é considerada estreita, pois Deus, o Filho, é a única ponte que pode reconciliar o homem pecador e Deus, o Pai, pelo poder do Espírito Santo (vv.13-14; JOÃO 10:7-9; 16:13). No entanto, as Escrituras afirmam que os cristãos de cada povo, nação e classe social poderão entrar no Céu e se curvar diante do Rei dos reis e adorar juntos em torno de Seu trono (APOCALIPSE 5:9). Essa incrível imagem entre o contraste e a unidade inclui a beleza da diversidade de Seus adoradores.

Embora o nosso pecado tenha nos separado de Deus, cada pessoa é convidada a entrar na eternidade no Céu trilhando o estreito caminho de reconciliação por meio do relacionamento pessoal com Cristo. Seu sacrifício na cruz, ressurreição e ascensão ao Céu é a boa-nova do evangelho, acessível a todos e que vale a pena compartilhar diariamente.

XOCHITL E. DIXON

Como ser mais intencional em compartilhar o evangelho com os que o cercam?

Pai, capacita-me por Teu Espírito a mostrar aos outros o caminho que leva à vida eterna: Jesus.

SEJAMOS ATENTOS PARA OUVIR

Ouço com atenção o que Deus, o SENHOR, diz... v.8

"Venha imediatamente, nós atingimos uma geleira." Essas foram as primeiras palavras que Harold Cottam, o operador de rádio do navio *Carpathia*, recebeu do operador de rádio do *Titanic* que afundava às 0h25 em 1912. O navio *Carpathia* foi o primeiro a chegar à cena do desastre, salvando 706 vidas.

O capitão do *Carpathia*, Arthur Rostron, testemunhou no Senado dos EUA: "Tudo foi absolutamente providencial. Por acaso, naquele momento, o operador se preparava para dormir quando ouviu o rádio em sua cabine. Dez minutos depois e não teríamos ouvido o pedido de ajuda.

É importante ouvir — especialmente ouvir a Deus. Os descendentes de Corá nos exortam a obedecer com atenção: "[Ouçam] com atenção o que Deus, o SENHOR, diz, pois ele fala de paz a seu povo fiel; que não voltem, porém, a seus caminhos insensatos. Certamente sua salvação está perto dos que o temem..." (SALMO 85:8-9). Essa admoestação é especialmente comovente, pois seu antepassado, Corá, rebelara-se contra Deus e perecera no deserto (NÚMEROS 16:1-35).

Quando o *Titanic* afundou, tinha outro navio muito mais perto, mas seu operador de rádio já estava deitado. Se ele tivesse ouvido o sinal de socorro, talvez mais vidas tivessem sido salvas. Quando obedecemos aos ensinamentos de Deus, Ele nos ajuda a navegar até mesmo pelas mais conturbadas águas da vida.

JAMES BANKS

Como o estar atento à voz de Deus pode ajudá-lo a servir aos outros?

Pai, ajuda-me a ficar perto de ti.
Usa-me como Teu servo para levar
a Tua esperança a outros.

A VERDADEIRA NATUREZA DO AMOR

...deram não apenas o que podiam, mas muito além disso... v.3

Durante o confinamento da pandemia, João foi forçado a fechar sua academia e ficou sem sua renda por meses. Certo dia, um amigo pediu para encontrá-lo em suas instalações ao final do dia. João não entendeu o motivo, mas foi até lá. Logo os carros começaram a entrar no estacionamento. O motorista do primeiro carro colocou uma cesta na calçada perto da entrada. Em seguida, vieram aproximadamente 50 carros, um após outro. As pessoas acenavam e colocavam cartões e algum dinheiro na cesta. Alguns sacrificaram seu dinheiro; porém todos deram do seu tempo para encorajar João.

De acordo com Paulo, a verdadeira natureza do amor é sacrificial. O apóstolo explicou ao povo de Corinto que os macedônios deram "muito além" do que podiam para que pudessem atender às necessidades dos apóstolos e dos outros (2 CORÍNTIOS 8:3). Eles até "suplicaram" a Paulo pela oportunidade de doar a eles e ao povo de Deus. O motivo de eles doarem era o sagrado sacrifício de Jesus. Ele deixou as riquezas do Céu para vir à Terra para ser servo e dar Sua própria vida. "Embora fosse rico, por amor a [nós] ele se fez pobre" (v.9).

Que nós também imploremos a Deus para que possamos nos destacar "no generoso ato de contribuir" (v.7) para atender amorosamente às necessidades de outros. *ANNE CETAS*

**Quem precisa do seu encorajamento?
De que maneira você pode servir ou contribuir
de maneira sacrificial esta semana?**

Deus, Tu és tão bom. Concede-me oportunidades para abençoar outros por meio do Teu poder e sabedoria.

QUANDO NÃO ENTENDEMOS

Em tudo isso, Jó não pecou com seus lábios. v.10

"Eu não entendo o Seu plano. Entreguei-lhe toda a minha vida e acontece isso!" Essa era a mensagem de um filho à sua mãe quando seu sonho de ser bem-sucedido como atleta profissional foi temporariamente postergado. Quem já não teve uma experiência inesperada e decepcionante que leva a mente a duvidar? Um membro da família corta a comunicação sem explicação; a saúde se complica; a empresa é realocada; um acidente muda toda a vida.

Lemos sobre as tragédias e contratempos na vida de Jó. Humanamente falando, se havia alguém que se qualificasse para uma vida livre de problemas, era ele: "íntegro e correto, temia a Deus e se mantinha afastado do mal" (JÓ 1:1). Mas a vida nem sempre é como gostaríamos. Não foi assim para Jó nem o será para nós. A esposa dele o aconselhou: "amaldiçoe a Deus e morra!" (2:9), mas a resposta dele para ela foi sábia, instrutiva e adequada a nós também quando as coisas, grandes ou pequenas, que preferimos não enfrentar acontecem. "Aceitaremos da mão de Deus apenas as coisas boas e nunca o mal?". Em tudo isso, Jó não pecou com seus lábios" (v.10).

Que Deus nos fortaleça para permanecermos firmes em nossa confiança e reverência por Ele, mesmo quando não podemos entender como o Senhor age durante os dias difíceis.

ARTHUR JACKSON

Em que momento a sua fé em Deus foi provada? O que o Senhor usou em circunstâncias difíceis para manter intacta a sua confiança nele?

Pai, ajuda-me a confiar em ti e a honrar-te quando não vejo a Tua mão ou entendo o Teu plano.

Por que Deus permite o sofrimento? Acesse: universidadecrista.org

A BÍBLIA EM UM ANO: SALMOS 89–90; ROMANOS 14

ESTENDENDO A GRAÇA AOS OUTROS

...e sobre todos eles havia grande graça. Entre eles não havia necessitados... VV.33-34

Nosso filho passou os seus primeiros anos em um abrigo para crianças antes de o adotarmos. Antes de deixarmos esse local para levá-lo para nosso lar, pedimos para buscar seus pertences. Infelizmente, ele não tinha nenhum. Trocamos as roupas que ele usava pelas novas que tínhamos trazido para ele e deixamos algumas roupas para as outras crianças. Mesmo triste pelo pouco que lhe pertencia, eu me alegrava que agora poderíamos ajudar a atender suas necessidades físicas e emocionais.

Anos depois, vimos uma pessoa pedindo doações para famílias necessitadas. Meu filho doou alegremente os seus bichinhos de pelúcia e algumas moedas. Devido ao seu passado, ele poderia ter (compreensivelmente) tido mais apego aos seus pertences. Gosto de pensar que a generosidade dele foi igual a reação demonstrada pela Igreja Primitiva: "sobre todos eles havia grande graça", que ninguém no meio deles era necessitado (ATOS 4:33-34). As pessoas vendiam voluntariamente seus bens para suprir as necessidades uns dos outros.

Quando nos tornamos conscientes das necessidades dos outros, sejam elas materiais ou não, que a graça de Deus aja tão poderosamente em nós para reagirmos como eles: oferecendo voluntariamente do que temos aos necessitados. Isso torna os cristãos canais da graça de Deus "unidos em coração e mente" (V.32).

KIRSTEN HOLMBERG

O que você pode compartilhar como uma manifestação da graça de Deus?

Deus, ajuda-me a compartilhar o que me deste e a confiar em ti para suprir minhas necessidades.

Saiba mais sobre graça divina. Acesse:paodiario.org

A BÍBLIA EM UM ANO: SALMOS 91–93; ROMANOS 15:1-13

★ *TÓPICO DE AGOSTO: FAMÍLIA DE DEUS*

FÉ ATUANTE

A religião pura e verdadeira aos olhos de Deus, o Pai, é esta: cuidar dos órfãos e das viúvas... TIAGO 1:27

O pai de Samuel fugiu para preservar sua vida durante um golpe militar. Com a súbita perda de renda, ele não podia mais pagar pelo remédio que mantinha o irmão de Samuel vivo. Questionando Deus, Samuel pensou: *O que fizemos para merecer isso?*

Um cristão soube dessa necessidade e supriu o custo desse remédio para a família. O presente de um estranho que salvou a vida desse garoto os impactou profundamente. "Neste domingo, iremos à igreja deste homem", declarou sua mãe. A raiva de Samuel começou a diminuir. E, eventualmente, cada membro da família colocou a sua fé em Jesus, um por um.

Quando Tiago escreveu sobre a necessidade da integridade, que acompanha a confissão da fé em Cristo, como estilo de vida, ele destacou a necessidade de cuidar dos outros. "Se um irmão ou irmã necessitar de alimento ou de roupa e vocês disserem: 'Até logo e tenha um bom dia, aqueça-se e coma bem', mas não lhe derem alimento nem roupa, em que isso ajuda?" (TIAGO 2:15-16).

Nossas ações demonstram a autenticidade de nossa fé. De maneira significativa, essas ações podem influenciar as escolhas de fé dos outros. No caso de Samuel, ele se tornou um pastor e implantador de igrejas. Com o tempo, ele passou a chamar o homem que ajudou a sua família de "Papai Mapes", reconhecendo-o como seu pai espiritual por ter demonstrado o amor de Jesus a ele.

TIM GUSTAFSON

Você pode fazer algo para ajudar alguém em necessidade?

Fidelíssimo Deus, ajuda-me a viver minha fé em ti, e que eu possa servir os outros e te honrar.

A BÍBLIA EM UM ANO: SALMOS 94–96; ROMANOS 15:14-33

CONFIANDO NA BÍBLIA

Quando descobri tuas palavras, devorei-as; são minha alegria e dão prazer a meu coração... v.16

Certa vez, o renomado evangelista americano, Billy Graham, descreveu sua luta para aceitar a Bíblia como completamente verdadeira. Uma noite, enquanto caminhava sozinho à luz da lua em um centro de retiros nas montanhas, ele se ajoelhou e colocou a sua Bíblia sobre um toco de árvore, capaz apenas de balbuciar uma oração: "Ó, Deus! Há muitas coisas neste livro que eu não compreendo".

Ao confessar sua confusão, Graham disse que o Espírito Santo finalmente o libertou para dizer: "Pai, pela fé eu vou aceitá-la como a Tua Palavra!". Ele ainda tinha questionamentos quando se levantou, mas reconhecia que a batalha espiritual travada em sua alma tinha sido vencida."

O jovem profeta Jeremias também teve batalhas espirituais, porém, ele sempre buscou respostas nas Escrituras. "Quando descobri tuas palavras, devorei-as; são minha alegria e dão prazer a meu coração" (JEREMIAS 15:16). Ele declarou: "essas mensagens do SENHOR [ardem] como fogo em meu coração, é como fogo em meus ossos" (20:8-9). Charles Spurgeon, evangelista do século 19, escreveu: "[Jeremias] nos lega um segredo. Sua vida exterior, seu fiel ministério em especial, foi causado por seu intenso amor pela Palavra que ele pregava".

Nós também podemos moldar a nossa vida pela sabedoria das Escrituras, apesar de nossas lutas. Podemos continuar estudando-a, como sempre, pela fé.

PATRÍCIA RAYBON

Como as Escrituras têm moldado a sua vida?

Pai, quando leio a Bíblia revela-me coisas novas sobre ti. Ensina-me Teus caminhos. Mostra-me Teu amor.

DEUS CONHECE SUA HISTÓRIA

Examina-me, ó Deus, e conhece meu coração; prova-me e vê meus pensamentos. v.23

Enquanto dirigia para casa, depois do almoço com a minha melhor amiga, agradeci a Deus em voz alta por ela. Uma amiga que me conhece e me ama, apesar de coisas que não amo em mim mesma. É uma das poucas que fazem parte de um pequeno círculo que me aceita como sou: minhas peculiaridades, hábitos e erros. Ainda assim, há partes da minha história que não compartilho com quem amo, momentos em que não fui heroica: fui crítica, cruel ou não demonstrei amor. Mas Deus conhece toda a minha história. Com Ele posso falar livremente, mesmo o que eu relute em falar com os outros.

As palavras do Salmo 139 descrevem a intimidade que desfrutamos com nosso Rei Soberano. Ele nos conhece por completo (v.1)! Ele sabe "tudo que faço" (v.3). O Senhor nos convida a ir até Ele com nossa confusão, nossos anseios e nossas lutas com a tentação. Quando estamos dispostos a nos entregarmos totalmente a Ele, Deus estende a Sua mão para restaurar e reescrever as partes da nossa história que nos deixam tristes por vagarmos longe dele.

Deus nos conhece melhor do que qualquer um jamais poderá, e *ainda* assim... Ele nos ama! Quando nos rendemos diariamente ao Senhor e procuramos conhecê-lo mais plenamente, Deus pode transformar nossa história para a Sua glória. Ele é o autor que continua a escrevê-la.

CINDY HESS KASPER

Você está certo de que Deus sempre o amará incondicionalmente? Como entregar-se a Ele dia após dia?

Precioso Pai, obrigado por Teu amor. Ajuda-me a entregar-me integralmente a ti.

A BÍBLIA EM UM ANO: SALMOS 100–102; 1 CORÍNTIOS 1

LEMBRE-SE E CELEBRE

[Jesus] Tomou o pão e agradeceu a Deus. [...] partiu-o [...] dizendo: Este é o meu corpo... v.19

Em 1907, as explosões abalaram uma pequena comunidade norte-americana, produzindo um dos piores desastres da história da indústria de mineração de carvão. Morreram cerca de 360 mineiros, e estima-se que essa tragédia tenha deixado cerca de 250 viúvas e 1.000 órfãos. Os historiadores afirmam que os cultos memoriais se tornaram a semente a partir da qual mais tarde viria a ser celebrado o Dia dos Pais. Dessa grande perda veio a lembrança e, eventualmente, a celebração aos pais.

A maior tragédia da história humana ocorreu quando os seres humanos crucificaram o Seu Criador. Esse momento sombrio também produziu a lembrança tanto quanto a celebração. Na noite anterior em que Jesus enfrentou a cruz, Ele utilizou os elementos que faziam parte da Páscoa judaica e criou Sua própria celebração memorial. Lucas descreve a cena desta maneira: "Tomou o pão e agradeceu a Deus. Depois, partiu-o e o deu aos discípulos, dizendo: "Este é o meu corpo, entregue por vocês. Façam isto em memória de mim" (LUCAS 22:19).

Ainda hoje, sempre que participamos da Ceia do Senhor, honramos o Seu grande e inabalável amor por nós, lembrando o custo de nosso resgate e celebrando o dom da vida que o Seu sacrifício produziu. Como Charles Wesley escreveu em um de seus hinos: "Amor incrível! Como pode ser que Tu, meu Deus, deverias morrer por mim?".

BILL CROWDER

Quais são algumas maneiras de estar atento à cruz de Cristo?

Pai, ajuda-me a lembrar o custo do Teu perdão e a celebrar Teu grande e maravilhoso amor por mim.

PAZ EM MEIO AO CAOS

Meu socorro vem do SENHOR,
que fez os céus e a terra! v.2

Joana despertou do sono com o estrondo que soava como fogos de artifício e viu que os vidros tinham se quebrado. Ela se levantou para ver o que estava acontecendo e desejou que não estivesse morando sozinha. As ruas estavam vazias e escuras e, a casa parecia estar bem até ela ver o espelho quebrado.

Os investigadores encontraram uma bala a apenas meia polegada dos canos do gás. Se tivesse atingido o cano, Joana provavelmente não teria sobrevivido. Mais tarde, eles descobriram que era uma bala perdida vinda de apartamentos próximos, mas com isso Joana sentia medo de ficar em sua casa. Ela orou pedindo paz e, quando limpava o vidro, o coração dela se acalmou.

O Salmo 121 é um lembrete para olharmos para Deus em tempos de aflições. Aqui, vemos que podemos ter paz e calma porque o nosso "socorro vem do SENHOR, que fez os céus e a terra!" (v.2). O Deus que criou o Universo nos protege e cuida de nós (v.3) mesmo enquanto dormimos, mas Ele mesmo nunca cochila nem dorme (v.4). Ele cuida de nós dia e noite (v.6), "agora e para sempre" (v.8).

Deus vê, não importa em que tipo de situações nos encontremos. E o Senhor está esperando que nos voltemos para Ele. Quando o fizermos, nem sempre as nossas circunstâncias mudarão, mas Deus prometeu a Sua paz em meio de tudo isso.

JULIE SCHWAB

Você já experimentou a paz de Deus em uma situação preocupante? Você pode descrever a ajuda de Deus aos outros?

Amoroso Deus, obrigado por Tua paz.
Senhor, acalma o meu coração
nas áreas caóticas da minha vida.

AMPARO NAS TEMPESTADES

[O Senhor] acalmou a tempestade e aquietou as ondas. v.29

Durante a primeira viagem do missionário escocês Alexander Duff à Índia, em 1830, ele naufragou durante uma tempestade na costa da África do Sul. Duff e seus companheiros foram parar numa pequena e desolada ilha. Tempos depois, um dos tripulantes encontrou uma cópia da Bíblia que pertencia a Duff à beira da praia. Quando o livro secou, Duff leu o Salmo 107 para seus companheiros sobreviventes, e eles se sentiram encorajados. Finalmente, após um resgate e mais um naufrágio, o missionário chegou à Índia.

O Salmo 107 relata a maneira como Deus libertou os israelitas. Duff e seus companheiros, sem dúvida, identificaram-se e se confortaram com as palavras do salmista: "Acalmou a tempestade e aquietou as ondas. A calmaria os alegrou, e ele os levou ao porto em segurança" (vv.29-30). E, como os israelitas, eles também "louvaram o Senhor por sua bondade e pelas maravilhas que fez pela humanidade" (v.31).

Vemos um paralelo do Salmo 107:28-30 no Novo Testamento (MATEUS 8:23-27; MARCOS 4:35-41). Jesus e Seus discípulos estavam num barco, no mar, quando uma violenta tempestade começou. Seus discípulos gritavam de medo, e Jesus — Deus encarnado — acalmou o mar. Nós também podemos nos encorajar! Nosso poderoso Deus e Salvador ouve e responde aos nossos clamores e nos conforta no meio de nossas tempestades. *ALYSON KIEDA*

Quando foi que você clamou a Deus em uma "tempestade"? Qual foi o resultado?

Obrigado, Deus, por não me deixares só para enfrentar as tempestades. Eu preciso de ti!

NÃO BUSQUE A VINGANÇA

[Saul disse]: "O SENHOR me entregou em suas mãos, mas você não me matou". v.18

Certa manhã um fazendeiro subiu em seu caminhão para inspecionar suas plantações. O sangue dele ferveu quando alcançou o extremo mais distante da sua propriedade. Alguém tinha novamente usado parte de sua fazenda para despejar ilegalmente o lixo.

Enquanto enchia o caminhão com os sacos de restos de comida, o fazendeiro encontrou um envelope. Nele estava impresso o endereço do criminoso. Essa oportunidade foi boa demais para ser ignorada. Naquela noite, ele dirigiu até a casa do criminoso e encheu o jardim não só com o lixo juntado, mas com o seu também!

Dizem que a vingança é doce. Será? Davi e seus homens estavam escondidos numa caverna para escapar do assassino rei Saul. Quando Saul entrou nessa mesma caverna para se aliviar, os homens de Davi viram uma oportunidade de vingança boa demais para ser ignorada (vv.3-4). Mas Davi foi contra esse desejo de vingança, dizendo: "Que o SENHOR me livre de fazer tal coisa a meu senhor" (v.6). Quando Saul descobriu que Davi escolhera poupar sua vida, ele incredulamente exclamou: "Você é mais justo que eu" (vv.17-18).

À medida que nós ou mesmo nossos entes queridos enfrentamos a injustiça, as oportunidades de vingança podem surgir. Vamos ceder a esses desejos, como o fazendeiro fez, ou nos afastaremos deles, como Davi? Escolheremos a justiça em vez da vingança?

SHERIDAN VOYSEY

A atitude de Davi pode guiá-lo em sua busca por justiça?

Jesus, sei que também amas os nossos inimigos, que busquemos a justiça do Teu jeito.

Saiba mais sobre como encontrar a paz no perdão. Acesse: paodiario.org

A BÍBLIA EM UM ANO: SALMOS 110–112; 1 CORÍNTIOS 5

★ *TÓPICO DE AGOSTO: FAMÍLIA DE DEUS*

AME O SEU INIMIGO

[Vocês] serão minhas testemunhas em toda parte: em Jerusalém, em toda a Judeia, em Samaria. v.8

Tentei evitá-la antes de ela me ver, pois não queria lidar com ela naquela época, aliás *nunca*. Queria ignorá-la, colocá-la em seu lugar. Embora eu estivesse irritado com as atitudes dela, talvez eu a tivesse irritado ainda mais!

Os judeus e os samaritanos também se relacionavam com aversão mútua. Sendo um povo de origem mista que adorava seus próprios deuses, os samaritanos, aos olhos dos judeus, tinham deturpado a linhagem e a fé judaicas, erigindo uma religião rival no monte Gerizim (JOÃO 4:20). Os judeus desprezavam tanto os samaritanos que seguiam pelo caminho mais longo em vez de tomar a rota direta por esse país.

Jesus revelou uma maneira melhor. Ele trouxe salvação para todas as pessoas, incluindo os samaritanos. Ele entrou em Samaria para levar água viva a uma mulher e para a cidade dela (vv.4-42). Suas últimas palavras aos Seus discípulos foi pedir-lhes que seguissem o Seu exemplo. Eles deveriam compartilhar Suas boas-novas com todos, começando em Jerusalém e dispersando-se através de Samaria até chegarem nos "lugares mais distantes da terra" (ATOS 1:8). Samaria foi mais do que a próxima sequência geográfica. Foi a parte mais dolorosa da missão. Os discípulos tiveram que superar seus preconceitos para amar as pessoas que não gostavam.

Jesus é mais importante do que suas mágoas? Certifique-se. Ame o seu "samaritano".

MIKE WITTMER

Você demonstra o amor de Cristo ao seu próximo?

Pai, que as ondas do Teu amor venham sobre mim, permitindo que de mim flua o Teu amor.

A BÍBLIA EM UM ANO: SALMOS 113–115; 1 CORÍNTIOS 6

PROVISÃO DE DEUS

...se Deus veste com tamanha beleza as flores [...] não será muito mais generoso com vocês? MATEUS 6:28-30

Caminhávamos cada vez mais rumo ao interior da floresta, aventurando-nos cada vez mais longe da aldeia chinesa. Depois de andarmos por uma hora ou mais, ouvimos o bramido ensurdecedor da água. Acelerando nossos passos, logo chegamos a uma clareira e fomos recebidos pela bela cortina da água branca em cascata sobre as rochas cinza. *Espetacular!*

Nossos guias, que moravam na aldeia da qual tínhamos saído uma hora antes, decidiram que deveríamos fazer um piquenique. Ótima ideia, mas onde estava a comida? Não tínhamos levado nada. Meus amigos desapareceram na floresta e voltaram com frutas, legumes e até alguns peixes. O *shuixiangcai* parecia estranho com suas pequenas flores roxas, mas tinha um sabor divino!

Lembrei-me de que a criação declara a provisão extravagante de Deus. Vemos Sua generosidade em "todos os tipos de plantas portadoras de sementes, e árvores com frutos que carregam sementes" (GÊNESIS 1:12). Deus nos criou e nos deu "todas as plantas com sementes em toda a terra e todas as árvores frutíferas, para que [nos] sirvam de alimento" (v.29).

Você confia em Deus para atender às suas necessidades? Dê um passeio ao redor da natureza! Que as palavras de Jesus o animem: "Não se preocupem, dizendo: 'O que vamos comer? O que devemos beber?' [...] seu Pai celestial já sabe do que vocês precisam [...] todas essas coisas" (MATEUS 6:31-33).

POH FANG CHIA

Como Deus proveu suas necessidades?

Pai amoroso, Tu és generoso.
Ajuda-me a confiar em ti
para suprir as minhas necessidades.

UMA BOA RAZÃO

...a primeira responsabilidade deles é mostrar devoção no lar... v.4

Duas mulheres ocuparam os assentos do corredor na mesma fileira. Observei suas interações durante o voo. Elas se conheciam e pareciam aparentadas. A mais nova, provavelmente em seus 60 anos, passava à idosa, em torno de 90: fatias de maçã, sanduíches caseiros, depois uma toalha de higiene e, por fim, o exemplar de um jornal. Cada item era entregue com tanta ternura e dignidade. Quando saíamos do avião, eu disse à mulher mais nova: "Notei como você se importava com ela. Foi lindo". Ela respondeu: "Ela é minha mãe, a minha melhor amiga".

Não seria ótimo se todos nós pudéssemos dizer algo assim? Alguns pais são como os melhores amigos, outros nem tanto. Na verdade, muitos desses relacionamentos familiares, na melhor das hipóteses, são sempre complicados. Embora a carta de Paulo a Timóteo não ignore essa complexidade, ela ainda nos convida a colocarmos como nossa "primeira responsabilidade [...] mostrar devoção no lar e retribuir aos pais o cuidado recebido [...] especialmente dos de sua própria família" (1 TIMÓTEO 5:4,8).

Muitas vezes, praticamos esse cuidado apenas quando os familiares foram ou ainda são bons para nós. Em outras palavras, se eles merecem. Mas Paulo oferece uma razão melhor para recompensá-los. Cuide deles, pois "isso é algo que agrada a Deus" (v.4).

JOHN BLASE

Se os seus pais vivem, como está o seu relacionamento com eles? Você os honra, independentemente de como agiram?

Pai, concede-me graça para cuidar dos que cuidaram de mim. Lembra-me sempre de que isso te agrada.

ATENTO AOS ALERTAS

Mas quem me negar aqui na terra,
eu também o negarei diante de
meu Pai no céu. v.33

Não me surpreendi quando um batedor de carteiras tentou me roubar enquanto estava de férias em outro país. Eu tinha sido alertado sobre o perigo dos ladrões no metrô e sabia o que fazer para me proteger. No entanto, nunca esperei que isso acontecesse. Felizmente, o jovem que pegou minha carteira tinha dedos escorregadios, e ela caiu no chão e pude recuperá-la. Mas o incidente me lembrou de que eu deveria estar mais atento.

Não gostamos das advertências porque achamos que elas atrapalharão a nossa vida, mas é fundamental prestar atenção nelas. Por exemplo, Jesus nos "advertiu" com clareza quando enviou Seus discípulos para anunciar "que o reino dos céus está próximo" (MATEUS 10:7). Ele disse: "Quem me reconhecer em público aqui na terra, eu o reconhecerei diante de meu Pai no céu. Mas quem me negar aqui na terra, eu também o negarei diante de meu Pai no céu" (vv.32-33).

Temos a escolha. Deus, com amor, proveu-nos o Salvador e o plano para estarmos eternamente em Sua presença. Mas se nos afastarmos de Deus e optarmos por rejeitar Sua mensagem de salvação e da verdadeira vida que Ele oferece para agora e para sempre, perdemos a oportunidade de estar com o Senhor.

Que confiemos em Jesus, Aquele que escolheu nos salvar para não estarmos eternamente separados de Deus que nos criou e nos ama.

DAVE BRANON

Por que é tão sério rejeitar a Jesus?
De que maneira você respondeu ao Seu chamado?

Pai, obrigado pela salvação através de Jesus
e por Teus alertas sobre a importância de confiarmos nele.

 A BÍBLIA EM UM ANO: SALMO 119:89-176; 1 CORÍNTIOS 8

O MÉDICO SUPREMO

[Ezequias] Removeu os santuários [...]. Despedaçou a serpente de bronze que Moisés havia feito. 2 REIS 18:4

O tratamento médico trouxe alívio para as severas alergias alimentares de um familiar. Fiquei tão animada que falava sobre isso o tempo todo. Falava sobre o processo em detalhes e enaltecia o médico que havia criado o programa. Finalmente, alguns amigos comentaram: "Cremos que Deus é quem deve receber o crédito pela cura". Isso me fez parar e pensar se eu havia desviado o meu olhar do Supremo Médico e transformado tal cura em um ídolo.

A nação de Israel caiu numa armadilha semelhante quando começou a queimar incenso a uma serpente de bronze que Deus havia usado para curá-los. Eles a adoravam até que Ezequias identificou isso como idolatria e "despedaçou a serpente de bronze que Moisés havia feito" (2 REIS 18:4).

Séculos antes, "o SENHOR enviou serpentes venenosas que morderam o povo, e muitos morreram" (NÚMEROS 21:6). Embora a rebelião espiritual de Israel tivesse causado o problema, o povo clamou pela ajuda divina. Com misericórdia, Deus orientou Moisés: "Faça a réplica de uma serpente venenosa e coloque-a no alto de um poste" para que todos a vejam. Quem olhasse para essa réplica seria curado (vv.4-9).

Alguma dádiva de Deus se tornou objeto de louvor, em vez da evidência de Sua misericórdia e graça? Apenas o nosso Santo Deus, a Fonte de toda dádiva (TIAGO 1:17), é digno de adoração.

JENNIFER BENSON SCHULDT

Você já deu crédito a outras pessoas por aquilo que Deus fez em sua vida?

Senhor Deus, Tu és o Todo-Poderoso que ouves as minhas preces. Obrigado por Teu cuidado e provisão.

UM GRANDE FINAL

...eu venho em breve e trago comigo a recompensa para retribuir a cada um de acordo com seus atos. v.12

Meu marido e meu filho *zapearam* pelos canais de TV e descobriram que seus filmes favoritos estavam passando. Eles apreciaram as cenas finais que puderam assistir, e a busca se tornou uma diversão. Conseguiram espiar o fim de oito de seus filmes favoritos. Frustrada, perguntei o motivo de não escolherem um filme para assistir desde o início. Meu marido riu. "Quem não gosta de um grande final?".

Tive de admitir que também gosto de espiar os finais dos meus livros ou filmes favoritos. Até lendo a Bíblia já me concentrei nas minhas partes favoritas ou nas que parecem mais palatáveis e fáceis de entender. Mas o Espírito Santo usa todas as palavras de Deus, as quais são confiáveis e aplicáveis à vida para nos transformar e afirmar que Sua história terminará bem para os que creem em Jesus.

Cristo se declara "o Alfa e o Ômega, o Primeiro e o Último, o Princípio e o Fim" (APOCALIPSE 22:13). Ele proclama que o Seu povo herdará a vida eterna (v.14) e adverte aqueles que se atrevem a acrescentar ou retirar "algo ao que está escrito" na Bíblia (vv.18-19).

Talvez não entendamos tudo na Bíblia, mas sabemos que Jesus está retornando. Ele manterá Sua palavra, destruirá o pecado, corrigirá todos os erros, fará tudo novo, e reinará como nosso amado Rei para sempre. Esse é um grande final que nos conduz ao nosso novo começo!

XOCHITL E. DIXON

Saber que Jesus está voltando o ajuda a viver para Ele hoje?

Vem, Senhor Jesus! Vem!

O PODER DO EVANGELHO

...aguardo com expectativa para visitá-los, a fim de anunciar as boas-novas também a vocês em Roma. v.15

A Roma Antiga tinha sua própria versão do "evangelho" — a boa-nova. De acordo com o poeta Virgílio, Zeus, rei dos deuses, havia decretado para os romanos um reino sem fim ou limites. Os deuses tinham escolhido Augusto como filho divino e salvador do mundo, inaugurando uma era de ouro, de paz e de prosperidade.

No entanto, nem todos recebiam isso como boas-novas. Para muitos, foi uma realidade imposta pela mão pesada dos carrascos do exército do imperador. A glória do império foi construída pelo esforço dos escravos que serviam, mesmo sem ter sua identidade legal ou propriedades, à vontade dos senhores que os subjugavam.

Nesse contexto, Paulo se apresentou como servo de Cristo (ROMANOS 1:1). Jesus, aquele que Paulo tinha odiado no passado. E como o próprio Jesus tinha sofrido por admitir que era o rei dos judeus e Salvador do mundo.

Paulo explicou essa boa-nova no restante de sua carta aos romanos. Boas-novas "que são o poder de Deus em ação para salvar todos os que creem" (v.16). Como isso era necessário para os que tinham sofrido sob o domínio de César! Aqui estava a notícia sobre o Salvador crucificado e ressurreto — o libertador que conquistou Seus inimigos demonstrando o quanto Ele os amava.

MART DEHAAN

Quais palavras iniciais aos romanos descrevem as boas-novas? (1:1-7). **Por que alguém (Paulo) que odiou tanto a Jesus no passado agora quer que todos creiam nele?** (ATOS 26).

As boas-novas são mais bem conhecidas por aqueles que reconhecem o quanto precisam delas.

MISERICÓRDIA E GRAÇA

[Josias] começou a buscar o Deus de seu antepassado Davi. v.3

Um imponente girassol estava fincado sozinho numa faixa solitária da rodovia nacional, a poucos metros da pista rápida. Passando por lá, perguntava-me como ele tinha crescido ali sem outros girassóis visíveis por quilômetros. Só Deus poderia criar uma planta tão resistente a ponto de crescer tão à beira da estrada. Lá estava ele, crescendo, balançando suavemente na brisa e cumprimentando alegremente os viajantes que passavam.

O Antigo Testamento relata sobre um jovem e fiel rei de Judá que também apareceu inesperadamente. Seu pai e avô tinham servido entusiasticamente outros deuses; mas depois de Josias reinar por 8 anos, "enquanto ainda era jovem, começou a buscar o Deus de seu antepassado Davi" (2 CRÔNICAS 34:3). Ele enviou trabalhadores para "restaurarem o templo do SENHOR" (v.8), e eles encontraram o Livro da Lei (os cinco primeiros livros do Antigo Testamento, v.14). Deus então inspirou Josias a liderar toda a nação de Judá a retornar à fé dos seus antepassados, e eles serviram ao Senhor "pelo restante da vida do rei" (v.33).

Nosso Deus é o mestre das misericórdias inesperadas. Ele é capaz de fazer surgir inesperadamente enorme bem dentre as circunstâncias mais desfavoráveis da vida. Observe-o de perto. Hoje, o Senhor pode fazer isso novamente. *JAMES BANKS*

Com quais misericórdias Deus o surpreendeu? O fato de Ele ser capaz de transformar a nossa realidade lhe traz esperança hoje?

Pai, louvo-te por nunca teres mudado. "Suas misericórdias se renovam cada manhã"!
(LAMENTAÇÕES 3:23).

COMPARTILHANDO JESUS

Deem graças ao SENHOR! Louvem seu nome! Contem aos povos o que ele fez, anunciem... v.4

Logo após o evangelista Dwight Moody (1837–99) aceitar a fé em Cristo, ele resolveu não deixar passar um dia sem compartilhar as boas-novas de Deus com ao menos uma pessoa. Em dias agitados, às vezes ele esquecia sua resolução até tarde. Certa noite, Moody estava na cama quando lembrou-se disso. Saiu e pensou: *Ninguém sairá nesta chuva torrencial*. Naquele instante, viu um homem andando pela rua. Moody correu e pediu para se abrigar debaixo do guarda-chuva desse homem. Quando teve chance, ele perguntou: "Você tem algum abrigo na hora da tempestade? Posso lhe falar sobre Jesus?".

Moody personificou a prontidão para compartilhar como Deus nos salva das consequências de nossos pecados. Ele obedeceu às instruções de Deus aos israelitas para proclamar Seu nome e contar "aos povos o que ele fez". Não só o povo de Deus foi chamado para dar graças e louvar Seu nome (ISAÍAS 12:4), mas também para compartilhar como Ele tinha se tornado a salvação (v.2). Séculos depois, o nosso chamado permanece o mesmo: contar as maravilhas de Jesus que se tornou homem, morreu na cruz e ressuscitou.

Talvez tenhamos ouvido falar do amor de Deus quando alguém saiu de sua zona de conforto, como Moody o fez, para falar conosco sobre Jesus. E nós também, cada um à sua maneira, podemos compartilhar com alguém sobre Jesus, o Salvador.

AMY BOUCHER PYE

Como Deus o capacita para compartilhar sobre Seu Filho Jesus?

Jesus, obrigado por me libertares do pecado. Ajuda-me a estar pronto a compartilhar o Teu evangelho.

A BÍBLIA EM UM ANO: SALMOS 132–134; 1 CORÍNTIOS 11:17-34

ESPERANÇA MAIS PROFUNDA DO QUE A MORTE

Ultimamente, tenho ouvido conversas de líderes cristãos que percebem com clareza a necessidade de a Igreja recuperar um foco central na cruz e ressurreição de Cristo: a história da derrota cósmica de Deus sobre os principados e poderes da morte e do mal para sustentar verdadeiramente a esperança. Infelizmente, algumas comunidades de fé perderam essa ênfase. Trocaram-na por uma ênfase principalmente individualista da experiência pessoal de perdão, mesclada com conselhos positivos para uma vida feliz..

No entanto, durante a pandemia de coronavírus, os líderes da igreja começaram a perceber que, para os que sofriam a perda de entes queridos ou que sofriam fortemente pela dor que os rodeava, as mensagens centradas na felicidade individual soavam vazias.

Precisamos de uma esperança que considere verdadeiramente o peso do pecado e da morte que ronda o nosso mundo. Esperança que seja mais profunda do que a morte.

O evangelho é a história de como Deus redimiu o cosmos ferido por meio da cruz e da ressurreição de Jesus — um acontecimento verdadeiramente transformador. Pela graça de Deus, nós somos convidados a compartilhar esse acontecimento com o mundo.

Somente quando enfrentamos plenamente as *más* notícias, a profundidade do pecado e a força da morte sobre a criação, podemos compreender a maravilha das boas-novas, "na esperança de que, com os filhos de Deus, a criação seja gloriosamente liberta da decadência que a escraviza" (ROMANOS 8:21).

Mesmo quando lamentamos honestamente o "gemer" da criação (v.22), podemos experimentar as *boas-novas* de que *Jesus está vivo*. Ele está agindo por meio de comunidades de pessoas cheias do Espírito e de esperança e nos conduzindo da morte para a vida gloriosa da ressurreição.

MONICA LA ROSE

ENVIADOS PELO ESPÍRITO SANTO

O Espírito Santo disse: "Separem Barnabé e Saulo para realizarem o trabalho para o qual os chamei". v.2

Antioquia da Síria era uma cidade cosmopolita, e a igreja que lá estava representava bem a sua diversidade racial. Naquela igreja havia profetas e mestres, e o Espírito Santo falava e era ouvido.

O Espírito revela a Sua vontade à Igreja que é viva e ativa (v.2). Em Atos 13, os irmãos estavam reunidos jejuando e orando e assim perceberam um chamado missionário na vida de dois deles, que exigiria um passo de fé. Teriam de enviar seus melhores líderes: Paulo e Barnabé. Esses homens foram enviados e separados pelo Espírito, por meio da igreja local.

Mas há uma batalha espiritual no cumprimento dessa missão, e a igreja foi sensível à voz do Espírito de Deus e, reconhecendo essa batalha, agiu sob o poder do Espírito. Nos versículos 4-8, há um feiticeiro receoso de perder os favores do procônsul o qual foi usado por Satanás para combater a pregação do evangelho. Quando falamos de missões, os obreiros enfrentam essa batalha com grande intensidade. Muitos estão em regiões onde o evangelho ainda não é conhecido e precisam do nosso sustento financeiro, em oração e de nosso apoio emocional com palavras de encorajamento.

Por lutar na força do Senhor, a Igreja sabe que a vitória vem de Deus (vv.9-13). O poder e a capacitação para a obra missionária vêm do Espírito Santo, mas ela é executada por uma Igreja que o ouve e obedece.

LUIZ ROBERTO SILVADO

Ore e apoie os missionários cristãos de todo o mundo.

Senhor, que eu possa ser instrumento Teu para promover o evangelho, cooperando sempre com missões.

A BÍBLIA EM UM ANO: SALMOS 135–136; 1 CORÍNTIOS 12

★ *TÓPICO DE SETEMBRO: TEOLOGIA BÍBLICA DE MISSÕES*

A GRANDE HISTÓRIA DA BÍBLIA

...a Escritura é inspirada [...] para nos ensinar [...] fazer perceber o que não está em ordem... 2 TIMÓTEO 3:16

Quando Carlos abriu a caixa de vitrais, não viu os pedacinhos que tinha encomendado, mas janelas inteiras. Buscou a origem delas e soube que tinham sido retiradas de uma igreja para protegê-las das bombas da Segunda Guerra Mundial. Ele ficou surpreso com a qualidade do trabalho e como os "pedacinhos" formavam uma bela figura.

Honestamente, há ocasiões em que abro textos da Bíblia, capítulos com genealogias, e demoro para perceber como se encaixam no quadro geral das Escrituras. Esse é o caso de Gênesis 11 — um capítulo com uma lista repetitiva de nomes desconhecidos e suas famílias: Sem, Salá, Héber, Naor e Terá (vv.10-32). Por vezes, sou tentada a ir para uma parte que contenha algo conhecido e se encaixe mais facilmente na minha "janela" de compreensão da narrativa bíblica.

Já que "toda a Escritura é inspirada por Deus e é útil" (v.16), o Espírito Santo nos ajuda a entender como um pedacinho cabe no todo, abrindo nossos olhos para ver, por exemplo, como Salá está ligado a Abrão (GÊNESIS 11:12-26), o ancestral de Davi e, principalmente, a Jesus (MATEUS 1:2,6,16). O Senhor tem o prazer de nos surpreender com o tesouro de uma janela perfeitamente intacta, na qual os pedacinhos revelam a história da missão de Deus em toda a Bíblia.

KIRSTEN HOLMBERG

Você já considerou a leitura da Bíblia como um pedacinho da história maior? Como Deus lhe mostrou a bela e intacta figura que a Bíblia revela?

Pai, graças por seres o artista-mor da Bíblia e da história. Ajuda-me a ver Tua obra e a ti claramente.

A BÍBLIA EM UM ANO: SALMOS 137–139; 1 CORÍNTIOS 13

DE MÃOS VAZIAS

...seu pai o viu. Cheio de compaixão, correu para o filho... v.20

Roberto ficou envergonhado quando foi participar de um café da manhã e percebeu que esquecera sua carteira. Isso o incomodou a ponto de ele pensar se deveria comer ou apenas beber algo. Depois de ser convencido por um amigo, parou de resistir. Ambos gostaram muito do que comeram e seu amigo pagou a conta com prazer.

Talvez você possa se identificar com esse dilema ou com algo semelhante que o coloque no lado receptor. É normal querer pagar sua conta, mas há ocasiões em que devemos receber humildemente o que nos está sendo oferecido.

No texto de hoje, o filho mais novo, ao pensar no que diria ao pai, devia ter em mente algum tipo de retribuição, "E não sou mais digno de ser chamado seu filho. Por favor, trate-me como seu empregado" (LUCAS 15:19). *Empregado?* Seu pai não faria tal coisa! Aos olhos do pai, ele era um filho muito amado que tinha voltado para casa. Como tal, foi recebido com um abraço de pai e um beijo afetuoso (V.20). Que grandiosa imagem do evangelho! Isso nos lembra que, por Sua morte, Jesus revelou um Pai amoroso que acolhe de braços abertos os filhos que vêm a Ele de mãos vazias. Um hinista expressou isso assim: "Nada em minhas mãos eu trago, simplesmente à Tua cruz me agarro" (CC 371).

ARTHUR JACKSON

Como você se sente, sabendo que Jesus pagou a dívida do seu pecado, em poder receber esse perdão? Se você nunca recebeu esse perdão, o que o impede de aceitá-lo por meio de Jesus?

Pai celeste, ajuda-me a receber e desfrutar o perdão que providenciaste por meio de Jesus.

HOMEM DE ORAÇÃO

Nunca deixem de orar. Sejam gratos [...], é a vontade de Deus [...] em Cristo...
1 TESSALONICENSES 5:17-18

Minha família se lembra do vovô como um homem de fé e oração. Mas nem sempre foi assim. Minha tia se lembra da primeira vez que ele disse à família: "Vamos começar a agradecer a Deus antes de comer". Sua primeira oração estava longe de ser eloquente, mas ele continuou essa prática pelos cinquenta anos seguintes, orando sempre durante o dia. Quando ele morreu, meu marido deu à minha avó uma folhagem chamada planta-oração, dizendo: "Vovô era um homem de oração". Sua decisão de seguir a Deus e falar com Ele o transformou num fiel servo de Cristo.

A Bíblia diz muito sobre oração. Jesus deu um modelo de oração a Seus seguidores, ensinando-os a se aproximar de Deus com louvor por quem Ele é. Ao levarmos nossos pedidos a Deus, confiamos que Ele fornecerá "nosso pão diário" (MATEUS 6:11). Ao confessarmos nossos pecados, pedimos perdão e ajuda a Deus para evitar a tentação (vv.12-13).

Mas não nos limitemos a orar o "Pai Nosso". Deus quer que oremos "todos os tipos de oração" em "todas as ocasiões" (EFÉSIOS 6:18). Orar é vital para nosso crescimento espiritual e nos dá a oportunidade de conversar continuamente com o Senhor todos os dias (vv.17-18).

Ao nos aproximarmos de Deus com o coração humilde que anseia por falar com o Senhor, que Ele nos ajude a conhecê-lo e amá-lo mais.

CINDY HESS KASPER

Como Deus vê as orações de Seus filhos? Como você pode tornar a oração parte de sua vida diária?

Pai, meu coração te louva pela bênção da oração. Graças por me aceitares com amor quando te invoco.

 A BÍBLIA EM UM ANO: SALMOS 143–145; 1 CORÍNTIOS 14:21-40

AUXÍLIO DO ESPÍRITO SANTO

...voltem para mim, e eu curarei a rebeldia de seu coração. v.22

Enquanto meus colegas e eu faltávamos às palestras ocasionais na universidade, todos faziam questão de assistir à aula do professor Cris na semana anterior às provas de fim de ano. Era quando ele sempre dava boas dicas sobre as perguntas do exame que tinha elaborado.

Sempre me perguntava por que ele fazia aquilo, até perceber que o Prof. Cris realmente queria que nos saíssemos bem. Os padrões dele eram altos, mas ele nos ajudava a alcançá-los. Tudo que tínhamos que fazer era estar presentes e escutar, para que pudéssemos nos preparar adequadamente.

Fico maravilhado que Deus seja assim também. Deus não pode rebaixar Seus padrões, mas porque deseja muito que o imitemos, concedeu o Espírito Santo para nos auxiliar a alcançá-los.

No texto de hoje, Deus desejava que Israel reconhecesse sua culpa e retornasse para Ele. Mas, sabendo como eles eram teimosos e fracos, Deus os ajudaria. O Senhor prometeu curar a rebeldia do coração deles (JEREMIAS 3:22), enviando pastores para instruí-los e guiá-los (v.15).

Como é consolador saber que não importa o tamanho do pecado ao qual estamos presos ou quão distantes estamos de Deus. Ele está pronto a curar nossa falta de fé! Tudo o que precisamos fazer é reconhecer nossos maus caminhos e permitir que Seu Espírito Santo comece a mudar o nosso coração. *LESLIE KOH*

Qual é a sua dificuldade em seguir a Deus fielmente? Você deseja pedir a Deus para curá-lo e auxiliá-lo?

Deus, graças por me fazeres santo como és. Que Teu Espírito cure minha falta de fé e mude o meu coração.

Leia sobre a plenitude do Espírito, acesse: paodiario.org

A BÍBLIA EM UM ANO: SALMOS 146–147; 1 CORÍNTIOS 15:1-28

DESCANSANDO EM DEUS

*...Ele o protege continuamente e o faz descansar...*v.12

Escrevi uma carta para nossos filhos quando cada um se tornou adolescente. Expliquei sobre a nossa identidade em Cristo, lembrando-lhes que quando era adolescente me sentia insegura, sem confiança. Tive que aprender que era uma filha amada de Deus. Escrevi: "Saber quem você é se resume a saber a Quem você pertence". Quando entendemos que Deus nos criou e nos comprometemos a segui-lo, podemos aceitar o que Ele nos fez ser. E também sabemos que Deus nos transforma para sermos mais semelhantes ao Senhor a cada dia.

Um dos textos bíblicos que nos ensinam sobre nossa identidade como filhos de Deus está em Deuteronômio 33:12, o "amado pelo SENHOR [e] vive em segurança ao seu lado. Ele o protege continuamente e o faz descansar sobre seus ombros". Pouco antes de morrer, Moisés proclamou essa bênção sobre a tribo de Benjamin, enquanto o povo de Deus se preparava para entrar na Terra Prometida. Deus queria que eles sempre se lembrassem de que eram amados e que descansassem em sua identidade como Seus filhos.

Conhecer nossa identidade como filhos de Deus é igualmente importante para todos — adolescentes, adultos e idosos. Quando compreendemos que Deus nos criou e cuida de nós, podemos encontrar segurança, esperança e amor. AMY BOUCHER PYE

Como saber que você pode "descansar sobre Seus ombros" aumenta seu amor por Deus? Isso o ajuda a entender melhor quem você é?

Pai, Tu me criaste e me manténs perto. Deixa minha identidade como Teu filho permear meus pensamentos e ações.

COMPLETOS EM CRISTO

Portanto, porque estão nele [...] vocês também estão completos. v.10

Em um filme famoso, o ator interpreta um empresário de esportes bem-sucedido cujo casamento está ruindo. Tentando reconquistar sua esposa, ele a olha nos olhos e diz: "Você me completa". É uma mensagem comovente que ecoa uma história da filosofia grega. De acordo com ela, há o mito de que cada um de nós é uma "metade" que deve encontrar a "outra metade" para se tornar completo.

Acreditar que um parceiro romântico nos "completa" faz parte da cultura popular. Mas isso é verdade? Converso com muitos casais que ainda se sentem incompletos porque não têm filhos, e com outras pessoas que já tiveram filhos, mas sentem falta de algo mais. Enfim, nenhuma pessoa pode nos completar totalmente.

O apóstolo Paulo mostra outra solução. "Pois em Cristo habita corporalmente toda a plenitude da divindade [...] vocês receberam a plenitude" (COLOSSENSES 2:9-10 NVI). Jesus não apenas nos perdoa e liberta, Ele nos completa, trazendo a vida de Deus para a nossa (vv.13-15).

O casamento é bom, mas não pode nos tornar completos. Só Jesus pode fazer isso. Em vez de esperar que uma pessoa, profissão ou qualquer outra coisa nos complete, vamos aceitar o convite de Deus para deixar Sua plenitude preencher nossa vida cada vez mais.

SHERIDAN VOYSEY

Você tem buscado realização espiritual em pessoas ou em Deus? Ser completo em Jesus muda sua visão sobre ser casado ou solteiro?

Jesus, obrigado por me tornares completo por meio de Tua morte, ressurreição, perdão e restauração.

A BÍBLIA EM UM ANO: PROVÉRBIOS 1–2; 1 CORÍNTIOS 16

ENVIA-ME

Então ouvi o Senhor perguntar: "Quem enviarei [...] Aqui estou; envia-me". v.8

Quando o missionário sueco Eric Lund recebeu o chamado de Deus para ir à Espanha fazer trabalho missionário, no final da década de 1890, ele obedeceu imediatamente. Lund teve pouco sucesso lá, mas perseverou em sua convicção do chamado. Certo dia, conheceu um filipino, Bráulio Manikan, e compartilhou o evangelho com ele. Juntos, traduziram a Bíblia para o idioma filipino local e, mais tarde, iniciaram a primeira missão batista nas Filipinas. Muitos foram a Jesus porque Lund, como o profeta Isaías, respondeu ao chamado de Deus.

No texto de hoje, Deus pediu por uma pessoa disposta para ir a Israel declarar Seu julgamento para o presente e esperança para o futuro. Isaías ofereceu-se corajosamente: "Aqui estou; envia-me!" Ele não se sentia qualificado, pois havia confessado antes: "...sou um homem de lábios impuros" (v.5). Mas respondeu prontamente porque havia testemunhado a santidade de Deus, reconhecido sua própria pecaminosidade e recebido Sua purificação (vv.1-7).

Deus o está chamando para fazer algo por Ele? Você está hesitando? Nesse caso, lembre-se de tudo o que Deus fez através da morte e ressurreição de Jesus. Ele nos concedeu o Espírito Santo para nos auxiliar e guiar (JOÃO 14:26; 15: 26-27), e nos preparará para aceitar Seu chamado. Como Isaías, que possamos dizer: "Envia-me!"

FRANCIS NEIL G. JALANDO-ON

Deus o está chamando para fazer algo por Ele?
O que o impede de aceitar?

Jesus, graças por meu chamado.
Ajuda-me a ver isso como privilégio e a te servir de coração.

Para saber mais sobre a Trindade, acesse: paodiario.org

 A BÍBLIA EM UM ANO: PROVÉRBIOS 3–5; 2 CORÍNTIOS 1

★ *TÓPICO DE SETEMBRO: TEOLOGIA BÍBLICA DE MISSÕES*

HOTEL CORONA

...o amor de Cristo nos impulsiona. Porque cremos [...] agora o conhecemos de modo bem diferente. vv.14-16

Em 2020, o Dan Hotel, em Israel, ficou conhecido por um nome diferente: "Hotel Corona". O hotel foi dedicado aos pacientes em recuperação da COVID-19 e tornou-se conhecido como um local alegre e de união. Já que os moradores estavam infectados, estavam livres para cantar, dançar e rir juntos. Assim o fizeram! Em um país onde as tensões entre grupos políticos e religiosos são altas, a crise em comum criou um lugar onde as pessoas podiam se ver como seres humanos primeiramente, e até mesmo se tornarem amigas.

É natural sermos atraídos àqueles que vemos como semelhantes a nós, que compartilham experiências e valores semelhantes aos nossos. Mas, como o apóstolo Paulo enfatizava, o evangelho é um desafio às barreiras entre as pessoas que consideramos *normais* (2 CORÍNTIOS 5:15). Com as lentes do evangelho, vemos um quadro maior do que nossas diferenças: um quebrantamento, um desejo e uma necessidade comuns de experimentar a cura no amor de Deus.

Se acreditamos que um "morreu por todos", então também não podemos mais nos contentar com suposições superficiais sobre os outros. Em vez disso, "o amor de Cristo nos impulsiona" (v.14) a compartilhar Seu amor e missão com os que Deus ama, mais do que podemos imaginar — todos nós. *MONICA LA ROSE*

Quando você se sente mais propenso a esquecer o "quadro geral" de sua humanidade? O que o ajuda a se lembrar de que necessitamos do amor de Jesus?

Pai, graças por poder ver o amor e a alegria nas pessoas sem as avaliar "do ponto de vista humano".

COMO UMA SINFONIA

...completetem minha alegria concordando [...] amando-se [...] com [...] um só propósito. v.2

Surpreendi minha esposa com entradas para o *show* de um artista que ela gostava muito. O cantor seria acompanhado pela Orquestra Sinfônica do Colorado, e o cenário seria o *Red Rocks*: um anfiteatro ao ar livre entre duas formações rochosas a mais de 1.800 metros acima do nível do mar. No *show*, a orquestra tocou várias canções clássicas e folclóricas. O final foi um novo arranjo do clássico hino *Maravilhosa Graça* (HCC 193). Esse arranjo nos maravilhou!

Há algo lindo na harmonia — instrumentos sendo tocados de maneira a produzir maior sonoridade. O apóstolo Paulo apontou para a beleza da harmonia quando disse aos filipenses que tivessem "a mesma forma de pensar", o mesmo amor e "um só propósito" (FILIPENSES 2:2). Ele não estava pedindo para que se tornassem iguais, mas para que adotassem a atitude humilde e o amor sacrificial de Jesus. O evangelho, como Paulo bem conhecia e ensinava, não apaga as nossas diferenças, mas pode eliminar as nossas divergências.

É interessante muitos estudiosos acreditarem que as palavras de Paulo (vv.6-11) sejam um prelúdio para um antigo hino. Quando permitimos que o Espírito Santo atue em nossa vida e contextos, tornando-nos mais semelhantes a Jesus. Juntos nos tornamos uma sinfonia que ressoa um amor humilde semelhante ao de Cristo.

GLENN PACKIAM

Quem você poderia encorajar hoje?
Você poderia colocar os interesses dos outros acima dos seus, como Jesus fez por nós?

Pai, graças pela salvação.
Transforma-me à Tua imagem para que haja maior unidade entre os cristãos.

 A BÍBLIA EM UM ANO: PROVÉRBIOS 8–9; 2 CORÍNTIOS 3

DA SABEDORIA À ALEGRIA

Ela [a sabedoria] os guiará por estradas agradáveis... v.17

O telefone tocou, e logo o atendi. Carla era a mais idosa de nossa igreja, mulher vibrante e trabalhadora que tinha quase cem anos. Dando os retoques finais em seu último livro, ela me fez algumas perguntas sobre a escrita para poder cruzar a linha final. Mas, como sempre, logo estava eu *lhe* fazendo perguntas sobre a vida, o trabalho, o amor e a família. Suas lições de uma vida longa transbordavam sabedoria. Carla me disse: "Acalme-se". E logo estávamos rindo sobre os momentos em que ela havia esquecido de se acalmar — suas histórias maravilhosas, todas temperadas com verdadeira alegria.

A Bíblia ensina que a sabedoria conduz à alegria: "Feliz é a pessoa que encontra sabedoria..." (PROVÉRBIOS 3:13). Descobrimos que o caminho, da sabedoria à alegria, é uma virtude bíblica. "Pois a sabedoria entrará em seu coração, e o conhecimento o encherá de alegria" (2:10). "Deus concede sabedoria, conhecimento e alegria àqueles que lhe agradam" (ECLESIASTES 2:26). Lemos em Provérbios 3:17 que a sabedoria "os guiará por estradas agradáveis".

Refletindo sobre os assuntos da vida, o autor C. S. Lewis declarou que "a alegria é negócio sério no Céu". A estrada lá, no entanto, é pavimentada com sabedoria. Minha amiga Carla, que viveu até os 107 anos, concordaria. Ela caminhou com sabedoria e alegria até o Rei.

PATRÍCIA RAYBON

Que estradas você tem usado em busca da alegria? De que maneira a sabedoria conduz à alegria?

Pai, caso eu esteja numa estrada pedregosa, traz-me de volta ao Teu caminho de sabedoria e alegria.

Saiba mais sobre alegria, acessando: paodiario.org

A BÍBLIA EM UM ANO: PROVÉRBIOS 10–12; 2 CORÍNTIOS 4

UM GRANDE ATO DE AMOR

...um só pecado [...] trouxe condenação [...] um só ato de justiça de Cristo [...] trouxe vida a todos. v.18

Numa floresta do oeste norte-americano, o fungo conhecido como cogumelo do mel se espalha pelas raízes das árvores, tornando-se o maior organismo vivo já visto. Ele tece seus filamentos pela floresta há mais de dois milênios, matando árvores enquanto cresce. Seus filamentos penetram no solo a até 3 m de profundidade. E embora o organismo seja muito grande, começou como algo microscópico!

A Bíblia fala de um único ato de desobediência que causou condenação a todos e um único ato de obediência que a reverteu. Paulo comparou dois indivíduos: Adão e Jesus (ROMANOS 5:14-15). O pecado de Adão trouxe condenação e morte "que se estendeu a todos" (v.12). Através de um ato de desobediência, todos tornaram-se pecadores e condenados diante de Deus (v.17). Mas o Senhor sabia como lidar com o pecado da humanidade. Por meio do sacrifício de Jesus na cruz, Deus nos concede vida eterna e nos torna justos perante Ele. Tal ato foi poderoso o suficiente para superar o ato de desobediência de Adão, trazendo "vida a todos" (v.18).

Por meio de Sua morte, Jesus oferece vida eterna àquele que crê nele. Se você ainda não recebeu Seu perdão e salvação, receba-os hoje. Se já crê em Jesus, louve-o pelo que Ele fez por meio do Seu grande ato de amor!

MARVIN WILLIAMS

O que os atos de Adão e Jesus mostram sobre o impacto do pecado? Como o sacrifício de Jesus acende ou renova seu desejo de viver para honrá-lo?

Deus, graças pela salvação e vida eterna em Jesus! Ajuda-me a ser testemunha da Tua salvação.

A BÍBLIA EM UM ANO: PROVÉRBIOS 13–15; 2 CORÍNTIOS 5

UM ESCRITO VIVO

Feliz é aquele que [...] tem prazer na lei do SENHOR e nela medita dia e noite. vv.1-2

Ao imortalizar a obra de seu avô, Peter Croft escreveu: "Meu desejo mais profundo é que, ao ler sua Bíblia, seja qual for a versão, a pessoa não apenas a compreenda, mas a *vivencie* como palavras *vivas*, tão relevantes, perigosas e emocionantes agora quanto há milhares de anos". O avô de Croft, J. B. Phillips, pastoreou jovens e escreveu uma paráfrase da Bíblia durante a Segunda Guerra Mundial, para torná-la viva aos seus alunos da igreja.

Como aqueles alunos, também enfrentamos barreiras para ler e praticar a Bíblia, não necessariamente, por causa de sua tradução. Podemos não ter tempo, disciplina ou as ferramentas certas para a compreensão. Mas o Salmo 1 diz que "Feliz é aquele que [...] tem prazer na lei do SENHOR..." (vv.1-2). Meditar nas Escrituras diariamente nos permite prosperar em todas as circunstâncias, não importa as dificuldades que estejamos enfrentando.

Você vê sua Bíblia como leitura ainda relevante e com lições para a vida de hoje, ainda perigosa em seu chamado a crer e seguir a Jesus, ainda emocionante na transmissão do conhecimento íntimo de Deus e do homem ao qual comunica? É como um rio (v.3) que traz diariamente o sustento que precisamos. Que nos comprometamos a encontrar tempo, adquirir as ferramentas certas e pedir a Deus para que a vivenciemos como a Sua Palavra *viva*.

KAREN PIMPO

Você enfrenta barreiras ao ler a Bíblia?
Como você pode ouvir melhor a voz de Deus?

Deus, ajuda-me a vivenciar a Bíblia como a Tua Palavra viva hoje.

FORA DO ACAMPAMENTO

...Jesus sofreu fora das portas da cidade, para santificar seu povo mediante seu próprio sangue. v.12

Sexta-feira era dia de feira na cidade rural em Gana, onde cresci. Depois de anos, ainda me lembro de uma feirante em particular. Com os dedos das mãos e dos pés corroídos pela hanseníase (lepra), ela se agachava em sua esteira e pegava seus produtos com uma cuia. Alguns a evitavam. Minha mãe fazia questão de comprar dela regularmente. Eu a via apenas em dias de feira. Depois, ela desaparecia para fora da cidade.

No tempo dos israelitas, doenças como a lepra significavam viver "fora do acampamento". Era uma vida lastimável. A lei dizia que tais pessoas deviam viver isoladas (LEVÍTICO 13:46). Fora do acampamento também era onde os restos dos sacrifícios eram queimados (4:12). Esse não era o local onde você gostaria de estar.

Essa dura realidade dá vida à declaração sobre Jesus em Hebreus 13: "...vamos até ele, para fora do acampamento, e soframos a mesma desonra..." (v.13). Jesus foi crucificado fora dos portões de Jerusalém, uma questão significativa quando estudamos o sistema sacrificial hebreu.

Queremos ser conhecidos, honrados e ter vida confortável. Mas Deus nos chama para "fora do acampamento", onde está a desgraça. É lá que encontraremos o feirante com hanseníase. É em tal local que encontraremos as pessoas que o mundo rejeitou — onde encontraremos Jesus. *TIM GUSTAFSON*

Como você reage a estranhos e desajustados? De que modo prático você poderia ir a Jesus "fora do acampamento"?

Obrigado, Jesus, por não demonstrares nenhum favoritismo e por saíres do acampamento por mim.

INSTRUMENTOS MOLDADOS POR DEUS

...Nós somos o barro, e tu és o oleiro; somos todos formados por tua mão. v.8

Tido como um dos maiores videogames já feitos, *A lenda de Zelda: a ocarina do tempo*, da Nintendo, vendeu mais de 7 milhões de cópias no mundo e popularizou a ocarina, um pequeno e antigo instrumento musical feito de argila.

A ocarina não se parece com um instrumento musical. Mas, quando tocada, soprando-se em seu bocal e cobrindo vários orifícios ao redor de seu corpo disforme, produz um som muito sereno e firme.

O fabricante usou um pouco de argila, aplicou pressão e calor e transformou a ocarina em um belo instrumento musical. Vejo nisso um retrato de Deus e nós. Lemos em Isaías 64:6,8-9: "Estamos todos impuros [...]. Apesar de tudo, ó SENHOR, és nosso Pai. Nós somos o barro, e tu és o oleiro [...]. Não te ires tanto conosco...". O profeta estava dizendo: *Deus, Tu estás no comando. Somos todos pecadores. Molda-nos em belos instrumentos para ti.*

Isso é exatamente o que Deus faz! Em Sua misericórdia, Ele enviou Jesus para morrer por nosso pecado, e agora nos transforma enquanto caminhamos em sintonia com o Seu Espírito. Assim como o sopro do fabricante da ocarina flui no instrumento para produzir uma linda música, Deus age através de nós, Seus instrumentos, para cumprir Sua vontade: sermos mais e mais "à imagem de Jesus" (ROMANOS 8:29).

RUTH WAN-LAU

Saber que somos um vaso da misericórdia de Deus impacta o que você pensa, diz e faz? De que modo você se submete à Sua transformação?

Pai, graças pela salvação e transformação à semelhança de Jesus. Desejo me submeter ao Teu Espírito.

A BÍBLIA EM UM ANO: PROVÉRBIOS 22–24; 2 CORÍNTIOS 8

★ *TÓPICO DE SETEMBRO: TEOLOGIA BÍBLICA DE MISSÕES*

VERDADEIRAMENTE HUMILDE

[Cristo Jesus] Em vez disso,
esvaziou a si mesmo... v.7

Quando a Revolução Americana acabou com a rendição da Inglaterra, muitos políticos e líderes militares manobraram para o general George Washington ser o novo monarca. O mundo assistiu, imaginando se Washington seguiria seus ideais de independência e liberdade quando o poder absoluto estivesse ao seu alcance. No entanto, o rei George III da Inglaterra estava convencido de que se Washington resistisse ao poder e voltasse à sua fazenda, ele seria "o melhor homem do mundo". O rei sabia que a grandeza evidenciada em resistir ao fascínio pelo poder é sinal de verdadeira nobreza e valor.

Paulo sabia disso e nos encorajou a seguir o caminho de Cristo. Jesus "sendo Deus, não considerou que ser igual a Deus fosse algo a que devesse se apegar" (FILIPENSES 2:6). Em vez disso, abriu mão de Seu poder, tornou-se "escravo" e "humilhou-se e foi obediente até à morte" (vv.7,8). Aquele que detinha todo poder renunciou a cada parte dele por amor.

E, no entanto, na derradeira inversão, Deus exaltou Cristo de uma cruz para criminosos "ao lugar de mais alta honra" (v.9). Jesus, que poderia exigir nosso louvor ou nos forçar a obedecer, abdicou de Seu poder num ato de tirar o fôlego que conquistou a nossa adoração e devoção. Por Sua absoluta humildade, Jesus demonstrou verdadeira grandeza, colocando o mundo de cabeça para baixo.

WINN COLLIER

A humildade de Jesus o faz reconsiderar sua definição sobre grandeza?

Obrigado, Jesus, pois em Teu momento de maior desamparo e (aparentemente) de vergonha, demonstraste Teu verdadeiro poder e grandeza.

MOVA SUA CERCA

Pois estou prestes a realizar algo novo... v.19

O padre do vilarejo não podia dormir. Durante a Segunda Guerra Mundial, ele disse a um grupo de soldados que eles não poderiam enterrar o companheiro deles no cemitério da igreja. Apenas os membros daquela igreja podiam ser sepultados ali. Então os soldados enterraram o companheiro do lado de fora.

Na manhã seguinte, os soldados não encontraram mais a sepultura. "O que aconteceu? O túmulo desapareceu", disse um soldado ao reverendo. O soldado estava confuso. Mas o pároco explicou: "Ainda está lá. Arrependi-me de ter dito 'não' e, ontem à noite mesmo, movi a cerca".

Deus também pode dar uma nova perspectiva para os desafios de nossa vida, se nós a buscarmos. Foi essa a mensagem do profeta Isaías ao povo de Israel. Em vez de olhar para trás para o resgate no mar Vermelho, eles precisavam mudar de visão, ver Deus fazendo novos milagres, abrindo novos caminhos. "Esqueçam tudo isso", Deus os exortou. "Pois, estou prestes a realizar algo novo" (ISAÍAS 43:18-19). Ele é nossa fonte de esperança nas adversidades. "...Sim, farei rios na terra seca, para que meu povo escolhido se refresque..." (v.20).

Renovados por uma nova visão, também podemos ver a nova direção de Deus em nossa vida. Que possamos olhar com novos olhos para enxergar os Seus novos caminhos. Em seguida, com coragem, pisemos em novos solos para segui-lo. *PATRÍCIA RAYBON*

A qual novo solo Deus o conduziu e o que você fará estando nele?

Pai, dou graças por me dares uma nova perspectiva. Renova minha visão para vê-la e caminhar contigo.

O DOCE AROMA DE CRISTO

Somos o aroma [...] percebido [...] por aqueles que estão sendo salvos e [...] aqueles que estão perecendo. v.15

Os dois netos de um fazendeiro das redondezas eram os meus melhores amigos. Íamos à cidade com ele e o seguíamos enquanto fazia compras e conversava com quem conhecia. Ele os conhecia pelo nome e por suas histórias. Parava aqui e ali, perguntava sobre uma criança doente ou um casamento em dificuldades e oferecia palavras de encorajamento. Compartilhava as Escrituras e orava, se fosse necessário. Nunca esquecerei esse homem tão especial que não impunha sua fé a ninguém, mas sempre lançava uma semente.

O fazendeiro idoso tinha o que Paulo chamaria de doce "aroma de Cristo" (2 CORÍNTIOS 2:15). Deus o usou para espalhar o aroma do "conhecimento de Cristo" (v.14). Ele está com Deus agora, mas sua fragrância ainda permanece onde ele viveu.

C. S. Lewis escreveu: "Não existem pessoas comuns. Você nunca conversou com um mero mortal". Dito de outra forma, todo contato humano tem consequências eternas. Todos os dias, temos oportunidades de fazer a diferença na vida das pessoas ao nosso redor, por meio do testemunho sereno de uma vida fiel e gentil ou de palavras encorajadoras a uma alma cansada. Nunca subestime o efeito que uma vida centrada em Cristo pode ter sobre os outros.

DAVID H. ROPER

Qual sua opinião sobre a frase "Não há contatos neutros"? Que diferença isso poderia fazer em como você vê todos os seus contatos e conversas ao longo do dia?

Espírito Santo, enche-me com amor, gentileza e bondade para compartilhar com os que me cercam.

A BÍBLIA EM UM ANO: PROVÉRBIOS 30–31; 2 CORÍNTIOS 11:1-15

INABALÁVEIS EM JESUS

E não tenha medo do povo, pois estarei com você e o protegerei. Eu, o SENHOR, falei! v.8

O avião de Louis Zamperini caiu no mar durante a guerra, matando oito dos 11 homens a bordo. Zamperini e dois outros subiram nos botes salva-vidas. Vagaram por dois meses, afugentando tubarões, enfrentando tormentas, desviando-se de balas de aviões inimigos e comendo peixes e pássaros crus. Por fim, chegaram a uma ilha onde foram capturados. Por dois anos, Zamperini foi espancado, torturado e trabalhou impiedosamente como prisioneiro de guerra. Sua notável história é contada no livro *Invencível* (Ed. Objetiva, 2010).

Jeremias é um dos personagens inabaláveis da Bíblia. Suportou conspirações (JEREMIAS 11:18), foi açoitado e colocado no tronco (20:2), amarrado em um calabouço (37:15-16) e lançado na lama profunda de um poço (38:6). Sobreviveu, pois Deus havia prometido ficar com ele e resgatá-lo (1:8). Deus nos faz uma promessa semelhante: "Não o deixarei; jamais o abandonarei" (HEBREUS 13:5). Deus não prometeu salvar Jeremias ou a nós *de* problemas, mas prometeu nos carregar *através* dos problemas.

Zamperini reconheceu a proteção de Deus e, após a guerra, entregou sua vida a Jesus. Perdoou seus captores e levou alguns a Cristo. Ele percebeu que, embora não possamos evitar todos os problemas, não precisamos sofrê-los sozinhos. Quando os enfrentamos com Jesus, tornamo-nos inabaláveis. *MIKE WITTMER*

O que lhe causa estresse?
Jesus está conosco nas provações.
Permita que Ele o ampare.

Jesus, Tu és mais forte do que uma tormenta. Por favor, sê o meu amparo na luta que agora enfrento!

UM HÓSPEDE INESPERADO

[Jesus] disse: "Zaqueu, desça depressa! Hoje devo hospedar-me em sua casa". v.5

Zaque era solitário. Caminhando pelas ruas, podia sentir os olhares hostis. Mas sua vida deu uma guinada. Clemente de Alexandria, um dos pais da igreja, diz que Zaque se tornou um líder cristão importante e pastor da igreja em Cesareia. Sim, estamos falando de Zaqueu, o principal coletor de impostos que subiu numa figueira-brava para ver Jesus (LUCAS 19:1-10).

O que o fez subir na árvore? Os coletores de impostos eram vistos como traidores, pois tributavam muito seu próprio povo para servir ao Império Romano. Mesmo assim, Jesus tinha a fama de aceitá-los. Zaqueu pode ter questionado se Jesus o aceitaria também. Por ser de estatura baixa, ele não conseguia ver por cima da multidão (v.3). Talvez tenha subido na árvore para tentar ver Jesus.

E Jesus também estava *procurando* por ele. Quando Cristo chegou à árvore onde Zaqueu estava, olhou para cima e disse: "Zaqueu, desça depressa! Hoje *devo* hospedar-me em sua casa" (v.5). Jesus considerou absolutamente necessário hospedar-se na casa de Zaqueu. Imagine isso! O Salvador do mundo querendo investir Seu tempo com um rejeitado da sociedade.

Quer seja nosso coração, relacionamento ou vida que precise de conserto, podemos ter esperança. Jesus nunca nos rejeitará quando nos voltarmos a Ele. O Senhor pode restaurar o que foi perdido e quebrado e nos dar um novo significado e propósito.

POH FANG CHIA

**O que Jesus pode restaurar em sua vida?
Que significado isso terá?**

*Jesus, graças por me procurares
quando eu estava perdido no pecado e
por redimires minha vida confusa.*

A BÍBLIA EM UM ANO: ECLESIASTES 4–6; 2 CORÍNTIOS 12

VERDADE, MENTIRAS E JUSTICEIROS

Não espalhe boatos falsos... v.1

Em certo jogo, um treinador quis dar uma bola ao menino sentado perto do banco de reservas. Quando jogou-lhe a bola, outro homem a pegou. O vídeo viralizou. Os meios de comunicação e as redes sociais criticaram muito esse homem, sem conhecer toda a história. O homem antes ajudara o menino a pegar uma bola, e ambos tinham combinado em dividir as outras bolas extras que conseguissem pegar. Infelizmente, levou 24 horas para a verdadeira história aparecer. A multidão já havia causado danos, demonizando um inocente.

Por vezes, pensamos que temos todos os fatos, quando temos apenas fragmentos. Em nossa cultura atual de *pegar os erros*, com trechos de vídeos dramáticos e *tuítes* inflamados, é fácil condenar as pessoas sem ouvi-las. No entanto, a Bíblia nos alerta para não espalhar "boatos falsos" (ÊXODO 23:1). Devemos fazer todo o possível para confirmar a verdade, antes de fazer acusações, cuidando para não participar de mentiras. Sejamos cautelosos sempre que um espírito justiceiro se levantar, paixões se acenderem e ondas de julgamento crescerem. Que nos protejamos para não sermos levados "pela maioria na prática do mal" (v.2).

Que Deus nos ajude a não espalhar falsidades. Que Ele nos conceda o que precisamos para demonstrar sabedoria e nos assegure de que nossas palavras sejam realmente verdadeiras.

WINN COLLIER

Lembre-se de alguém falsamente acusado. Qual foi o dano causado e como o erro foi corrigido?

Pai, tudo acontece tão rápido hoje.
É difícil saber o que é real.
Ajuda-me a ser íntegro.

NENHUM MAL-ENTENDIDO

E sabemos que Deus faz todas as coisas cooperarem para o bem daqueles que o amam... v.28

Alexa, Siri e outros assistentes virtuais nos dispositivos em nossa casa, às vezes, não entendem o que dizemos. Uma criança de 6 anos falou com o dispositivo de sua família sobre biscoitos e uma casa de bonecas. Mais tarde, sua mãe recebeu um e-mail dizendo que um pedido de biscoitos e uma caríssima casa de boneca estavam a caminho. Até mesmo um papagaio, cujo dono nunca comprara nada online, de alguma forma, encomendou um pacote de caixas douradas de presente sem seu conhecimento. Uma pessoa pediu ao dispositivo para "ligar as luzes da sala" e ele respondeu: "Não há sala de pudim".

Não existe qualquer mal-entendido da parte de Deus quando falamos com Ele. Ele nunca se confunde, pois o Senhor conhece o nosso coração melhor do que nós. O Espírito sonda o nosso coração e entende a vontade de Deus. O apóstolo Paulo disse às igrejas em Roma que Deus promete que realizará o Seu propósito de nos tornar maduros e mais semelhantes a Seu Filho (ROMANOS 8:28-29). Mesmo quando, por causa da "nossa fraqueza", não sabemos do que precisamos para crescer, o Espírito intercede por nós segundo a vontade de Deus (VV.26-27).

Preocupado em como se expressar a Deus? Não sabe o que ou como orar? Diga o que puder de coração. O Espírito entenderá e cumprirá o propósito de Deus.

ANNE CETAS

O que você poderia compartilhar com Deus agora mesmo? Você se sente encorajado por saber que Ele conhece as suas adversidades?

Deus, obrigado por me conheceres.
Eu te amo. Ajuda-me
a expressar o que penso e a confiar em ti.

 A BÍBLIA EM UM ANO: ECLESIASTES 10–12; GÁLATAS 1

★ *TÓPICO DE SETEMBRO: TEOLOGIA BÍBLICA DE MISSÕES*

SALTANDO DE ALEGRIA

...E vocês sairão e saltarão de alegria, como bezerros soltos no pasto. v.2

O fazendeiro Jaime comoveu-se ao ler "...vocês que temem meu nome [...] sairão e saltarão de alegria, como bezerros..." (MALAQUIAS 4:2) e orou para receber a vida eterna. Recordando os saltos de seus próprios bezerros ao saírem das baias, ele entendeu a promessa de Deus sobre a verdadeira liberdade.

Sua filha me contou isso quando discutíamos as imagens em Malaquias 4. Nesse texto, o profeta fez uma distinção entre os fiéis que temiam o nome de Deus e aqueles que confiavam em si mesmos (vv.1-2). O profeta encorajava os israelitas a seguirem a Deus quando muitos, incluindo os líderes religiosos, desprezavam a Deus e Seus padrões para uma vida fiel (1:12-14;3:5-9). Malaquias convocou o povo a viver fielmente por causa de um tempo futuro em que Deus faria a distinção final entre esses dois grupos. Nesse contexto, Malaquias usou a imagem de um bezerro saltitante para descrever a alegria indescritível que o grupo fiel terá "quando o sol da justiça [levantar-se], trazendo cura em suas asas" (4:2).

Jesus é o cumprimento dessa promessa, trazendo as boas-novas de que a verdadeira liberdade está ao alcance de todos (LUCAS 4:16-21). E um dia, na criação renovada e restaurada de Deus, experimentaremos essa liberdade plenamente. Que prazer indescritível será saltar de alegria lá!

LISA M. SAMRA

Como você tem vivido a liberdade em Jesus? Que outras imagens o ajudam a visualizar a alegria?

Jesus, ajuda-me a viver com alegria enquanto me lembro da liberdade que só tu concedes.

TUDO QUE É...

...irmãos [...] tudo que é [...].
Pensem no que é excelente
e digno de louvor. v.8

Às sextas à noite, minha família assiste a um noticiário que encerra a transmissão com uma história edificante. Comparado às outras notícias, é sempre um refrigério. Uma história recente foi sobre uma repórter que tinha tido COVID-19. Recuperou-se totalmente e decidiu doar plasma para ajudar os outros na luta contra o vírus. Na época, ainda se desconhecia a eficácia dos anticorpos. Mas enquanto nos sentíamos sem ação, até mesmo diante do desconforto de doar plasma (via agulha), ela sentiu que isso "era um pequeno preço a pagar pela provável recompensa".

Após a transmissão daquela sexta-feira, estávamos encorajados, ouso dizer: cheios de esperança. Esse é o poder do "tudo que é" que Paulo descreveu em Filipenses 4: "tudo que é verdadeiro [...] nobre [...] correto [...] puro [...] amável e [...] admirável" (v.8). Paulo pensou em doação de plasma? Claro que não! Mas pensou em ações sacrificiais em favor de pessoas em necessidade. Em outras palavras, um comportamento cristão? Não tenho dúvidas que *sim*.

Mas essa notícia de esperança não teria tido efeito se não tivesse sido transmitida. É nosso privilégio, como testemunhas da bondade de Deus, buscar o "tudo que é" ao nosso redor e compartilhar essas boas-novas, para que outras pessoas possam ser encorajadas.

JOHN BLASE

Que história sobre "tudo que é"
o encorajou recentemente? Quem deseja
ou precisar ouvir sua história?

Pai, sei que Tu estás
por trás de tudo que é excelente
e digno de louvor. Eu te amo.

DEUS SABE O QUE SENTIMOS

Durante o dia [...] o SENHOR me derrama seu amor, e à noite entoo seus cânticos e faço orações... v.8

Sentindo-se sobrecarregada, Silvia sofria com o vício de seu filho e disse: "Eu me sinto mal. Será que Deus pensa que não tenho fé porque não paro de chorar enquanto oro?". Eu lhe respondi: "Não sei o que Deus pensa, mas sei que o Senhor pode lidar com emoções reais. Não é como se Ele não soubesse o que sentimos". Orei e choramos juntas ao clamar pela libertação de seu filho.

A Bíblia contém muitos exemplos de pessoas lutando com Deus enquanto sofriam. O escritor do Salmo 42 expressa profundo desejo de obter a paz da presença de Deus. O salmista reconhece sua tristeza pela dor que tem sentido. Seu caos interior diminui e cresce com louvores, enquanto ele se lembra de que Deus é fiel. Encorajando sua "alma", ele escreve: "Espere em Deus! Ainda voltarei a louvá-lo, meu Salvador e meu Deus!" (v.11). O salmista fica confuso entre o que sabe ser verdadeiro sobre Deus e a inegável realidade de suas intensas emoções.

Deus nos fez à Sua imagem e com emoções. Nosso pranto pelos outros revela profundo amor e compaixão, não necessariamente falta de fé. Podemos nos aproximar de Deus com feridas abertas ou cicatrizes antigas, pois Ele sabe o que sentimos. Cada oração, seja silenciosa, soluçada ou cheia de clamor, demonstra nossa confiança em Sua promessa de ouvir e cuidar de nós.

XOCHITL E. DIXON

Quais emoções você tentou ocultar de Deus? Por que geralmente é difícil ser honesto a respeito de nossas emoções?

Pai imutável, graças por me garantires que sabes o que sinto e que preciso tratar das minhas emoções.

DESCANSE BEM

Venham a mim todos vocês que estão cansados e sobrecarregados, e eu lhes darei descanso. v.28

Era 1h55 da manhã. Preocupada por causa de uma mensagem de texto, o sono não vinha. Saí do aconchego da minha cama e fui silenciosamente para o sofá. Pesquisei na internet o que fazer para dormir, apenas para descobrir o que não fazer: não tirar uma soneca, não beber cafeína ou fazer exercício no final do dia. *Concordei*. Lendo mais, fui aconselhada a também não usar "telas" à noite. *Opa*! Enviar mensagens de texto não tinha sido uma boa ideia. Quando se trata de descansar bem, existem listas do que *não* fazer.

No Antigo Testamento, Deus deu regras sobre o que não fazer no *Shabat* para priorizar o descanso. No Novo Testamento, Jesus ofereceu um novo modo. Em vez de regras pesadas, Jesus chamou os discípulos para ter um relacionamento com eles. "Venham a mim todos vocês [...] cansados e sobrecarregados [...] e eu lhes darei descanso" (MATEUS 11:28). No versículo anterior, Jesus destacou o Seu relacionamento de unidade com o Pai, Aquele que Ele nos revelou. O contínuo auxílio que Jesus recebeu do Pai também pode ser nosso.

Mesmo sendo sábios para evitar passatempos que possam interromper nosso sono, descansar em Cristo tem mais a ver com relacionamento do que com regras. Desliguei minha tela e coloquei meu coração aflito no travesseiro do convite de Jesus: "Venham a mim...".

ELISA MORGAN

Ver o descanso como um relacionamento, não como regra muda sua visão sobre ele? Em que área da vida você precisa descansar em Jesus?

Querido Jesus, graças pelo descanso a que me chamas em um relacionamento contínuo contigo.

ILIMITADO

...O SENHOR é o Deus eterno, o Criador de toda a terra. Ele nunca perde as forças nem se cansa... v.28

Lá estou eu, sentado na praça de alimentação do shopping; meu corpo tenso e meu estômago embrulhado com os prazos finais de trabalho. Enquanto desembrulho meu hambúrguer e dou uma mordida, as pessoas correm ao meu redor, preocupadas com suas tarefas. *Como somos todos limitados*, penso comigo mesmo, *limitados em tempo, energia e capacidade*.

Penso em escrever uma nova lista de tarefas e priorizar as urgentes, mas quando pego uma caneta, outro pensamento vem à mente: um sobre Aquele que é infinito e ilimitado, que realiza tudo que Ele deseja sem esforço.

Esse Deus, diz o profeta, pode segurar "os oceanos nas mãos" e juntar o pó da terra em uma cesta (ISAÍAS 40:12). Dá nome às estrelas e as direciona (V.26), conhece os governantes do mundo e supervisiona suas funções (V.23), considera as ilhas meras partículas de poeira e as nações como gotas num balde (V.15). "A quem vocês me compararão?" Ele pergunta (V.25). "...O SENHOR é o Deus eterno", Isaías responde. "...Ele nunca perde as forças nem se cansa" (V.28).

Estresse e tensão nunca são bons para nós, mas hoje em dia eles nos dão uma poderosa lição. O Deus Ilimitado não é como eu. Ele realiza tudo o que deseja. Termino meu hambúrguer e faço uma nova pausa. Silenciosamente o adoro. *SHERIDAN VOYSEY*

Como depender da força ilimitada de Deus? (VV.29-31). **Em meio aos seus afazeres e limitações, você conseguirá pausar para adorar o Deus infinito?**

Deus amado, Tu és o Único ilimitado que realizarás tudo o que prometeste.

A FUGA DE ICABODE

...Foi-se embora a glória de Israel, pois a arca de Deus foi tomada! v.22

Em *A lenda do cavaleiro sem cabeça* (Leya, 2011), Washington Irving relata sobre Icabode Crane, um professor que deseja se casar com a jovem Katrina. Crucial para a história é um cavaleiro sem cabeça que assombra o local. Numa noite, Icabode encontra um fantasma a cavalo e foge aterrorizado. Está claro para o leitor que esse "cavaleiro" é, de fato, um pretendente de Katrina, que então se casa com ela.

Icabode é um nome visto pela primeira vez na Bíblia e também tem uma sombria história de fundo. Enquanto estava em guerra com os filisteus, Israel levou a arca da aliança para a batalha. Decisão errada. O exército de Israel foi derrotado, e a arca capturada. Hofni e Fineias, os filhos do sumo sacerdote Eli, foram mortos (1 SAMUEL 4:17). Eli também morreu (v.18). Quando a esposa grávida de Fineias ouviu a notícia, "...teve contrações violentas e deu à luz" (v.19). Com suas últimas palavras, chamou seu filho de Icabode (literalmente "sem glória"). "Foi-se embora a glória de Israel", suspirou (v.22).

Felizmente, Deus revelou uma história muito maior. Sua glória foi finalmente revelada em Jesus, que disse sobre Seus discípulos: "...Eu dei a eles a glória que tu me deste..." (JOÃO 17:22).

Ninguém sabe onde a arca está, mas não importa. Icabode se foi. Por meio de Jesus, Deus nos deu Sua própria glória!

TIM GUSTAFSON

O que significa para Deus ter nos dado a Sua glória? Como você a tem experimentado?

Pai, graças por revelares a Tua glória através de Jesus. Faz-me atento à Tua presença neste dia.

APRENDIZADO ALEGRE

...deixem que Deus os transforme por meio de uma mudança em seu modo de pensar... v.2

Na Índia, há uma escola feita de dois vagões reformados e conectados. Os educadores locais se uniram à empresa ferroviária para comprar e reformá-los. Eram grandes caixas de metal, inúteis até que os operários colocassem escadas, ventiladores, luzes e mesas. Eles também pintaram as paredes e adicionaram murais coloridos. Hoje, 60 alunos vão às aulas por causa dessa incrível transformação.

Algo mais surpreendente ocorre ao seguirmos a ordem do apóstolo Paulo de sermos transformados pela mudança de nosso pensamento (ROMANOS 12:2). À medida que deixamos que o Espírito Santo nos desconecte do mundo e de seus caminhos, nossos pensamentos e atitudes começam a mudar. Tornamo-nos mais amorosos, mais esperançosos e cheios de paz interior (8:6).

Outra coisa acontece também. Embora o processo de transformação seja contínuo e tenha mais paradas e recomeços do que uma viagem de trem, ele nos ajuda a entender o que Deus deseja para nós. Isso nos leva a conhecer a vontade de Deus (12:2). Aprender sobre Sua vontade pode ou não envolver detalhes, mas sempre envolve alinhamento ao Seu caráter e Sua obra no mundo.

Nali Kali, nome da escola na Índia, significa "aprendizado alegre". Como o poder transformador de Deus pode levá-lo ao aprendizado alegre de Sua vontade? *JENNIFER BENSON SCHULDT*

Quais áreas de sua mente precisam mais do poder transformador de Deus? Você se dispõe a agir quando entende Sua vontade?

Pai, desejo que me transformes, renovando minha mente. Graças por tudo o que fazes por mim. Rendo-me a ti.

TUDO O QUE VOCÊ PRECISA

...Deus continua sendo a força de meu coração; ele é minha possessão para sempre. v.26

Sentada à mesa da sala de jantar, olhei para o alegre caos ao meu redor. Tias, tios, primos, sobrinhas e sobrinhos saboreavam a refeição juntos em nossa reunião de família. Eu também estava gostando de tudo. Mas um pensamento me veio ao coração: *você é a única mulher aqui sem filhos, sem família para chamar de sua.*

Muitas mulheres solteiras como eu têm experiências iguais. Na minha cultura, uma cultura asiática na qual o casamento e filhos são muito valorizados, não ter uma família própria pode trazer a sensação de incompletude. Pode parecer que está faltando algo que defina quem você é e a torne completa.

É por isso que Deus é a minha "possessão" e tão consolador para mim (SALMO 73:26). Quando as tribos de Israel receberam suas porções de terra, a tribo de Levi não recebeu nenhuma. Em vez disso, Deus prometeu que Ele mesmo seria a porção e herança deles (DEUTERONÔMIO 10:9). Eles poderiam encontrar satisfação completa em Deus e confiar que Ele supriria todas as suas necessidades.

Para alguns de nós, a sensação de carência pode não estar ligada à família. Talvez ansiemos por um emprego melhor ou maior desempenho acadêmico. Apesar das circunstâncias, podemos receber a Deus como nossa porção. Ele nos torna completos. Nele, não temos falta de nada.

KAREN HUANG

O que está faltando em sua vida que o tornaria completo? Você poderia encontrar satisfação em Deus como sua porção?

Pai, em Cristo sou completo. Ajuda-me a dizer: "...como é bom estar perto de Deus..."

(SALMO 73:28)

SABEDORIA PARA VIVER MARAVILHOSAMENTE

Todos nós vivemos dias em que desejamos ser mais sábios. Como devo lidar com um e-mail complicado no trabalho? O que devo fazer quando o meu filho continua a se portar mal? Quer seja para tomar decisões no trabalho ou para lidar com provações pessoais, vez por outra, sentimos a urgente necessidade de sabedoria.

Assim, lemos livros, consultamos outras pessoas ou temos aulas, esperando obter alguns conselhos úteis sobre como gerir melhor a nossa vida e nossos relacionamentos. Embora o conhecimento adquirido seja útil, muitas vezes ainda nos falta algo. Precisamos mais do que a sabedoria do mundo nos oferece; precisamos da sabedoria divina.

Onde podemos encontrar tal sabedoria? As Escrituras nos dizem que ela começa com o "temor do SENHOR" (SALMO 111:10; PROVÉRBIOS 1:7). Temer a Deus é reverenciá-lo e honrá-lo por Sua majestade e santidade. Podemos compreender por que a aquisição da sabedoria começa aqui, quando descobrimos como é a verdadeira sabedoria.

Tiago 3:17 lista sete características da sabedoria divina: ela é pura, pacífica, amável, disposta a ceder, cheia de misericórdia e fruto de boas obras, não mostra favoritismo e é sempre sincera. A sabedoria que todos os cristãos devem buscar está ligada a um carácter piedoso — uma natureza semelhante à de Cristo. É o fruto de alguém que caminha com Deus, optando por viver de forma íntegra e obediente. Em suma, é o resultado da vida de alguém que teme a Deus.

Você quer navegar pela vida tomando decisões que trarão glória a Deus e beneficiarão os outros? Tiago diz: "Se algum de vocês precisar de sabedoria, peça a nosso Deus generoso, e receberá. Ele não os repreenderá por pedirem" (TIAGO 1:5). O nosso generoso Deus os ajudará a temê-lo para que vocês possam ganhar sabedoria para viver maravilhosamente para Ele.

POH FANG CHIA

A ANATOMIA DA SABEDORIA

Acima de todas as coisas, guarde seu coração, pois ele dirige o rumo de sua vida. v.23

Muitos anos atrás, eu passava férias com meus filhos em Teresópolis, RJ. Estávamos junto a um córrego que vinha do alto da montanha e decidimos subir aquelas águas geladas. Em certo ponto, chegamos a uma tela que cercava o local. Não poderíamos ir adiante sob pena de prisão porque naquele local ocorria a captação da água que abastecia a cidade. Acessá-la era levar a possibilidade de contaminação.

Na cultura hebraica antiga, o coração estava ligado ao juízo, ou bom senso. Então, para eles alguém que "não tem coração" era o mesmo que ser uma pessoa tola. Não é por acaso que o autor de Provérbios diz que devemos guardar nosso coração acima de tudo (4:23).

Uma vez que todos nós, sem exceção, nascemos com o coração enganoso e perverso (JEREMIAS 17:9), o primeiro cuidado que devemos ter com ele é a certeza de que foi limpo pelo Senhor Jesus (HEBREUS 9:14). Outra cautela é não nos deixar guiar pelo nosso entendimento, mas sermos orientados por Deus (PROVÉRBIOS 3:5). Para isso, precisamos escrever a Palavra de Deus em nosso coração (7:2-3), decorá-la.

Com o que você tem nutrido seu coração: filmes, novelas, redes sociais etc.? Se for com essas coisas, ele permanece contaminado. Como aquele córrego, proteja seu coração, cercando-o com o temor de Deus, ou seja, levando o Senhor a sério.

FERNANDO LEITE

"Quem ama o coração puro e fala de modo agradável terá o rei como amigo" (PROVÉRBIOS 22:11).

Deus, ajuda-me a proteger o meu coração da influência do mal, escondendo-o em ti.

★ *TÓPICO DE OUTUBRO: SABEDORIA*

FÉ JUVENIL

...se o coração deles fosse [...] dispostos a me temer e a obedecer [...] meus mandamentos... v.29

A época da adolescência é uma das mais angustiantes da vida, para pais e filhos. Em minha busca para me *individualizar* de minha mãe, recusei seus valores e me rebelei contra suas regras, imaginando que seus objetivos eram para me tornar infeliz. Embora já tenhamos concordado sobre essas questões, nosso relacionamento foi muito tenso. Mamãe, sem dúvida, lamentou por eu ter rejeitado suas instruções, sabendo que elas me livrariam de dores físicas e emocionais.

Deus tinha o mesmo coração para Israel. Ele comunicou Sua sabedoria por meio dos Dez Mandamentos (DEUTERONÔMIO 5:7-21). Embora possam ser vistos como uma lista de regras, a intenção de Deus é clara em Suas palavras a Moisés: "...Tudo iria bem com eles e seus descendentes para sempre!" (v.29). Moisés reconheceu o desejo de Deus, dizendo que a obediência aos decretos de Deus resultaria no prazer de Sua presença com eles na Terra Prometida (v.33).

Passamos por uma época de "adolescência" com Deus, sem crer que Suas diretrizes para a vida sejam para o nosso bem. Que cresçamos na compreensão de que Ele quer o melhor para nós e aprendamos ouvir a sabedoria que Ele concede. Sua orientação visa à nossa maturidade espiritual à medida que nos assemelhamos a Jesus (SALMO 119:97-104; EFÉSIOS 4:15; 2 PEDRO 3:18). *KIRSTEN HOLMBERG*

A sabedoria de Deus o ajudou no seu relacionamento com Ele? Em que área da vida você precisa buscar Sua sabedoria?

Deus amoroso, ajuda-me a confiar que Tu sabes o que é melhor para mim.

A BÍBLIA EM UM ANO: ISAÍAS 14–16; EFÉSIOS 5:1-16

AS REDUÇÕES

...nunca desistimos ainda que [...] nosso exterior esteja morrendo, nosso interior está sendo renovado... v.16

Começou com uma coceira na garganta. *Eita*, pensei. Era gripe. E foi apenas o começo do problema. A gripe se transformou em tosse comprida, sim, *aquela* tosse comprida se transformou em pneumonia.

Oito semanas de tosse dilacerante — não é chamada de *tosse comprida* à toa — deixou-me abatido. Não me considero velho. Mas tenho idade para começar a pensar assim. Um membro do meu pequeno grupo na igreja tem um nome engraçado para os problemas de saúde que nos afligem enquanto envelhecemos: "as reduções". Mas não há nada engraçado na redução de trabalho *ativo*.

Em 2 Coríntios 4, Paulo escreveu sobre "as reduções". Esse capítulo narra a perseguição que ele e sua equipe sofreram. Cumprir sua missão custou caro: "Ainda que nosso exterior esteja morrendo", admitiu. Mas mesmo quando seu corpo fraquejou, devido à idade, perseguição e adversidades, Paulo se apegou à sua firme esperança: "nosso interior, está sendo renovado a cada dia" (v.16). "Estas aflições pequenas e momentâneas", insistiu ele, não podem ser comparadas ao que nos espera: "uma glória que pesa mais que todas as angústias..." (v.17).

Mesmo enquanto escrevo, as reduções arranham insistentemente meu peito. Mas sei que na minha vida e na de qualquer outro que se apega a Cristo, elas não terão a palavra final.

ADAM HOLZ

Que "reduções" estão afetando você ou alguém próximo? Como você se mantém fiel e esperançoso quando está enfermo?

Pai, ao definharmos, ajuda-nos a ver as lutas físicas por meio da esperança a da glória em Jesus.

ONDE QUER QUE ADOREMOS

...os verdadeiros adoradores [...] em espírito e em verdade [...] pessoas que o adorem desse modo. v.23

Uma enxaqueca me impediu de ir aos cultos em minha igreja... *de novo*. Lamentando a falta da adoração comunitária, assisti a um sermão online. No início, minhas queixas me prejudicaram. A má qualidade do som e do vídeo tirou minha atenção. Mas daí ouvi um hino conhecido. Chorei enquanto cantava estas palavras: "Sejas tu minha visão, ó Senhor da minha vida. Tu és tudo para mim. Tu és meu melhor pensamento, de dia ou de noite. Acordando ou dormindo, Tua presença é minha luz" (*Be Thou my vision*). Atentando para a dádiva da presença de Deus, eu o adorei ali, na minha sala de estar.

Embora a Bíblia diga que a adoração coletiva seja essencial (HEBREUS 10:25), Deus não está preso a um edifício. Na conversa com a mulher samaritana, Jesus contrariou todas as expectativas sobre o Messias (JOÃO 4:9). Em vez de condenação, Ele falou a verdade e demonstrou amor àquela mulher ao lado do poço (v.10). Jesus revelou Seu conhecimento sobre Seus filhos (vv.17-18). Proclamando Sua divindade, Jesus declarou que o Espírito Santo despertou a verdadeira adoração do coração do Seu povo, não de um local físico (vv.23-24).

Quando atentamos para quem Deus é, o que Ele fez e Suas promessas, alegramo-nos em Sua presença constante e o adoramos com outros cristãos, em nossas salas de estar e em qualquer lugar!

XOCHITL E. DIXON

Onde você gosta de adorar a Deus? Você desfruta de Sua presença e alegria quando o adora?

Deus maravilhoso, ajuda-me a adorar-te por quem Tu és, no que fazes e em tudo o que prometeste fazer.

A BÍBLIA EM UM ANO: ISAÍAS 20–22; EFÉSIOS 6

CONOSCO NO VALE

...não terei medo, pois tu estás ao meu lado... v.4

Quando Hannah Wilberforce (tia do abolicionista britânico William Wilberforce) estava prestes a morrer, ela escreveu uma carta na qual mencionou ter ouvido sobre a morte de outro cristão: "Feliz é o homem que foi para a glória, agora na presença de Jesus, a quem ele amava sem ver. Meu coração parecia pular de alegria". Em seguida, ela descreveu sua própria situação: "Eu, melhor e pior; Jesus, bom Pastor como sempre foi".

Suas palavras me fazem pensar no Salmo 23, onde Davi escreve: "Mesmo quando eu andar pelo escuro vale da morte, não terei medo, pois tu estás ao meu lado" (v.4). Essas palavras saltam da página porque é lá, no meio do vale da sombra da morte, onde a descrição de Davi sobre Deus se torna profundamente pessoal. Ele passa de falar *sobre* Deus no início do salmo — "o SENHOR é o meu pastor" (v.1) — para falar *com* Ele: "pois *tu* estás *comigo*" (v.4, GRIFO DO AUTOR).

Como é reconfortante saber que o Deus Todo-poderoso que formou o mundo inteiro (SALMO 90:2) é tão compassivo que caminha conosco até mesmo nos lugares mais difíceis. Quer nossa situação melhore ou piore, podemos nos voltar ao nosso Pastor, Salvador e Amigo e encontrá-lo "bom Pastor como sempre foi". Tão bom que a própria morte foi vencida, e "viverei na casa do SENHOR para sempre" (23:6).

JAMES BANKS

É consolador saber que Jesus, nosso Pastor, está sempre com você? Como compartilhar essa esperança com alguém hoje?

Meu Pastor, graças por Tua perfeita fidelidade e bondade. Ajuda-me a permanecer próximo a ti hoje.

AJUDANDO UNS AOS OUTROS

...procurem sempre fazer o bem uns aos outros e a todos. v.15

Jogando basquete com suas amigas, Amanda percebeu que sua comunidade se beneficiaria de uma liga feminina. Então, iniciou uma organização sem fins lucrativos para promover o trabalho em equipe e impactar a próxima geração. As líderes do *Moças que Encestam* se esforçam para construir confiança e caráter nas mulheres e incentivá-las a se tornarem contribuintes significativas para suas comunidades locais. Uma das jogadoras do time original que agora orienta outras meninas disse: "Há tanto companheirismo entre nós. Isso é algo de que eu sentia falta. Apoiamos umas às outras de maneiras diferentes. Amo ver as meninas tendo sucesso e crescendo".

Deus quer que Seu povo também ajude uns aos outros. O apóstolo Paulo exortou os tessalonicenses dizendo: "animem e edifiquem uns aos outros" (v.11). Deus nos colocou em Sua família para obtermos apoio. Precisamos uns dos outros para continuar no caminho de Cristo. Às vezes, isso significa ouvir alguém em dificuldades, suprir uma necessidade específica ou dizer palavras de encorajamento. Podemos celebrar sucessos, orar por força na dificuldade ou desafiar uns aos outros a crescer na fé. E em tudo, podemos "sempre fazer o bem uns aos outros" (v.15).

Podemos desfrutar de companheirismo ao nos unirmos a outros cristãos para confiar em Deus juntos! *ANNE CETAS*

Como você tem sido encorajado pelos outros? Você está preparado para receber e dar apoio?

Amo fazer parte da Tua família, Senhor.
Mostra-me como posso
participar da vida de outras pessoas.

LUTAS DO MOMENTO

...Se discordam em algum ponto, confio que Deus o esclarecerá para vocês. v.15

Quando ligamos a torradeira, obtemos o benefício dos resultados de uma rixa do final do século 19. À época, os inventores Thomas Edison e Nikola Tesla disputavam sobre qual era o melhor tipo de eletricidade para o desenvolvimento: corrente contínua, como a corrente que vai de uma bateria a uma lanterna; ou corrente alternada, que obtemos de uma tomada elétrica.

Mais tarde, as ideias de Tesla foram vencedoras e são usadas hoje para fornecer eletricidade para casas, empresas e comunidades no mundo todo. A corrente alternada é muito mais eficiente no envio de eletricidade a grandes distâncias e provou ser melhor.

Precisamos de sabedoria ao enfrentar questões críticas entre cristãos (ROMANOS 14:1-12). O apóstolo Paulo diz para buscarmos a ajuda de Deus para obter clareza. Ele disse: "Se discordam em algum ponto [...] Deus o esclarecerá para vocês" (v.15). Alguns versículos depois, vemos os resultados de duas pessoas que discordaram entre si, um conflito que entristeceu Paulo: "...suplico a Evódia e a Síntique [...] que resolvam seu desentendimento (FILIPENSES 4:2).

Quando uma discórdia começa a nos separar, devemos buscar a graça e a sabedoria de Deus, o conselho de cristãos maduros e o poder da oração. Que pensemos "concordemente, no Senhor" (v.2 ARA).

DAVE BRANON

Como aplicar a graça e a sabedoria de Deus às suas lutas cotidianas? Por que a oração é essencial para enfrentar conflitos?

Pai, a vida é complicada. Como agir neste momento? Espírito Santo, ajuda-me a ter discernimento.

NÃO HÁ NADA DE COMUM

...obtiveram aprovação por causa de sua fé [...] nenhum deles recebeu tudo que havia sido prometido... v.39

Quando Anita faleceu dormindo, em seu nonagésimo aniversário, a quietude de sua partida refletiu a quietude de sua vida. Viúva, ela se dedicava aos filhos e netos e a ser amiga das mulheres mais jovens da igreja.

Anita não era notável em talento ou realização. Mas sua profunda fé em Deus inspirou quem a conheceu. "Quando não sei o que fazer a respeito de um problema", disse uma amiga minha, "não penso nas palavras de um pregador ou escritor famoso. Penso no que Anita diria".

Muitos de nós somos como Anita: pessoas comuns que vivem vidas comuns. Nossos nomes nunca estarão no noticiário e não teremos monumentos construídos em nossa homenagem. Mas uma vida vivida com fé em Jesus nunca é comum. Algumas pessoas listadas em Hebreus 11 não foram nomeadas (vv.35-38); elas trilharam o caminho da obscuridade e não receberam a recompensa prometida nesta vida (v.39). Mas, porque elas obedeceram a Deus, a fé que tiveram não foi em vão. Deus usou a vida delas de maneiras além de sua falta de notoriedade (v.40).

Quando estiver desanimado com o estado aparentemente normal de sua vida, lembre-se de que uma vida vivida pela fé em Deus tem um impacto por toda a eternidade. Mesmo sendo pessoas comuns, podemos ter uma fé extraordinária. *KAREN HUANG*

Em que área da vida, Deus o está chamando para exercer sua fé nele? Como Ele pode ajudá-lo a ser mais obediente e fiel em seus afazeres cotidianos?

Deus, Tu és digno! Por favor, ajuda-me a confiar em ti e a obedecer-te sempre.

Saiba mais sobre sua identidade em Cristo, acessando: paodiario.org

★ *TÓPICO DE OUTUBRO: SABEDORIA*

NECESSIDADE DE SABEDORIA

Moisés aceitou o conselho do sogro e seguiu todas as suas recomendações. v.24

Beto cresceu sem pai e sentiu que perdeu muito da sabedoria que os pais transmitem aos filhos. Sem querer que outros carecessem de habilidades importantes para a vida, ele fez vários vídeos demonstrando desde como montar uma prateleira até como trocar um pneu. Com sua compaixão e estilo bondoso, Beto se tornou uma sensação no YouTube, com milhões de seguidores.

Muitos de nós anseiam por ter uma figura paterna para nos ensinar habilidades valiosas, bem como nos ajudar a enfrentar as dificuldades. Moisés precisou de sabedoria depois que ele e os israelitas fugiram do Egito e se estabeleceram como nação. Seu sogro Jetro viu a pressão que existia sobre Moisés ao ter que resolver disputas entre o povo. Por isso, deu a Moisés um excelente conselho sobre como delegar responsabilidades na liderança (VV.17-23). Moisés "aceitou o conselho do sogro e seguiu as suas recomendações" (V.24).

Deus sabe que todos precisam de sabedoria. Alguns são abençoados com pais piedosos que dão conselhos sábios, mas outros não. Porém a sabedoria do Senhor está disponível a todos os que pedem (TIAGO 1:5). Deus também proveu sabedoria nas páginas da Bíblia, o que nos lembra que, quando ouvimos humilde e sinceramente os sábios, seremos sábios como eles (PROVÉRBIOS 19:20) e teremos sabedoria para compartilhar com os outros. *LISA M. SAMRA*

Você tem se beneficiado de conselhos sábios? De quem você poderia se aproximar?

Pai, ajuda-me a buscar e escutar os conselhos sábios das pessoas que Tu colocas em minha vida.

POR CAUSA DOS OUTROS

...Embora todos os alimentos sejam aceitáveis, é errado comer algo que leve alguém a tropeçar. v.20

Durante a pandemia da COVID-19, muitos cidadãos de Singapura ficaram em casa, para evitar a infecção. Eu continuei nadando feliz, crendo que era seguro. Minha esposa temia que eu fosse infectado na piscina pública e passasse para sua mãe que, como outros idosos, era mais vulnerável ao vírus. "Você deixaria de nadar por algum tempo, por minha causa?", ela perguntou. No início, eu queria argumentar que havia pouco risco. Então percebi que os sentimentos dela importavam mais. Por que insistir em nadar, se isso não era tão essencial, e a deixava preocupada?

Em Romanos 14, Paulo abordou questões sobre se os cristãos deveriam comer certos alimentos ou celebrar certos festivais. Sua preocupação era que algumas pessoas estivessem impondo seus pontos de vista aos outros. Paulo lembrou aos romanos que os cristãos podem ver as situações de outro modo. Temos experiências diferentes que influenciam nossas atitudes e práticas. Ele escreveu: "...deixemos de julgar uns aos outros [...] resolvam viver de modo a nunca fazer um irmão tropeçar e cair" (v.13).

A graça de Deus nos liberta e nos ajuda a expressar Seu amor aos irmãos. Podemos usar essa liberdade para colocar as necessidades espirituais dos outros acima de nossas convicções sobre regras e práticas que não contradigam as verdades do evangelho (v.20).

LESLIE KOH

As suas regras e práticas impactam outros cristãos que pensam diferentemente de você?

Pai, dá-me a graça de ceder ao evangelho e de considerar os sentimentos dos outros acima dos meus.

A BÍBLIA EM UM ANO: ISAÍAS 34–36; COLOSSENSES 2

À MESA DO REI

Mefibosete passou a comer à mesa de Davi, como se fosse um de seus filhos. v.11

"Ele viverá", disse o veterinário, "mas sua perna terá que ser amputada". O vira-latas perdido que minha amiga levara havia sido atropelado. "Você é a dona?" Haveria uma pesada conta pela cirurgia, e o filhote precisaria de cuidados enquanto se recuperasse. "Agora sou", respondeu ela. Sua bondade deu àquele cão um futuro em um lar amoroso.

Mefibosete se via como um "cão morto", indigno de ajuda (2 SAMUEL 9:8). Sendo aleijado de ambos os pés, devido a um acidente, ele dependia dos outros para protegê-lo e sustentá-lo (4:4). Além disso, após a morte de seu avô, o rei Saul, ele provavelmente temia que Davi, o novo rei, ordenasse a morte de todos os inimigos e rivais ao trono, como era a prática da época.

No entanto, por amor a seu amigo Jônatas, Davi garantiu que o filho dele, Mefibosete, estaria sempre seguro e cuidado como seu próprio filho (9:7). Igualmente, nós, que éramos inimigos de Deus, marcados para a morte, fomos salvos por Jesus e recebemos um lugar com Ele no Céu para sempre. Isso é o que significa participar do banquete no reino de Deus que Lucas descreve em seu evangelho (LUCAS 14:15). Aqui estamos nós, os filhos e filhas de um rei! Que bondade generosa e imerecida recebemos! Aproximemo-nos de Deus em gratidão e alegria. *KAREN KWEK*

Você tende a esquecer que Deus o protege e cuida de você? Como 2 Samuel 9:6-13 pode encorajá-lo nesses momentos de dúvida?

Jesus, graças pela salvação e um lugar à Tua mesa. Faz-me lembrar que sou Teu e a louvar-te sempre.

O MAIOR DOS MESTRES

Alguém lhe ensinou o que é certo ou lhe mostrou o caminho da sabedoria? v.14

"Não entendo!" Minha filha largou o lápis na mesa. Ela estava fazendo um trabalho de matemática e eu tinha acabado de iniciar minha "função" como mãe/educadora domiciliar. Estávamos em apuros. Não conseguia me lembrar como fazer para transformar decimais em frações. Não podia lhe ensinar algo que eu mesma não sabia. Daí assistimos a uma aula online.

Como seres humanos, às vezes, lutaremos com coisas que não conhecemos. Mas não Deus. Ele sabe tudo. Ele é onisciente. Isaías escreveu: "Acaso o SENHOR já precisou do conselho de alguém? Necessita que o instruam a respeito do que é bom? Alguém lhe ensinou o que é certo ou lhe mostrou o caminho da sabedoria? (ISAÍAS 40:13-14). A resposta é *não*!

Temos inteligência porque Deus nos criou à Sua imagem. Porém, nossa inteligência é apenas uma amostra diante da dele. Nosso conhecimento é limitado, mas o de Deus é imensurável (SALMO 147:5). Nosso conhecimento está aumentando com a ajuda da tecnologia, mas ainda erramos. Jesus, contudo, sabe todas as coisas "de forma imediata, simultânea, exaustiva e verdadeira", como disse um teólogo.

Não importa o quanto os seres humanos avancem em conhecimento, nunca superaremos a onisciência de Cristo. Sempre precisaremos que Ele abençoe nosso entendimento e nos ensine o que é bom e verdadeiro. *JENNIFER BENSON SCHULDT*

Você é grato pela onisciência de Deus?
Saber que Jesus sabe todas as coisas o encoraja?

Jesus, louvo-te por seres onisciente.
Ensina-me o que aprender e ajuda-me
a te amar com entendimento.

PALAVRAS QUE PERMANECEM

...o Senhor deu esta mensagem a Jeremias. v.1

No início do século 19, Thomas Carlyle deu ao filósofo John Stuart Mill um manuscrito para ser revisado. De alguma forma, acidental ou intencionalmente, o manuscrito foi jogado no fogo. Era a única cópia de Carlyle. Destemido, ele começou a reescrever os capítulos perdidos. As chamas não conseguiram parar a história, que permaneceu intacta em sua mente. Apesar da grande perda, Carlyle produziu sua obra grandiosa *A Revolução Francesa*.

Nos últimos dias do decadente reino de Judá, Deus disse ao profeta Jeremias: "Pegue um rolo e escreva nele todas as minhas mensagens" (JEREMIAS 36:2). A mensagem revelava o terno coração de Deus, chamando Seu povo ao arrependimento para evitar uma invasão iminente (v.3).

Jeremias obedeceu como lhe fora dito. O rolo logo foi enviado ao rei de Judá, Jeoaquim, que metodicamente o cortou e jogou no fogo (vv.23-25). O ato do rei só piorou as coisas. Deus disse a Jeremias para escrever outro rolo com a mesma mensagem. Ele disse: "[Jeoaquim] não terá herdeiros para se sentarem no trono de Davi. Seu corpo será lançado fora e não será enterrado; ficará exposto ao calor do dia e à geada da noite" (v.30).

É possível queimar as palavras de Deus jogando-as no fogo. Possível, mas totalmente *inútil*. A Palavra por trás das palavras permanece para sempre. *TIM GUSTAFSON*

Você alguma vez ignorou as palavras de Deus? Qual a importância de submeter-se e obedientemente segui-las?

Pai, que eu leve e aceite as Tuas palavras, mesmo as difíceis. Dá-me um coração arrependido e submisso.

MANUAL DA VIDA PARA INICIANTES

Pois o salário do pecado e a morte, mas a dádiva de Deus é a vida eterna em Cristo Jesus... v.23

Após minha mãe falecer repentinamente, decidi iniciar um blog. Queria que as postagens inspirassem outros a usar seu tempo para criar lembranças significativas. Então, procurei um manual de blogs para iniciantes. Aprendi que plataforma usar, a escolher títulos e a criar postagens atraentes. E em 2016, nasceu minha primeira postagem.

Paulo escreveu um "manual para iniciantes" que explica como obter a vida eterna. Em Romanos 6:16-18, ele contrasta o fato de que nascemos rebeldes a Deus (pecadores) com a verdade de que Jesus pode nos livrar do pecado (v.18). Paulo então descreve a diferença entre ser um escravo do pecado e um escravo de Deus e de Sua justiça (vv.19-20). Ele afirma também que "o salário do pecado é a morte, mas a dádiva de Deus é a vida eterna" (v.23). A morte significa separação de Deus para sempre. Esse é o resultado devastador da rejeição a Cristo. Mas Deus nos ofereceu uma dádiva em Jesus: uma nova vida. É o tipo de vida que começa na Terra e continua para sempre no Céu.

O manual da vida eterna para iniciantes que Paulo nos apresenta traz duas escolhas: o pecado, que leva à morte, ou a dádiva de Jesus, que leva à vida eterna. Receba Sua dádiva de vida e, se você já a recebeu, compartilhe essa dádiva com outras pessoas hoje!

MARVIN WILLIAMS

O que significa receber a dádiva da vida eterna por meio de Cristo? Qual a diferença entre ser escravo do pecado e escravo de Deus?

Jesus, graças por Teu amor e perdão. Pagaste minha dívida e deste-me um presente inestimável.

OS PLANOS DE DEUS PARA VOCÊ

Busque no S*ENHOR* *a sua alegria, e ele lhe dará os desejos de seu coração.* v.4

Por seis anos, Agnes tentou ser a "perfeita esposa de pastor", espelhando-se em sua sogra (também esposa de pastor). Ela pensou que esse papel a proibiria de ser escritora e pintora e, ao enterrar sua criatividade, deprimiu-se e pensou em suicídio. Apenas a ajuda de um pastor vizinho a tirou da escuridão, ao orar com ela e incumbi-la de escrever por duas horas todas as manhãs. Isso a despertou para o que ela chamou de "ordens seladas", o chamado que Deus lhe havia dado. Ela escreveu: "Para que eu seja realmente eu mesma, meu eu completo, cada... fluxo de criatividade que Deus me deu precisou encontrar seu canal".

Mais tarde, ela mencionou uma das canções de Davi que expressava como ela havia encontrado seu chamado: "Busque no SENHOR a sua alegria, e ele lhe dará os desejos de seu coração" (SALMO 37:4). Quando ela entregou seu caminho a Deus, confiando nele para conduzi-la e ajudá-la (v.5), Ele abriu um caminho para ela não apenas escrever e pintar, mas ajudar outros a se comunicar melhor com o Senhor.

Deus tem um conjunto de "ordens seladas" para cada um de nós, não apenas para sabermos que somos Seus filhos, mas para entendermos os modos singulares de servi-lo por meio de nossos dons e paixões. Ele nos guiará conforme confiarmos e nos alegrarmos nele.

AMY BOUCHER PYE

Como a tentativa de Agnes em agradar aos outros repercute em você? O que Deus colocou em suas "ordens seladas"?

Pai, criaste-me à Tua imagem.
Ajuda-me a compreender meu chamado
para te amar e servir melhor.

 A BÍBLIA EM UM ANO: ISAÍAS 45–46; 1 TESSALONICENSES 3

★ *TÓPICO DE OUTUBRO: SABEDORIA*

VIVENDO BEM

...afinal, todos morrem, e é bom que os vivos se lembrem disso. v.2

Um estabelecimento na Coreia do Sul oferece funerais grátis para os vivos. Desde que iniciou em 2012, mais de 25 mil pessoas, de adolescentes a aposentados, participaram desses "funerais vivos", na esperança de melhorar a sua vida ao pensar na morte. Os seus oficiantes dizem que "as cerimônias têm o objetivo de dar ao participante um verdadeiro sentido da vida, inspirar gratidão e ajudar na prática do perdão e reconexão entre familiares e amigos".

Essas palavras ecoam a sabedoria dada pelo mestre escritor de Eclesiastes. "...todos morrem, e é bom que os vivos se lembrem disso" (ECLESIASTES 7:2). A morte nos lembra que a vida é breve e que temos um certo tempo para viver e amar, liberando-nos para usufruirmos dos bons presentes de Deus, como dinheiro, relacionamentos e prazer. Ela nos liberta para desfrutá-los aqui e agora, enquanto ajuntamos "tesouros no céu, onde traças e ferrugem não destroem, e onde ladrões não arrombam nem furtam" (MATEUS 6:20).

Ao lembrarmos que a morte pode bater a qualquer hora, isso talvez nos obrigue a não adiar a visita a nossos pais, postergar nossa decisão de servir a Deus de um modo específico, ou negligenciar o tempo com nossos filhos por causa do trabalho. Com a ajuda de Deus, podemos aprender a viver com sabedoria. *POH FANG CHIA*

Que mudanças acontecerão em sua vida hoje ao pensar na morte? Você está mais consciente da morte em meio à agitação da vida?

Deus de amor, ajuda-me a lembrar que a vida é breve e a viver bem hoje.

Saiba mais sobre vida após a morte, acessando: paodiario.org

PERCEPÇÃO VINDA DO ESPÍRITO

Quando vier o Espírito da verdade, ele os conduzirá a toda a verdade... v.13

Ao escavar na areia do deserto, reforçando as defesas do acampamento de seu exército, o soldado francês não tinha ideia de que faria uma grande descoberta. Movendo outra pá de areia, viu uma pedra. Não qualquer pedra. Era a Pedra de Roseta, contendo as leis e a governança do rei Ptolomeu V e escritas em três idiomas. Essa pedra (hoje no Museu Britânico) seria um dos achados arqueológicos mais importantes do século 19, ajudando a desvendar os mistérios da antiga escrita egípcia, os hieróglifos.

Para muitos de nós, grande parte das Escrituras também está envolvida em profundo mistério. Assim, na noite antes da crucificação, Jesus prometeu a Seus seguidores o Espírito Santo. Ele lhes disse: "Quando vier o Espírito da verdade, ele os conduzirá a toda a verdade. Não falará por si mesmo, mas lhes dirá o que ouviu e lhes anunciará o que ainda está para acontecer" (JOÃO 16:13). O Espírito Santo é, de certo modo, nossa divina Pedra de Roseta, lançando luz sobre a verdade, incluindo as verdades por detrás dos mistérios da Bíblia.

Embora não nos seja prometido um entendimento total de tudo o que a Bíblia nos ensina, podemos confiar que, pelo Espírito, compreendemos tudo o que é necessário para seguirmos a Jesus. Ele nos guiará nessas verdades fundamentais.

BILL CROWDER

Faça uma lista do que lhe parece difícil na Bíblia e peça orientação ao Espírito Santo para compreender a Palavra de Deus.

Deus da verdade, ajuda-me a descansar no Espírito para poder entender melhor a Tua sabedoria.

Saiba mais sobre descansar no Espírito, acessando: paodiario.org

TEMPO DE FALAR

Há um momento certo para tudo [...] tempo de calar, e tempo de falar. vv.1,7

Uma mulher afro-americana fez parte de um grande ministério global por 30 longos anos. Mas, quando queria falar sobre injustiça racial, seus colegas de trabalho se calavam. Então, em 2020, enquanto as discussões sobre racismo cresciam pelo mundo, seus amigos de ministério "começaram a dialogar abertamente". Com uma mistura de sentimentos, ela agradeceu pelas discussões, mas se questionou por que seus colegas demoraram tanto para falar.

O silêncio pode ser uma virtude em certas situações. Como o rei Salomão escreveu: "Há um momento certo para tudo [...] para cada atividade debaixo do céu [...] tempo de calar, e tempo de falar" (ECLESIASTES 3:1,7).

O silêncio diante do preconceito e da injustiça só causa danos. O pastor luterano Martin Niemoeller (preso na Alemanha nazista por falar abertamente) afirmou isso num poema que compôs depois da guerra: "Primeiro, eles vieram atrás dos comunistas, mas me calei porque não era comunista". Acrescentou: "Depois, vieram atrás" dos judeus, católicos e outros, "mas não falei nada". Por fim, "vieram atrás de mim e, àquela altura, não havia mais ninguém que falasse algo" (tradução livre)

É preciso coragem e amor para posicionar-se contra a injustiça. Com a ajuda de Deus, entretanto, reconhecemos que a hora de nos posicionarmos é agora. *PATRÍCIA RAYBON*

Por que é tão importante que não silenciemos diante da injustiça racial e outras formas de injustiças?

Deus, livra-me das garras do inimigo para que eu me posicione contra o pecado da injustiça racial.

A BÍBLIA EM UM ANO: ISAÍAS 53–55; 2 TESSALONICENSES 1

QUANDO FAZER SACRIFÍCIO

...o Espírito produz [...] amor, alegria, paz, paciência [...] mansidão e domínio próprio... vv.22-23

No início da COVID-19, as preocupações de uma colunista me surpreenderam: o isolamento seria voluntário? Mudaríamos de hábitos de trabalho, viagens e compras para que outros não adoecessem? "Isso não é apenas um teste de recursos clínicos", escreveu ela, "mas de nossa disposição em nos dedicarmos aos outros". De repente, a necessidade de virtude virou manchete.

Pode ser difícil considerar as necessidades dos outros quando também estamos ansiosos. Mas, não somos deixados apenas com a força de vontade para as atender. Podemos pedir que o Espírito Santo nos dê *amor* para substituir nossa indiferença, *alegria* para combater a tristeza, *paz* para substituir a ansiedade, *paciência* para expulsar a impulsividade, *amabilidade* para cuidar dos outros, *bondade* para prover suas necessidades, *fidelidade* para manter as promessas, *mansidão*, em vez de aspereza, e *domínio próprio* para nos tirar do egocentrismo (GÁLATAS 5:22-23). Embora não sejamos perfeitos em tudo isso, somos chamados a ser cheios do Espírito (EFÉSIOS 5:18).

O escritor Richard Foster descreveu a santidade como a habilidade de fazer o necessário quando necessário. E essa habilidade é necessária sempre, não apenas na pandemia. Somos capazes de fazer sacrifícios pelo bem dos outros? Espírito Santo, enche-nos com o poder de fazer o que é necessário. *SHERIDAN VOYSEY*

Quais as necessidades ao seu redor que clamam pelo fruto do Espírito Santo?

Espírito Santo, enche-me de novo hoje e faz de mim uma pessoa virtuosa.

ESFACELADO POR DENTRO

Disse comigo: "Confessarei ao SENHOR *a minha rebeldia", e tu perdoaste toda a minha culpa.* SALMO 32:5

Mamãe pintou um mural na parede da nossa sala, que ficou lá por anos. Ele mostrava uma cena grega antiga de um templo em ruínas com colunas derrubadas, uma fonte destruída e uma estátua quebrada. Eu era adolescente e olhava para a arquitetura helenística, que outrora tinha sido muito bela, tentando imaginar o motivo de ter sido destruída. Fiquei curiosa, especialmente quando comecei a estudar sobre a tragédia de grandes e prósperas civilizações passadas que haviam se esfacelado.

A depravação pecaminosa e a destruição temerária que vemos hoje, ao nosso redor, podem ser preocupantes. É natural tentarmos explicar culpando as pessoas e nações que rejeitaram a Deus. Mas não deveríamos lançar nosso olhar para dentro de nós também? A Bíblia nos adverte sobre a hipocrisia quando desafiamos outros para abandonar seus caminhos pecaminosos sem também olharmos mais profundamente para o nosso próprio interior (MATEUS 7:1-5).

O Salmo 32 nos desafia a ver e confessar nosso pecado. É apenas quando reconhecemos e confessamos nosso pecado pessoal que experimentamos a libertação da culpa e a alegria do verdadeiro arrependimento (VV.1-5). Ao nos alegrarmos em saber que Deus nos oferece perdão completo, podemos compartilhar essa esperança com outras pessoas que também estão lutando contra o pecado.

CINDY HESS KASPER

Como identificar o pecado em sua vida?
Por que é essencial confessar seus pecados a Deus?

Deus, graças por Teu perdão.
Ajuda-me a olhar dentro de mim,
antes de olhar o pecado alheio.

A BÍBLIA EM UM ANO: ISAÍAS 59–61; 2 TESSALONICENSES 3

ESTUDANDO AS ESCRITURAS

Mas as Escrituras apontam para mim! v.39

Em sua obra clássica *Conhecendo a Deus ao longo do ano* (Ultimato, 2020), J. I. Packer (1926–2020) falou de quatro cristãos famosos a quem chamou de "castores da Bíblia". Nem todos eram estudiosos treinados, mas cada um dedicou-se muito a conhecer a Deus *roendo* as Escrituras, como um castor que cava e rói árvores. Packer observou que conhecer a Deus pelo estudo da Bíblia não é apenas para estudiosos. "Um leitor da Bíblia cheio do Espírito Santo, que ouve sermões, obterá um conhecimento mais profundo com seu Deus e seu Salvador do que um estudioso mais erudito que se contenta em ser teologicamente correto".

Infelizmente, nem todos estudam a Bíblia com humildade, objetivando conhecer melhor o Salvador e tornar-se mais semelhante a Ele. Nos dias de Jesus, havia os que liam o Antigo Testamento, mas não encontravam nele aquele de quem se falava. "Vocês estudam [...] as Escrituras porque creem que elas lhes dão vida eterna. Mas as Escrituras apontam para mim! [...] vocês se recusam a vir a mim..." (JOÃO 5:39-40).

Você fica perplexo ao ler a Bíblia? Ou já desistiu de estudá-la? Os "castores" da Bíblia são mais do que apenas leitores. Em oração, meditam nas Escrituras cuidadosamente para que seus olhos e corações vejam e amem a Jesus, Aquele que nelas é revelado.

ARTHUR JACKSON

Que textos do Antigo Testamento "testificam" sobre Jesus? Como podemos nos tornar melhores estudantes das Escrituras?

Pai, abre meus olhos para ver Jesus na Bíblia, a fim de que eu lhe obedeça, ame e sirva mais.

VIVER PARA SERVIR

Deus concedeu um dom a cada um, e vocês devem usá-lo [...] fazendo bom uso da [...] graça divina. v.10

Após Chelsea, 10, receber um belo estojo de artes, ela descobriu que Deus usou a arte para ajudá-la quando se sentia triste. Ela descobriu que muitas crianças não tinham materiais de arte e quis ajudá-las. Pediu aos amigos para não levarem presentes para sua festa de aniversário, mas que doassem materiais de arte e enchessem caixas para crianças carentes.

Com a ajuda da família, ela fundou a *Chelsea's Charity* (Casa de Caridade da Chelsea) e começou a pedir doações para auxiliar mais crianças. Ela até deu dicas de arte para grupos que receberam seus estojos. Depois que um locutor local a entrevistou, pessoas de todo o país começaram a doar suprimentos. Enquanto essa instituição continua a enviar materiais de arte ao redor do mundo, Chelsea demonstra como Deus nos usa quando nos dispomos a viver para servir uns aos outros.

A compaixão e o desejo de Chelsea em compartilhar refletem o sentimento de um mordomo fiel. O apóstolo Pedro incentiva os cristãos a serem mordomos fiéis, a amar "uns aos outros sinceramente" e a repartir os recursos e talentos que Deus lhes deu (1 PEDRO 4:8-11).

Nossos pequenos atos de amor podem inspirar outros a doarem. E Deus pode agregar mantenedores para servir conosco. Confiando nele, podemos servi-lo e dar-lhe a glória que Ele merece.

XOCHITL E. DIXON

Você confia que Deus o ajudará a servir aos outros? O que Deus requer de você que parece grande demais?

Pai, concede-me o que preciso para servir-te. Que eu ame aos outros com minhas palavras e ações.

★ *TÓPICO DE OUTUBRO: SABEDORIA*

CRISTÃOS SÁBIOS

...os filhos deste mundo são mais astutos ao lidar com o mundo ao redor que os filhos da luz. v.8

A pandemia do coronavírus causou o fechamento de escolas em todo o mundo. Muitos professores usaram um aplicativo digital que possibilitou as aulas online. Mas, na Ásia, os alunos descobriram que, se a avaliação do aplicativo caísse muito, ele poderia ser removido da plataforma digital. Assim, milhares de avaliações baixas diminuíram a pontuação do aplicativo.

Jesus não ficaria impressionado com os alunos se esquivando de suas responsabilidades, mas admiraria a astúcia deles. O Senhor contou a história de um gerente demitido que em seu último dia de trabalho reduziu as contas dos devedores de seu patrão. Jesus não elogiou a desonestidade dele, mas sim a inteligência, e desejou que Seus seguidores fossem igualmente astutos: "...usem a riqueza [...] para fazer amigos [...] quando suas posses se extinguirem, eles os receberão num lar eterno" (LUCAS 16:9).

Quando se trata de dinheiro, a maioria pensa em quanto se pode *perder*. Os sábios buscam pelo que lhes pode ser útil. Jesus disse que dar "faz amigos", o que traz segurança e influência. Quem é o líder em qualquer grupo? Aquele que paga. Nossa prontidão em doar demonstra a nossa confiança em Jesus, e confiar no Senhor nos assegura o "lar eterno".

Mesmo sem dinheiro, temos tempo, habilidades ou ouvidos atentos. Sirvamos criativamente aos outros por Jesus. *MIKE WITTMER*

Como suas habilidades, dinheiro ou tempo podem abençoar alguém ainda hoje?

Jesus, quero doar aos outros por amor a ti.

A BÍBLIA EM UM ANO: JEREMIAS 1–2; 1 TIMÓTEO 3

FALE, CONFIE, SINTA

Pois vocês não receberam um espírito que os torne, de novo, escravos medrosos... v.15

"Não fale, não confie, não sinta era a lei pela qual vivíamos e ai daquele que a quebrasse", diz Frederick Buechner em seu livro de memórias *Telling Secrets* (Contando Segredos). Buechner descreve a experiência que ele chama de a "lei não escrita de famílias que por um motivo ou outro enlouqueceram". Em sua família, essa "lei" significava que ele não podia falar ou lamentar o suicídio de seu pai, deixando-o sem alguém a quem pudesse confiar sua dor.

Você se identifica? Muitos de nós aprendemos a viver com uma versão distorcida do amor, que exige desonestidade ou silêncio sobre o que nos feriu. Esse tipo de "amor" depende do medo para controlar, e é um tipo de escravidão.

Não podemos esquecer que o convite de amor de Jesus é diferente do tipo de amor condicional que muitas vezes experimentamos — um tipo de amor que sempre temos medo de perder. Como Paulo explica, por meio do amor de Cristo finalmente entendemos o significado de não sermos "escravos medrosos" (ROMANOS 8:15) e entendemos o tipo de liberdade gloriosa (v.21) que é possível quando sabemos que somos profunda, verdadeira e incondicionalmente amados. Somos livres para falar, para confiar e para sentir mais uma vez, para aprender o que significa viver sem medo.

MONICA LA ROSE

Existem "regras" implícitas e não ditas para sermos aceitos e amados? A sua vida seria diferente por não precisar seguir tais regras para ser amado?

Deus, às vezes somos desonestos conosco ou com os outros. Cura-nos para usufruirmos do Teu amor.

O TESTE

...Algum tempo depois, Deus pôs Abraão à prova. v.1

A primeira vez que levei meus filhos para uma caminhada, numa montanha de aproximadamente 450 m de altura, eles ficaram nervosos. *Eles conseguiriam? Estavam à altura do desafio?* Meu filho caçula parou várias vezes para descansar. "Pai, não consigo mais", disse repetidamente. Mas eu acreditava que aquele teste seria bom para eles e queria que confiassem em mim. A um quilômetro e meio do pico, meu filho, que insistiu que não podia ir adiante, tomou fôlego e chegou ao cume antes de nós. Ele estava tão feliz por ter confiado em mim, mesmo com medo.

Fico maravilhado com a confiança que Isaque tinha em seu pai enquanto subiam o monte. E ainda muito mais maravilhado com a confiança que Abraão teve em Deus quando ergueu a faca sobre o filho (GÊNESIS 22:10). Mesmo confuso e entristecido, Abraão obedeceu. Felizmente, um anjo o deteve dizendo: "Não toque no rapaz" (v.12). O propósito de Deus nunca foi que Isaque morresse.

À medida que, com cautela, traçamos paralelos dessa história com a nossa, é crucial observar a frase inicial: "Deus pôs Abraão à prova" (v.1). Por meio dessa provação, Abraão aprendeu o quanto confiava em Deus e descobriu Seu coração amoroso e Sua imensa provisão.

Em nossa confusão, escuridão e provações, aprendemos verdades sobre nós mesmos e sobre Deus. Descobrimos que as provações nos levam a confiar mais nele.

WINN COLLIER

O que você aprendeu com as provações em sua vida?

Deus, não sei se o que estou vivendo é um teste, mas quero confiar em ti. Entrego-te meu futuro.

A BÍBLIA EM UM ANO: JEREMIAS 6–8; 1 TIMÓTEO 5

CHAMADO POR DEUS

Eu, Paulo [...] chamado para ser apóstolo [...] e enviado para anunciar as boas-novas de Deus... v.1

Os táxis de três rodas do Sri Lanka, conhecidos como "*tuk tuks*", são um meio de transporte conveniente e agradável. Lorraine, moradora da capital Colombo, chegou à conclusão de que são também um campo missionário. Certo dia, ao pegar um *tuk*, ela percebeu que o motorista estava muito receptivo para conversar sobre religião. Disse a si mesma que na próxima vez falaria com ele sobre as boas-novas.

A carta aos Romanos começa com Paulo se declarando "chamado para [...] anunciar as boas-novas de Deus" (v.1). A palavra grega para "evangelho" é *evangelion*, que significa "boas-novas". Paulo estava dizendo que seu objetivo principal era contar as boas-novas de Deus.

O que são essas boas notícias? Romanos 1:3 diz que elas "se referem a seu Filho". A boa notícia é Jesus! É *Deus* quem quer dizer ao mundo que Jesus veio para nos salvar do pecado e da morte, e Ele nos escolheu para ser Seu meio de comunicação. Que lição de humildade!

Compartilhar as boas-novas é um privilégio dado a todos os cristãos. "Recebemos a graça" para chamar outros a essa fé (vv.5-6). Deus nos escolheu para levar as emocionantes notícias do evangelho àqueles ao nosso redor, seja em *tuk tuks* ou onde quer que estivermos. Que nós, como Lorraine, busquemos oportunidades para revelar aos outros a boa notícia que é Jesus. *ASIRI FERNANDO*

O que o impede de compartilhar sua fé? Que habilidades você usa para apresentar as boas-novas?

Jesus, sou grato por ser Teu porta-voz das boas-novas. Dá-me sempre ousadia para compartilhar sobre ti.

A BÍBLIA EM UM ANO: JEREMIAS 9–11; 1 TIMÓTEO 6

PROPÓSITO NO SOFRIMENTO

...Estou muito irado com você e com seus dois amigos [...] não falaram o que é certo a meu respeito... v.7

"Então, você disse que posso não ser culpada". Eu tinha sido o orador convidado em sua igreja e falávamos sobre o que eu havia exposto naquela manhã. As palavras dessa mulher me surpreenderam. E completou: "Tenho uma doença crônica e orei, jejuei, confessei meus pecados e fiz tudo o que me disseram para ser curada. Mas ainda estou doente, então pensei que a culpa fosse minha".

Fiquei triste com o que ouvi. Ela tinha recebido uma "fórmula" espiritual para resolver seu problema e culpou-se quando isso não funcionou. Pior ainda, essa abordagem estereotipada do sofrimento foi refutada gerações atrás.

Simplificando, essa fórmula antiga diz que, se há sofrimento, há pecado. Quando Jó perdeu tragicamente o seu gado, filhos e saúde, seus amigos a usaram: "Acaso os inocentes morrem? (JÓ 4:7)". Elifaz questionou, suspeitando da culpa de Jó. Bildade disse a Jó que seus filhos morreram porque pecaram (8:4). Ignorando a verdadeira causa do sofrimento de Jó (1:6–2:10), eles o atormentaram com razões simplistas para sua dor. Mais tarde, receberam a repreensão de Deus (42:7).

O sofrimento faz parte da vida num mundo caído. Como o foi para Jó, pode acontecer por motivos que talvez nunca saibamos. Mas Deus tem um propósito que vai além da nossa dor. Não desanime por causa de fórmulas simplistas. *SHERIDAN VOYSEY*

Como a fórmula "sofrimento = pecado" é usada hoje? Por que ela ainda é tão prevalente?

Médico dos médicos, em tempos de sofrimento, concede-me palavras que tragam cura, não dor.

DEUS ESTÁ OUVINDO

...[Deus] nos ouve sempre que lhe pedimos algo conforme sua vontade. v.14

Servi na equipe de cuidados aos membros da igreja, e uma das minhas funções era orar pelos pedidos deixados nos bancos durante os cultos: pela saúde de uma tia; pelas finanças de um casal; pela salvação de um neto. Raramente ouvia as respostas a essas orações. A maioria era anônima, e eu não tinha como saber sobre as respostas de Deus. Confesso que às vezes me perguntava: *Ele realmente ouviu? Alguma coisa aconteceu como resultado de minhas orações?*

Durante nossa vida, a maioria de nós questiona: "Deus me ouve?" Lembro-me de meus próprios pedidos por um filho que ficaram sem resposta por anos. E fiz pedidos para que meu pai encontrasse a fé, mas ele morreu sem qualquer confissão aparente.

Ao longo dos milênios, vemos inúmeros exemplos de Deus inclinando os Seus ouvidos: aos gemidos de Israel sob a escravidão (ÊXODO 2:24); a Moisés no monte Sinai (DEUTERONÔMIO 9:19); a Josué em Gilgal (JOSUÉ 10:14); às orações de Ana por um filho (1 SAMUEL 1:10-17); a Davi clamando por livramento (2 SAMUEL 22:7).

A Bíblia é explicita: "[Deus] nos ouve sempre que pedimos algo conforme sua vontade" (1 JOÃO 5:14). A palavra "ouvir" significa "prestar atenção" e responder com base no que se ouviu.

Ao nos dirigirmos a Deus, tenhamos confiança em Sua capacidade de ouvir, pois Ele ouve nossos clamores. *ELISA MORGAN*

Pense por instantes no que você pediu a Deus recentemente. Como reconhecer que Deus o ouve?

Pai, peço e confio em ti para me ouvires porque a Bíblia afirma que Tu nos ouves.

DEUS CANTA SOBRE VOCÊ

Pois o SENHOR, seu Deus, está em seu meio [...] ele se alegrará em vocês com gritos de alegria! v.17

Um ano e meio depois que nosso primeiro filho nasceu, veio uma menina. Fiquei muito feliz por ter uma filha, mas também um pouco inquieto porque, embora soubesse algumas coisas sobre meninos, aquele era um território desconhecido. Nós a chamamos Sara. Um dos meus privilégios era embalá-la para dormir para que minha esposa descansasse. Não tenho certeza do porquê, mas comecei a cantar para ela dormir, e o cântico era "Você é meu brilho de sol". Fosse segurando-a em meus braços ou ao lado dela em seu berço, eu quase literalmente cantava sobre ela, e amava cada minuto. Ela está na casa dos 20 anos agora, e eu ainda a chamo de "brilho de sol".

Normalmente pensamos em anjos cantando. Mas quando foi a última vez que você pensou em Deus cantando? Isso mesmo: *Deus* cantando! Além disso, quando você pensou nele cantando sobre você? Sofonias é claro em sua mensagem: "O SENHOR, seu Deus" se agrada muito de vocês, tanto que "se alegrará em vocês..." (3:17). Embora essa mensagem fale diretamente a Jerusalém, é provável que Deus cante sobre os que também já receberam o Seu Filho como Salvador! Que música Ele canta? Bem, a Bíblia não é clara sobre isso. Mas a canção brota do Seu amor, então confiamos que seja verdadeira, nobre, correta, pura, amável e admirável (FILIPENSES 4:8). *JOHN BLASE*

O que você sente quando pensa que Deus canta sobre você? Isso é algo inacreditável ou reconfortante? Por quê?

Pai, o pensamento de que Tu cantas sobre mim com alegria é uma garantia e conforto tão admiráveis.

UMA NOVA VOCAÇÃO

Pois Deus nos salvou e nos chamou para uma vida santa... v.9

Carlos e sua gangue de adolescentes invadiam casas e carros, roubavam lojas e brigavam contra outras gangues. Ele foi preso e condenado e, na prisão, tornou-se o "mandachuva", que distribuía estoques ou facas rústicas durante os distúrbios.

Tempos depois, ele foi colocado numa solitária. Enquanto refletia consigo mesmo, Carlos viu uma espécie de "filme" dos acontecimentos de sua vida, e de Jesus, sendo levado e pregado na cruz lhe dizendo: "Estou fazendo isso por você". Carlos começou a chorar e confessar seus pecados. Mais tarde, ele compartilhou sua experiência com um capelão, que explicou mais sobre Jesus e lhe deu uma Bíblia. "Esse foi o início de minha jornada de fé", disse Carlos. Com o passar do tempo, ele foi liberado para a ala carcerária principal, onde foi maltratado por sua fé. Mas ele se sentia em paz, porque "havia encontrado uma nova vocação: contar a outros encarcerados sobre Jesus".

O apóstolo Paulo fala sobre o poder de Cristo para transformar vidas: Deus nos chama de uma vida de transgressões para seguir e servir a Jesus (1 TIMÓTEO 1:9). Quando o recebemos pela fé, desejamos ser testemunhas vivas do amor de Cristo. O Espírito Santo nos capacita a fazer isso, mesmo quando sofremos, buscando compartilhar as boas novas (v.8). Como Carlos, vivamos a nossa nova vocação.

ALYSON KIEDA

O que acontece quando compartilhamos o evangelho? Você já sofreu algo por isso?

Deus, sou grato pela nova vocação que me deste por meio de Jesus e pelo Teu Espírito que vive em mim.

REDIMINDO A ESTAÇÃO

Fizeste a lua para marcar as estações... v.19

Lisa queria transformar o visual sombrio do outono na América do Norte. As decorações dessa estação às vezes parecem celebrar a morte de maneira horrível e macabra. Determinada a redimir isso, Lisa registrou seus motivos de gratidão numa enorme abóbora exposta ao público. "Brilho do sol" foi seu primeiro item. Logo os visitantes acrescentaram outros à sua lista. Uns eram excêntricos: "rabiscos". Outros apenas desejos comuns: "uma casa acolhedora"; "um veículo utilitário". Outros comoventes, como o nome de um ente querido falecido. Uma corrente de gratidão envolveu a imensa abóbora.

O Salmo 104 apresenta uma recitação de louvor a Deus por coisas que facilmente negligenciamos. [Deus] faz "as fontes derramarem água nos vales", cantou o poeta (v.10). Ele faz "o pasto crescer para os animais, e as plantas, para as pessoas cultivarem" (v.14). Até a noite é vista como boa e apropriada: "Envias a escuridão e se faz noite, quando vagueiam os animais do bosque" (v.20). Mas então, "ao amanhecer [...] as pessoas saem para o serviço, onde trabalham até o entardecer (vv.22-23). Por todas essas coisas, o salmista concluiu: "Cantarei ao SENHOR enquanto viver" (v.33).

Num mundo que não sabe lidar com a morte, mesmo a menor oferta de louvor ao nosso Criador pode se tornar um contraste resplandecente de esperança. *TIM GUSTAFSON*

Como atrair a atenção das pessoas para a esperança que há em Jesus?

Pai, graças pelas inúmeras coisas boas que há no mundo. Que sejamos uma oferta de gratidão a ti.

SEGUINDO JESUS JUNTOS

Uma cristã recém-convertida a Jesus perguntou a Bárbara: "Você poderia me discipular?" Bárbara estava incerta sobre como proceder. Deveriam estudar juntas? Se sim, qual seria o melhor assunto para iniciar? Bárbara orou e depois disso escolheu um material para estudarem juntas e está feliz por ajudar a sua nova amiga a crescer na sua compreensão de Cristo.

Novos imigrantes se mudaram para o bairro da Susana. Ela fez amizade com a jovem família de sete pessoas e convidou as crianças para brincar com os seus filhos. Susana começou a falar com a mãe deles sobre o seu amigo e Salvador Jesus e convidou a família para a igreja.

Sempre que pode, Geraldo, ao falar com os seus colegas de trabalho, traz à tona a sua fé em Cristo. Ele nunca força as suas crenças nos outros, mas as compartilha se alguém demonstra interesse. Geraldo até iniciou um pequeno grupo de estudo bíblico, durante a hora do almoço, para os que querem saber mais sobre Jesus.

Essas pessoas seguem o exemplo de Cristo, que disse sobre si: "Porque o Filho do Homem veio buscar e salvar os perdidos" (LUCAS 19:10). Quando Jesus encontrou uma mulher num poço, a conversa entre eles a fez crer que Jesus poderia ser o Messias (JOÃO 4:4-26). E então ela correu de volta a seu povoado para contar a outros sobre Jesus (v.29). Como resultado, "muitos samaritanos do povoado creram nele" (v.39).

Jesus buscou-nos com amor. Agora temos o privilégio de continuar a Sua missão de levar as Suas boas-novas ao mundo (MATEUS 28:19-20). Não precisamos nos preocupar se faremos um trabalho perfeito. Deus nos ajudará na caminhada para ajudar outros a descobrirem mais a respeito dele. Foi para isso que Ele nos chamou!

ANNE CETAS

FAZENDO DISCÍPULOS PARA JESUS

Muitos samaritanos daquela cidade creram em Jesus, por causa do testemunho da mulher... v.39

Uma adolescente quis falar de Jesus às amigas de escola. Sendo seu pastor, passei-lhe lições básicas a respeito de salvação, perdão etc., em folhas soltas, que formariam o livro que chamei de *Discípulos fazendo discípulos* (Ed. AD Santos, 2009). Logo, duas amigas da jovem se converteram. Na sequência, uma delas compartilhou a mensagem com seus irmãos, que também se tornaram discípulos de Jesus. Eles repassaram essa mensagem aos seus pais, que reconheceram Jesus como seu Salvador. Tudo aconteceu em poucos meses.

Isso mostra que a condição básica para cumprir o mandamento de fazer discípulos de Jesus não são os anos de vida cristã e treinamento especializado. Mas, sim, deve-se a ser discípulo e desejar compartilhar o que Jesus fez em sua vida. Em João 4, está registrado o diálogo de Jesus com uma mulher samaritana. Jesus conversou com ela, que o reconheceu como o Messias, o Salvador do mundo, e, sem treinamento ou profundos conhecimentos, compartilhou a sua descoberta. Como resultado, muitos samaritanos se tornaram discípulos de Jesus por causa do testemunho daquela recém-convertida (v.41). Outros, por meio do convite dela, aproximaram-se de Jesus para o conhecerem (v.42).

Para fazer discípulos de Jesus, basta que você seja discípulo dele, anuncie o que Ele fez em sua vida e convide outros para que o conheçam (v.29).

ANTÔNIO RENATO GUSSO

Para fazer discípulos de Jesus, seja você primeiro um discípulo.

Pai, ajuda-me a compartilhar a fé que transformou a minha vida para que outros sejam transformados.

★ *TÓPICO DE NOVEMBRO: FAZENDO DISCÍPULOS*

ALCANÇANDO OUTROS PARA JESUS

...vão e façam discípulos de todas as nações... v.19

Dez anos atrás, os Banwaon desconheciam o nome de Jesus. Escondidos nas montanhas de Mindanao, nas Filipinas, eles tinham pouco contato com o mundo exterior. A viagem para suprimentos podia levar dois dias de caminhada árdua por terreno acidentado. O mundo ao redor os ignorava.

Um grupo missionário os alcançou levando pessoas para dentro e fora da região de helicóptero. Isso lhes permitiu acesso aos suprimentos, ajuda médica e maior conhecimento do mundo que os cercava. Também lhes apresentaram Jesus. Eles deixaram de cantar para os espíritos e, agora, entoam suas canções tribais com novas palavras louvando o único Deus verdadeiro. A aviação estabeleceu esse elo decisivo.

Quando Jesus voltou para Seu Pai, Ele instruiu Seus discípulos com esta ordem: "Portanto, vão e façam discípulos de todas as nações..." (MATEUS 28:19). Essa ordem ainda está em vigor.

Os povos não alcançados não se limitam a locais exóticos dos quais nunca ouvimos falar. Muitos vivem entre nós. Foi necessário criatividade e desenvoltura para alcançar o povo Banwaon, o que nos inspira a encontrar maneiras criativas de superar as barreiras em nossas comunidades. Isso pode incluir um grupo "inacessível" que talvez você não tenha percebido ou, quem sabe, um vizinho. Como Deus pode usá-lo para alcançar outros para Jesus?

TIM GUSTAFSON

Quem são os "inacessíveis" em sua comunidade?
Como você pode lhes falar sobre Jesus?

Pai, usa-me como quiseres
para que _____ possa voltar-se para ti pela fé.

Saiba mais sobre evangelismo, acessando: paodiario.org

ENCORAJANDO OS OUTROS

...com o encorajamento que recebemos de Deus, possamos encorajar outros... v.4

Quando minha filha Helena e meu neto Carlos me visitaram, notei que ele vestia uma roupa estranha. Um tipo de camiseta de mangas longas com luvas presas a elas. Carlos sofre de eczema crônico, uma doença de pele que faz sua pele coçar, tornando-a áspera e dolorida. "Essa roupa não o deixa arranhar e machucar sua pele", explicou Helena.

Sete meses depois, a pele de Helena estava irritada e ela não conseguia parar de se coçar. "Agora sei o que Carlos suporta", disse Helena. "Talvez eu devesse usar uma roupa igual à dele!"

A situação de Helena me fez lembrar de 2 Coríntios 1:3-5, em que Paulo diz que Deus é "...Pai misericordioso e Deus de todo encorajamento. Ele nos encoraja em todas as nossas aflições, para que, com o encorajamento [...] possamos encorajar outros [...] Pois, quanto mais sofrimento por Cristo suportarmos, mais encorajamento será derramado sobre nós por meio de Cristo".

Às vezes, Deus permite passarmos por provações, como uma doença, perda ou crise. Com isso, Ele nos ensina, pelo nosso sofrimento, a valorizarmos o que Cristo passou por nós na cruz. Quando contamos com Deus para obter conforto e força, somos capazes de confortar e encorajar outros em seus sofrimentos. Quem podemos confortar por causa do que Deus nos permitiu passar?

GOH BEE LEE

Quem Deus o ajudou a encorajar por meio de seus sofrimentos? Como você pode ajudá-los a valorizar o sofrimento de Cristo na cruz?

Deus, ajuda-me a vivenciar o Teu conforto e a me tornar uma fonte de conforto para os outros.

Saiba mais sobre como confortar os outros, acessando: paodiario.org

DIAS CHUVOSOS

O generoso prospera; quem revigora outros será revigorado. v.25

Quando pequenas empresas foram fechadas para conter a disseminação da COVID-19, os empresários se preocuparam com seus funcionários, pagamentos de aluguéis e como simplesmente sobreviver à crise. Em resposta a isso, o pastor de uma igreja local iniciou uma campanha para a doação de dinheiro aos empresários em dificuldades.

"Não podemos desfrutar do recurso para dias chuvosos quando outra pessoa está enfrentando esse mesmo dia de chuvas", disse o pastor, ao encorajar outras igrejas a se unirem ao esforço.

Um fundo de reserva para os dias chuvosos é o dinheiro guardado para quando a renda normal é reduzida por um tempo enquanto as operações regulares continuam. Embora seja natural olharmos para nós mesmos primeiro, a Bíblia nos encoraja a olharmos além de nossas próprias necessidades, a encontrar maneiras de servir aos outros e praticar a generosidade: "Quem dá com generosidade se torna mais rico [...] o generoso prospera; quem revigora outros será revigorado" (PROVÉRBIOS 11:24-25).

O sol está brilhando mais sobre você hoje? Olhe ao redor e veja se há chuva torrencial sobre alguém. As bênçãos que Deus lhe deu são multiplicadas quando você as compartilha liberalmente. Ser generoso e altruísta é uma bela maneira de levar esperança aos outros e lembrar os que sofrem de que Deus os ama.

CINDY HESS KASPER

Quando alguém foi generoso com você? Como você poderia fazer o mesmo por alguém hoje?

Deus, ajuda-me a ser generoso com os carentes e mostra-me como posso compartilhar Teu amor com eles.

A BÍBLIA EM UM ANO: JEREMIAS 32–33; HEBREUS 1

ENCONTRANDO ALEGRIA NA INUTILIDADE

...ao olhar para tudo [...] nada fazia sentido [...] Não havia nada que valesse a pena... v.11

James Ward, criador do *blog* "Gosto de coisas chatas", lançou a chamada "Conferência chata". É um dia de celebração do que é mundano, comum e ignorado. Anteriormente, os palestrantes já abordaram tópicos aparentemente inúteis como espirros, sons que as máquinas fazem e impressoras jato de tinta. Ward sabe que os tópicos podem ser chatos, mas os palestrantes podem torná-los interessantes, significativos e até alegres.

Milênios atrás, Salomão lançou-se em busca da alegria pelo inútil e mundano. Ele buscou trabalho, comprou rebanhos, construiu riquezas, contratou cantores e construiu edifícios (ECLESIASTES 2:4-9). Algumas dessas buscas eram honrosas e outras não. Por fim, o rei encontrou apenas tédio (v.11). Salomão manteve uma cosmovisão que não ultrapassou os limites da experiência humana para incluir Deus. Por fim, percebeu que só encontraria alegria no que é mundano quando adorasse a Deus (12:1-7).

Quando estamos no redemoinho do tédio, façamos nossa própria miniconferência diária, e lembremo-nos do nosso Criador (v.1), o Deus que torna o mundano em algo útil. À medida que nos lembrarmos de Deus e o adorarmos, encontraremos admiração no comum, gratidão no mundano e alegria nas coisas aparentemente sem sentido da vida.

MARVIN WILLIAMS

Por que é tão difícil encontrar significado no que jamais satisfaz? Como priorizar o compromisso e a adoração a Deus para encontrar significado nele?

Deus, toma os momentos banais da minha vida e enche-os com a Tua alegria e maravilha.

UMA PALAVRA PARA EXPRESSAR TRISTEZA

Então Jesus clamou em alta voz:
"Pai, em tuas mãos entrego
meu espírito..." v.46

Quando Hugo e Débora enfrentaram a morte de seu único filho, eles não sabiam como se chamariam depois. Não existe uma palavra específica para descrever pais que perderam um filho. Uma esposa sem marido é viúva. O marido sem esposa é viúvo. Uma criança sem pais é órfã. Pais cujo filho morreu é um vazio indefinido de dor.

Aborto espontâneo. Morte infantil repentina. Suicídio. Enfermidade. Acidente. A morte tira um filho deste mundo e, em seguida, rouba dos pais sobreviventes sua identidade.

No entanto, o próprio Deus entende essa dor devastadora, pois Seu único Filho, Jesus, chamou por Ele enquanto morria na cruz: "Pai, em tuas mãos entrego meu espírito" (LUCAS 23:46). Deus era Pai antes do nascimento terreno de Jesus e permaneceu Pai quando Jesus deu Seu último suspiro. Deus continuou como Pai quando o corpo imóvel de Seu Filho foi colocado em uma sepultura. Deus vive hoje como Pai de um Filho ressurreto, o que traz a todos os pais a esperança de que um filho possa viver novamente.

Como você chama um Pai celestial que sacrifica Seu Filho por toda a humanidade? Pai. Quando não há palavras no dicionário da tristeza para descrever a dor da perda, Deus é nosso Pai e nos chama de Seus filhos (1 JOÃO 3:1).

ELISA MORGAN

Como você se sente ao saber
que Deus permanece seu Pai e o chama de Seu filho?
Como isso o conforta?

Pai celestial, graças por seres meu Pai
e afirmares que sou Teu filho.

Saiba mais sobre a vida após a morte, acessando: paodiario.org

JESUS, A ETIQUETA

E tudo que fizerem ou disserem, façam em nome do Senhor Jesus... v.17

"Filho, não tenho muito para lhe dar. Mas tenho um bom nome, então não estrague tudo." Essas palavras sábias foram ditas por Johnnie Bettis quando seu filho Jerome saiu de casa para a faculdade. Jerome as citou em seu discurso no Hall da Fama do Futebol Americano Profissional. E as carregou consigo por toda sua vida e foram tão influentes que ele encerrou seu discurso ao seu filho com palavras semelhantes: "Filho, não há muito que eu possa lhe dar que seja mais importante do que nosso bom nome".

Um bom nome é essencial para os cristãos. As palavras de Paulo em Colossenses 3:12-17 nos lembram quem representamos (v.17). O caráter é como a roupa que vestimos, e essa passagem demonstra a "etiqueta Jesus" em nós: "...Deus os escolheu para ser seu povo [...] revistam-se de compaixão, bondade, humildade, mansidão e paciência. Sejam compreensivos uns com os outros e perdoem quem os ofender [...] revistam-se do amor..." (vv.12-14). Essas não são apenas nossas "vestimentas de domingo". Devemos nos revestir delas em todos os lugares, o tempo todo, à medida que Deus nos ajuda a refleti-lo. Quando nossa vida é caracterizada por essas qualidades, demonstramos que somos portadores do Seu nome.

Que possamos representá-lo com devoção, pois Ele é o nosso Sustentador.

ARTHUR JACKSON

Avalie-se. Você se reveste com o caráter de Jesus? Como você pode refletir mais claramente Sua sabedoria, poder e direção?

Pai, perdoa-me por não representar bem Jesus. Reveste-me com força e coragem para melhor te glorificar.

Saiba mais sobre a vida que honra a Cristo, acessando: paodiario.org

CANTE LOUVORES A DEUS

Deem graças ao SENHOR e proclamem seu nome, anunciem entre os povos o que ele tem feito. v.8

O calor úmido do verão dominou durante toda a semana da conferência de discipulado, mas no último dia fomos agraciados com uma onda de ar mais fresco. Agradecidos pela pausa no calor e por tudo que Deus havia feito, centenas de vozes se uniram para adorá-lo. Muitos se sentiram à vontade para cantar de todo o coração diante de Deus, oferecendo-lhe todo o seu ser. Ao pensar naquele dia, décadas depois, lembro-me da maravilha e alegria de louvar a Deus.

O rei Davi sabia adorar a Deus de todo o coração. Ele celebrou dançando e pulando quando a arca da aliança, que significava a presença de Deus, foi trazida para Jerusalém (1 CRÔNICAS 15:29). Embora sua esposa Mical tenha observado sua despreocupação e o tenha desprezado em seu coração (v.29), Davi não permitiu que suas críticas o impedissem de adorar ao único Deus verdadeiro. Mesmo parecendo indigno, ele queria agradecer a Deus por tê-lo escolhido como líder da nação (2 SAMUEL 6:21-22).

Davi "encarregou Asafe e seus parentes levitas de louvarem [...] ao SENHOR: Deem graças ao SENHOR e proclamem seu nome, anunciem [...] o que ele tem feito [...] cantem louvores a ele, falem a todos de suas maravilhas" (1 CRÔNICAS 16:7-9). Que também nos entreguemos plenamente ao culto a Deus, derramando-lhe nossos louvores e adoração.

AMY BOUCHER PYE

Quando você se sentiu livre para adorar a Deus plenamente?
O que o levou a essa sensação de liberdade?

Deus, proclamamos Teu nome acima de todos os outros. Tu mereces ser louvado! Nós te adoramos!

Saiba mais sobre o louvor, acessando: paodiario.org

A BÍBLIA EM UM ANO: JEREMIAS 43–45; HEBREUS 5

★ *TÓPICO DE NOVEMBRO: FAZENDO DISCÍPULOS*

VERDADEIRO DISCÍPULO DE JESUS

Sim, eu sou a videira; vocês são os ramos... v.15

Quando Christian Mustad mostrou seu quadro de Van Gogh ao colecionador de arte Auguste Pellerin, este deu uma olhada e afirmou que era falso. Mustad escondeu a pintura em seu sótão, onde permaneceu por 50 anos. Mustad morreu e a pintura recebeu várias avaliações nas quatro décadas seguintes. Cada vez era determinado que era falsa, até 2012, quando um especialista usou um computador para contar as separações de fio na tela da pintura. Ele descobriu que tinha sido cortada da mesma tela que outra obra de Van Gogh. Mustad sempre teve um Van Gogh autêntico.

Você se sente uma farsa? Você tem medo de que, se as pessoas o examinassem, saberiam quão pouco você ora, doa e serve? Você se sente tentado a se esconder no sótão, longe de olhos curiosos?

Olhe mais profundamente, por baixo das cores e contornos de sua vida. Se você abandonou seus próprios caminhos e colocou sua fé em Jesus, então você e Ele pertencem à mesma tela. Para usar a figura de Jesus: "Eu sou a videira; vocês são os ramos" (JOÃO 15:5). Jesus e você formam um todo integrado.

Descansar em Jesus faz de você um de Seus verdadeiros discípulos. Também é a única maneira de melhorar a sua imagem. Jesus disse: "Quem permanece em mim, e eu nele, produz muito fruto. Pois, sem mim, vocês não podem fazer coisa alguma" (v.5).

MIKE WITTMER

O que o faz questionar se é um verdadeiro discípulo de Jesus? Como esse medo pode conduzi-lo a Ele?

Jesus, descanso em ti como um ramo se prende à videira.

VOCÊ NÃO ESTÁ SÓ

...preservarei sete mil de Israel que nunca se prostraram diante de Baal... v.18

"Que bom vê-lo!" "Você também!" "Que bom que você está aqui!" As saudações foram calorosas. Membros de um ministério se reuniram online antes do encontro noturno. Como oradora, e de outra localidade, fiquei em silêncio enquanto as pessoas se reuniam para a videochamada. Por ser introvertida e sem conhecer ninguém, senti-me uma intrusa. De repente, uma tela se abriu, e lá estava o meu pastor. Em seguida, outra tela se abriu. Um velho amigo da igreja também estava participando. Ao vê-los, não me senti mais só. Pareceu-me que Deus havia enviado apoio.

Elias também não estava só, apesar de se sentir "o único [profeta] que restou" depois de fugir da ira de Jezabel e Acabe (1 REIS 19:10). Viajando pelo deserto por quarenta dias e quarenta noites, Elias se escondeu em uma caverna no monte Horebe. Mas Deus o chamou de volta ao serviço, dizendo: "Volte pelo caminho por onde veio [...] Quando chegar lá, unja Hazael para ser rei da Síria [...] unja também Jeú [...] para ser rei de Israel, e unja Eliseu [...] para substituir você como meu profeta" (vv.15-16).

Deus então afirmou: "preservarei sete mil de Israel que nunca se prostraram diante de Baal nem o beijaram!" (v.18). Como Elias, também aprendemos que não servimos a Deus sozinhos. Conforme Deus enviar ajuda, serviremos juntos. *PATRÍCIA RAYBON*

Que apoio Deus lhe tem dado para servi-lo? Quem você poderia convidar para se unir ao seu ministério?

Deus, quando me sentir só ao te servir, lembra-me de que outros estão comigo servindo com alegria.

BOA-NOVA

...para trazer a vocês esta boa-nova. A promessa foi feita [...] Deus a cumpriu para nós... vv.32-33

Durante a ocupação nazista na Europa, o escritor John Steinbeck foi convidado a ajudar no esforço de guerra. Não para lutar ou visitar as tropas, mas para escrever uma história. O resultado foi *A longa noite sem lua* (Nacional, 1943), um romance sobre uma terra invadida por um regime maligno. Impresso em prensas subterrâneas e distribuído secretamente nos países ocupados, o romance enviava uma mensagem: os aliados estavam chegando e, ao imitar os personagens do livro, os leitores ajudariam a garantir sua liberdade. Steinbeck trouxe boas notícias para as pessoas sob o domínio nazista — a libertação estava próxima.

Como os personagens de Steinbeck, os judeus no primeiro século estavam sob o domínio romano. Séculos antes, Deus havia prometido enviar um Aliado para libertá-los e trazer paz (ISAÍAS 11). Houve alegria quando esse Aliado chegou! "Estamos aqui para trazer [...] esta boa-nova", disse Paulo. "A promessa foi feita [...] Deus a cumpriu para nós [...] ao ressuscitar Jesus..." (ATOS 13:32-33). Por meio de Sua ressurreição e oferta de perdão, a restauração do mundo havia começado (vv.38-39; ROMANOS 8:21).

Desde então, *essa* história se espalhou por todo o mundo, trazendo paz e liberdade onde quer que alcance. Jesus ressuscitou! Nossa libertação do pecado e do mal começou. Nele somos livres!

SHERIDAN VOYSEY

Como Jesus traz paz ao mundo?
Como você pode se unir a Ele nesta obra?

Jesus, meu supremo Aliado,
rendo-me ao Teu legítimo governo.

A MARAVILHOSA CRIAÇÃO DE DEUS

Onde você estava quando eu lancei os alicerces do mundo? v.4

Um simples passeio pela natureza se tornou algo especial quando minha esposa e eu caminhamos à margem do rio em nossa cidade. Vimos alguns conhecidos em um tronco na água agitada e algumas tartarugas se aquecendo ao sol. Suzana e eu sorrimos quando vimos aqueles répteis incríveis, que há muito não víamos. Ficamos felizes por eles terem voltado e nos alegramos com a magnífica criação de Deus.

Deus levou Jó para uma caminhada pela natureza (JÓ 38). Jó precisava de uma resposta de seu Criador sobre sua situação (v.1). E o que ele viu em sua caminhada com Deus por meio da criação deu-lhe o encorajamento de que precisava.

Imagine a surpresa de Jó quando Deus o lembrou de Seu grande projeto do mundo. Ele obteve uma explicação sobre o mundo em primeira mão: "...quem lançou sua pedra angular, enquanto as estrelas da manhã cantavam juntas, e os anjos davam gritos de alegria?" (vv.6-7). Ele teve uma aula de geografia sobre as limitações dadas aos mares (v.11). O Criador informou Jó sobre a luz que Ele criou, a neve que Ele produz e a chuva que concede (vv.19-28). Jó até ouviu sobre as constelações que Deus lançou no espaço (vv.31-32).

Por fim, Jó respondeu: "Sei que podes fazer todas as coisas..." (42:2). Enquanto experimentamos o mundo natural, admiremos nosso sábio e maravilhoso Criador. *DAVE BRANON*

Como a natureza o aproxima de Deus? Ela lhe faz lembrar de Seu grande amor e poder criativo?

Deus, graças por um mundo tão magnífico, diverso e fascinante e por estares no controle de tudo.

Para saber mais sobre o livro de Jó, acesse: paodiario.org

NADA PODE NOS SEPARAR

O que nos separará do amor de Cristo? [...] aflições [...] perseguições [...] fome, [...] morte? v.35

Ao responder o chamado de Deus para iniciar uma missão numa pequena ilha na Indonésia, o pastor e sua família foram morar num barraco que costumava abrigar animais. Sua filha Lis se lembra da família celebrando o Natal sentada no chão e louvando a Deus enquanto a chuva escorria pelo forro de palha. Então, seu pai a lembrou: "Lis, só porque somos pobres não significa que Deus não nos ame".

Alguns podem considerar uma vida abençoada por Deus a que seja cheia de riquezas, saúde e longevidade. Em tempos de dificuldade, duvidam do amor de Deus. Mas, em Romanos 8:31-39, Paulo diz que nada pode nos separar do amor de Jesus, incluindo problemas, dificuldades, perseguição e fome (v.35). Esse é o fundamento para uma vida verdadeiramente abençoada: Deus mostrou Seu amor por nós enviando Seu Filho Jesus para morrer por nossos pecados (v.32). Cristo ressuscitou e agora está sentado "à direita" do Pai, intercedendo por nós (v.34).

Em tempos de sofrimento, podemos nos apegar à verdade consoladora de que nossa vida está firmada no que Cristo fez por nós. Nada, "nem morte nem vida [...] nada, em toda a criação" (vv.38-39), pode nos separar de Seu amor. Quaisquer que sejam nossas circunstâncias e dificuldades, que nos lembremos de que Deus está conosco e que nada pode nos separar dele. YOHANA ANG

Você crê que nada pode nos separar do amor de Deus? Essa verdade muda a sua reação aos desafios da vida?

Pai, abre os meus olhos para que eu conheça mais do Teu amor e perceba que ele é suficiente para mim.

PODEROSO E AMOROSO

...ficaram ao pé do monte [...] o monte ardia em chamas [...] envolvido por nuvens negras... v.11

Em 2020, o vulcão equatoriano Sangay entrou em erupção. A BBC descreveu a "pluma de cinzas escuras que atingiu uma altura de mais de 12.000 m". A descarga cobriu quatro províncias (cerca de 800 km^2) com cinzas e fuligem. O céu ficou sombrio, e o ar denso, tornando difícil a respiração. O agricultor Feliciano Inga descreveu a cena para o jornal *El Comercio*: "Não sabíamos de onde vinha toda aquela poeira... Vimos o céu escurecer e ficamos com medo".

Os israelitas sentiram medo semelhante na base do monte Sinai, quando "ficaram ao pé do monte, enquanto o monte ardia em chamas [...] por nuvens negras e densa escuridão" (DEUTERONÔMIO 4:11). A voz de Deus trovejou e o povo estremeceu. Foi assustador. É uma experiência incrível encontrar-se com o Deus vivo.

"Então o SENHOR lhes falou", e eles "ouviram o som de suas palavras, mas não viram sua forma" (v.12). A voz que sacudiu seus ossos trouxe vida e esperança. Deus deu a Israel os Dez Mandamentos e renovou Sua aliança com eles. A voz da nuvem escura os fez tremer, mas também os atraiu e amou com determinação (ÊXODO 34:6-7).

Deus é poderoso, até mesmo surpreendente, além do nosso entendimento. E mesmo assim, é também cheio de amor, sempre estendendo a mão para nós. Um Deus poderoso e amoroso, é disso que precisamos desesperadamente. *WINN COLLIER*

Quando foi que um encontro com Deus o fez tremer? De que maneira Ele também demonstrou Seu amor?

Deus, por vezes me aproximei de ti displicentemente. Obrigado por Tua paciência e Teu amor.

DEIXE-ME FICAR!

A única coisa que peço ao SENHOR [...]
é morar na casa do SENHOR todos os
dias de minha vida... V.4

Enquanto caminhavam em direção ao carro, João escapou dos braços de sua mãe e correu de volta para a igreja. Ele não queria ir embora! Sua mãe correu atrás dele para convencê-lo amorosamente de ir. Quando a mãe finalmente o pegou de volta em seus braços, ele soluçou e estendeu a mão por cima do ombro dela em direção à igreja enquanto se afastavam.

João pode apenas ter gostado de brincar com os amigos na igreja, mas seu entusiasmo é uma imagem do desejo de Davi de adorar a Deus. Embora pudesse ter pedido a Deus para deter seus inimigos para seu próprio conforto e segurança, Davi queria que a paz prevalecesse para que pudesse "contemplar a beleza do SENHOR e meditar em seu templo" (SALMO 27:4). O desejo de seu coração era estar com Deus, onde quer que Ele estivesse, e desfrutar de Sua presença. O maior rei e herói militar de Israel pretendia usar o tempo de paz para louvar "o SENHOR com música" (V.6).

Podemos adorar a Deus livremente em qualquer lugar, pois Ele habita em nós por meio da fé na pessoa do Espírito Santo (1 CORÍNTIOS 3:16; EFÉSIOS 3:17). Que possamos ansiar por passar nossos dias em Sua presença e por nos reunirmos coletivamente para adorá-lo com outros cristãos. Em Deus, não nas paredes de um edifício, encontramos nossa segurança e nossa maior alegria.

KIRSTEN HOLMBERG

Quando você sentiu um desejo imenso de adorar a Deus? O que o impede de fazê-lo com mais frequência?

Pai, Tu és o meu deleite e a minha alegria.
Anseio por te adorar sem distração ou interrupção.

Leia sobre adoração, acessando: paodiario.org

★ *TÓPICO DE NOVEMBRO: FAZENDO DISCÍPULOS*

NOSSA VERDADEIRA IDENTIDADE

Jesus respondeu a Simão: "Não tenha medo! De agora em diante, você será pescador de gente". v.10

Primeiro, ele escolheu equipamentos de pesca. Na pequena loja de pesca de sua cidade, encheu um carrinho de compras com anzóis, iscas, flutuadores, linhas e pesos. Em seguida, adicionou iscas vivas, uma nova vara e molinete. "Já pescou antes?", perguntou o dono da loja. O homem disse que não. "Melhor adicionar isso", disse o proprietário. Era um estojo de primeiros socorros. Ele concordou, pagou e partiu para um dia em que nada pescou, exceto pedaços de anzol nos dedos.

Esse não era o problema de Simão Pedro. Pescador experiente, ficou surpreso numa madrugada quando Jesus lhe disse para empurrar seu barco para águas profundas e "lançar as redes para pescar" (LUCAS 5:4). Apesar de uma longa noite sem pescar nada, Simão e sua equipe largaram as redes e pegaram muitos peixes: "as redes ficaram tão cheias [...] que começaram a se rasgar". Na verdade, seus dois barcos começaram a afundar (v.6).

Vendo isso, Simão Pedro "caiu de joelhos", suplicando: "... Senhor, afaste-se de mim [...] sou homem pecador!" (v.8). Jesus, no entanto, conhecia a verdadeira identidade dele. Ele disse a Seu discípulo: "De agora em diante, você será pescador de gente". Ouvindo isso, Simão deixou tudo e o seguiu (vv.10-11). Quando seguimos a Cristo, Ele nos ajuda a aprender quem somos e para que somos chamados.

PATRÍCIA RAYBON

Qual é a sua identidade ou papel na vida? Quando você segue a Cristo, como sua identidade muda?

Pai, para conhecer minha verdadeira identidade, lembra-me de seguir-te para descobrir em ti quem sou.

ACEITO E APROVADO

...Pois você é precioso para mim, é honrado e eu o amo. v.4

Quando criança, Tiago era inseguro. Ele buscava a aprovação de seu pai, mas nunca a recebia. Parecia que tudo o que fazia, fosse na escola ou em casa, nunca era bom o suficiente. Mesmo quando se tornou adulto, a insegurança permaneceu. Ele sempre se perguntava: *Sou bom o suficiente?*

Somente quando ele recebeu Jesus como seu Salvador, Tiago encontrou a segurança e a aprovação que tanto desejava. Ele aprendeu que Deus, tendo-o criado, amava-o e o valorizava como Seu filho. Tiago finalmente poderia viver confiante de que era realmente valorizado e amado.

Em Isaías 43:1-4, Deus disse a Seu povo que, tendo-o formado, Ele usaria Seu poder e amor para redimi-lo. "Você é precioso para mim, é honrado e eu o amo", declarou. O Senhor agiria por amor a eles (v.4).

O valor que Deus concede àqueles que ama não vem de nada que fazemos, mas da verdade simples e poderosa de que Ele nos escolheu para sermos Seus.

Essas palavras de Isaías 43 não apenas deram a Tiago grande segurança, mas também o capacitaram com confiança para fazer o melhor para Deus em qualquer tarefa que fosse chamado a fazer. Hoje ele é um pastor que faz tudo o que pode para encorajar outros com esta verdade vivificante: somos aceitos e aprovados em Jesus. Que possamos viver, com confiança, isso hoje.

LESLIE KOH

Como Deus o vê? O que João 1:12 diz sobre seu relacionamento com Ele? Que conforto você encontra em saber disso?

Pai, reconheço Teu amor,
Tua aceitação e valorização. Graças por me
adotares como filho e me amares.

DEUS CURA NOSSO QUEBRANTAMENTO

Vocês são salvos pela graça,
por meio da fé... v.8

Carlos e sua esposa, Jane, procuraram pela loja de artesanato um quadro para sua casa. Ele pensou ter encontrado a obra certa e a chamou para ver. No lado direito do vaso de cerâmica, estava a palavra *graça*. Mas o lado esquerdo continha duas rachaduras. "Puxa, está quebrado!", Jane disse enquanto procurava por um intacto na prateleira. Mas então Carlos argumentou: "Não. Essa é a questão. Estamos quebrados e então a graça chega, *ponto final*". Eles decidiram comprar aquele com rachaduras. Quando chegaram ao caixa, o balconista exclamou: "Ó, não, está quebrado!" "Sim, nós também", Jane sussurrou.

O que significa estar "quebrado"? Alguém definiu assim: uma consciência crescente de que não importa o quanto tentemos, nossa capacidade de fazer a vida dar certo fica pior em vez de melhor. É um reconhecimento de que necessitamos de Deus e de Sua intervenção.

O apóstolo Paulo fala sobre quebrantamento em termos de estarmos "mortos por causa de [nossa] desobediência e de [nossos] muitos pecados" (EFÉSIOS 2:1). A resposta à nossa necessidade de perdão e transformação está nos versículos 4 e 5: "Mas Deus é tão rico em misericórdia e nos amou tanto que [...] nos deu vida [...] É pela graça que [somos] salvos!"

Deus deseja curar nosso quebrantamento com Sua graça quando admitimos: "Estou quebrantado". *ANNE CETAS*

Por que você pediu a Deus
para curar seu quebrantamento?
Qual sua necessidade hoje?

Pai, graças por Tua misericórdia!
Que eu me glorie em ti e na Tua graciosa
salvação por meio da fé.

A BÍBLIA EM UM ANO: EZEQUIEL 8–10; HEBREUS 13

QUANDO VOCÊ NÃO CONSEGUE PROSSEGUIR

As misericórdias [...] são a causa de não sermos consumidos [...] grande é a tua fidelidade. vv.22-23

Em 2006, meu pai foi diagnosticado com uma doença neurológica que lhe tirou a memória, a fala e o controle sobre seus movimentos. Ficou acamado em 2011 e continua sob os cuidados de minha mãe em casa. O início de sua doença foi sombrio. Eu estava com medo: não sabia nada sobre como cuidar de uma pessoa doente e estava preocupada com as finanças e a saúde da minha mãe.

As palavras de Lamentações 3:22 me ajudaram a me levantar de manhã, quando a luz era tão cinza quanto o meu coração: "As misericórdias do SENHOR são a causa de não sermos consumidos". A palavra hebraica para "consumidos" significa "ser totalmente consumido" ou "chegar ao fim".

O grande amor de Deus nos permite prosseguir, levantar-nos para enfrentar o dia. As provações podem parecer insuportáveis, mas não seremos destruídos por elas porque o amor de Deus é muito maior!

Lembro-me de muitas vezes quando Deus mostrou Seus caminhos fiéis e amorosos para minha família. Vi Sua provisão na bondade de parentes e amigos, no sábio conselho dos médicos, na provisão financeira e no lembrete em nosso coração de que, um dia, meu pai estará são novamente, no Céu.

Se você estiver enfrentando um momento difícil, vá em frente! Você não será consumido pelo que enfrenta. Confie no amor fiel de Deus e Sua provisão.

KAREN HUANG

O que faz para se lembrar de confiar no grande amor de Deus?

Pai, ajuda-me a confiar em ti. Abre meus olhos para que eu possa ver Teu amor e fidelidade.

ELE PREENCHE O VAZIO

...não vem senão a roubar, a matar e a destruir [...] vim para que tenham vida [...] com abundância. v.10

A psicóloga Madeline Levine notou o "disfarce dos cortes" da adolescente de 15 anos, uma camiseta de manga longa puxada até a metade de sua mão, comumente usada por pessoas que se automutilam. Quando a jovem levantou a manga, Levine ficou surpresa ao descobrir que ela havia usado uma navalha para escrever "vazio" em seu antebraço. A psicóloga ficou triste, mas também grata porque a adolescente estava receptiva para a ajuda de que tanto precisava.

Os adolescentes representam, de alguma forma, muitos que gravaram "vazio" em seu coração. João escreveu que Jesus veio para preencher o vazio e oferecer vida abundante (JOÃO 10:10). Deus colocou em nós o desejo por uma vida plena e anseia que vivamos um relacionamento de amor com Ele. Mas Ele também advertiu que o "ladrão" usaria pessoas, coisas e circunstâncias para tentar devastar vidas (vv.1,10). Cada afirmação feita a fim de dar vida seria falsidade. Por outro lado, Jesus oferece a verdadeira "vida eterna" e a promessa de que ninguém nos arrebatará de Suas mãos (v.28).

Só Jesus pode preencher o vazio de nosso coração com vida. Se você está se sentindo vazio, clame por Ele. E se estiver enfrentando dificuldades, procure um conselho divino. Somente Cristo concede vida abundante, plena e cheia de significado.

MARVIN WILLIAMS

Em sua busca por significado e emoção, quais são suas decepções? Como Jesus preencheu o vazio em sua vida?

Jesus, ao olhar para a vida plena e abundante que Tu concedes, ajuda-me a permanecer em ti.

O ANJO LABRADOR

Faze-me ouvir do teu amor a cada manhã... v.8

Em 2019, Cap Dashwood e seu labrador realizaram algo notável: chegaram ao cume de uma montanha, todos os dias, por 365 dias consecutivos.

Dashwood tem uma história comovente para contar. Ele saiu de casa aos 16, por causa de sua "vida familiar ruim". Mas essas feridas do passado o levaram a encontrar cura em outro lugar. Ele explica: "Às vezes, quando te decepcionam, você se volta para outra coisa. Você sabe?" Para ele, escalar as montanhas e o amor incondicional de seu labrador têm sido uma grande parte dessa "outra coisa".

Para nós que amamos nossos companheiros animais, uma grande parte do motivo pelo qual os amamos é o tipo raro de amor doce e incondicional que eles nos dão. Mas gosto de pensar que esse amor espontâneo aponta para uma realidade muito maior e mais profunda do que as falhas dos outros: o amor inabalável e ilimitado de Deus que sustenta o Universo.

No Salmo 143 é apenas a fé do rei Davi no amor infalível e inabalável (v.12) que o amarra à esperança quando ele se sente só. Mas uma vida inteira de caminhada com Deus lhe dá força suficiente para confiar que a manhã trará a palavra do Seu amor infalível (v.8).

Esperança suficiente para confiar novamente e deixar Deus nos guiar por caminhos desconhecidos (v.8). *MONICA LA ROSE*

Que sinais do amor infalível e infindável de Deus você vê no mundo? O amor de Deus, por meio de pessoas ou mesmo de animais, renova sua esperança e coragem?

Deus, graças por renovares Teu amor e alegria. Ajuda-me a ser um canal de esperança para os outros.

VERDADEIROS ADORADORES

...os verdadeiros adoradores adorarão o Pai em espírito e em verdade... v.23

Enfim ela teve a chance de visitar a igreja. No porão, encontrou a pequena gruta. Havia velas e lâmpadas iluminando um canto do chão. Uma estrela de prata de quatorze pontas cobria a parte elevada do piso de mármore. Ela estava na Gruta da Natividade em Belém, lugar onde, tradicionalmente, Cristo nasceu. No entanto, a escritora Annie Dillard não ficou tão impressionada, reconhecendo que Deus era muito maior do que aquele lugar.

Esses lugares sempre tiveram grande significado para nossa fé. Outro lugar de admiração é mencionado na conversa entre Jesus e a mulher no poço (JOÃO 4:20), o monte Gerizim (DEUTERONÔMIO 11:29). Ele era sagrado para os samaritanos, mas os judeus insistiam que Jerusalém era o lugar da verdadeira adoração (v.20). Contudo, Jesus declarou que havia chegado o tempo em que a adoração não era mais restrita a um lugar, mas a uma Pessoa: "os verdadeiros adoradores adorarão o Pai em espírito e em verdade" (v.23). A mulher declarou sua fé no Messias, sem saber que estava falando com Ele. "...Sou eu, o que fala com você" (v.26).

Deus não se limita a um espaço físico. Ele está presente em todos os lugares. A verdadeira peregrinação que fazemos, a cada dia, é nos aproximarmos de Seu trono para dizer ousadamente: "Pai nosso", e Ele está lá.

JOHN BLASE

Que diferença faz saber que Deus é espírito, sempre e eternamente presente? Neste momento, por que Ele merece o seu louvor?

Pai, obrigado por Tua presença constante, não importa onde eu esteja.

★ *TÓPICO DE NOVEMBRO: FAZENDO DISCÍPULOS*

COMPARTILHANDO ESPERANÇA

Guardei tua palavra em meu coração,
para não pecar contra ti. SALMO 119:11

Após entender sua identidade como filha de Deus, Ema incluía as Escrituras em nossas conversas. Eu mal podia saber quando ela usava *suas* palavras e quando citava as palavras de *Deus*. Ao elogiá-la por ser como uma Bíblia ambulante, ela franziu a testa. Ema não recitava versículos bíblicos intencionalmente. Por ler a Bíblia diariamente, a sabedoria nela contida tinha se tornado parte de seu vocabulário. Ela se alegrava com a presença de Deus e aproveitava as oportunidades para compartilhar Sua verdade. Mas Ema não é a primeira jovem usada por Deus para inspirar outros a ler, memorizar e aplicar as Escrituras.

Ao encorajar Timóteo à liderança, o apóstolo Paulo demonstrou confiança nele (1 TIMÓTEO 4:11-16). Paulo reconhecia que Timóteo estava firmado nas Escrituras desde a infância (2 TIMÓTEO 3:15). Como Paulo, Timóteo enfrentou os céticos. Contudo, ambos acreditavam que a Escritura era "inspirada por Deus". Eles reconheciam que ela era útil para ensinar, repreender, corrigir e treinar na justiça, para que o servo de Deus fosse capacitado para toda boa obra (vv.16-17).

Quando guardamos a sabedoria de Deus no coração, Sua verdade e amor estão presentes em nossa conversa. Podemos ser como Bíblias ambulantes compartilhando a esperança eterna de Deus aonde quer que formos. *XOCHITL E. DIXON*

Como você guarda as Escrituras?
Você percebe a sabedoria de Deus ajudando-o a compartilhar Sua verdade?

Pai, que meu coração seja cheio com a Tua sabedoria para que eu a compartilhe com os outros.

A VONTADE DE DEUS

Que minha alma espere em silêncio diante de Deus, pois nele está minha esperança. v.21

Às vezes é difícil fazer a vontade de Deus. Ele nos pede para agir com correção. Pede-nos para suportarmos as adversidades sem reclamar, a amar pessoas estranhas, a ouvir a nossa voz interior que diz *não faça*, a dar passos que preferiríamos evitar. Portanto, devemos dizer à nossa alma: "Ei, alma, ouça! Fique em silêncio: faça o que Jesus lhe pede".

"Em silêncio diante de Deus, minha alma espera..." (SALMO 62:1). "Que minha alma espere em silêncio diante de Deus..." (62:5). Esses versículos são semelhantes, mas diferentes. Davi diz algo *sobre* sua alma. Depois, diz algo *para* sua alma. "Minha alma espera..." refere-se a uma decisão, um estado de espírito estabelecido, é Davi fazendo sua alma se lembrar dessa decisão: "...espere em silêncio".

Davi decide viver silenciosamente a submissão à vontade de Deus. Esse também é o chamado para o qual fomos criados. Estaremos em paz quando concordarmos: "...que seja feita a tua vontade..." (LUCAS 22:42). Nosso primeiro e maior chamado é torná-lo o Senhor e a fonte de nosso mais profundo prazer. "Tenho prazer em fazer tua vontade...", disse o salmista (SALMO 40:8).

Devemos pedir a ajuda de Deus sempre, "pois nele está minha esperança" (62:5). Quando pedimos Sua ajuda, Ele a concede. Deus nunca nos pede para fazer algo que Ele próprio não fará ou não poderá fazer.

DAVID H. ROPER

Você considera difícil fazer a vontade de Deus? Como podemos viver em submissão a ela?

Pai, nem sempre entendo a Tua vontade.
Ajuda-me a ser submisso a ela
e ensina-me a confiar em Ti.

A BÍBLIA EM UM ANO: EZEQUIEL 22–23; 1 PEDRO 1

UM CORAÇÃO GRATO

Dediquem-se à oração com a mente alerta e o coração agradecido. v.2

Sêneca, filósofo da Roma antiga (4 a.C.–65 d.C.), foi acusado de adultério pela imperatriz Messalina. O Senado o condenou à morte, mas o imperador Cláudio o exilou na Córsega, talvez por suspeitar que a acusação fosse falsa. Essa suspensão pode ter moldado a visão de Sêneca sobre a gratidão quando escreveu: "sempre haverá homicidas, tiranos, ladrões, adúlteros, salteadores, homens sacrílegos e traidores, mas pior do que tudo isso é o crime de ingratidão".

Um contemporâneo de Sêneca, o apóstolo Paulo, pode ter concordado. Em Romanos 1:21, ele escreveu que um dos motivos para o colapso da humanidade foi a recusa a dar graças a Deus. Escrevendo aos colossenses, três vezes Paulo desafiou outros cristãos à gratidão. Ele disse que deveríamos transbordar de gratidão (COLOSSENSES 2:7). Ao permitirmos que a paz de Deus "governe [nosso] coração", devemos reagir com gratidão (3:15). Na verdade, a gratidão deve distinguir-se em nossas orações (4:2).

A grande bondade de Deus nos lembra de uma das grandes realidades da vida. Ele não apenas merece nosso amor e adoração, mas também nossa gratidão. Tudo o que é bom e perfeito vem dele (TIAGO 1:17).

Por tudo que recebemos em Cristo, a gratidão deveria ser tão natural quanto o respirar. Que expressemos nossa gratidão pelas graciosas dádivas de Deus. *BILL CROWDER*

Quais grandes bênçãos você já recebeu?
Que bênçãos diárias você tem esquecido facilmente?

Pai, perdoa minha ingratidão.
Cria em mim um coração grato
para a Tua honra e louvor.

GUERREIRO CORAJOSO

...O SENHOR está com você, guerreiro corajoso! v.12

Diet Eman era uma jovem holandesa comum, tímida e apaixonada, que trabalhava e aproveitava o tempo com a família e amigos, quando os alemães invadiram seu país em 1940. Ela escreveu mais tarde: "Quando há perigo à sua porta, você quer agir como um avestruz enterrando a cabeça na areia". Contudo, Diet foi chamada por Deus para resistir aos alemães, escondendo judeus e outras pessoas perseguidas. Essa jovem discreta se tornou uma guerreira de Deus.

Há muitas histórias bíblicas como essa, nas quais Deus usa pessoas aparentemente improváveis para servi-lo. Quando o anjo do Senhor se aproximou de Gideão, disse: "O SENHOR está com você, guerreiro corajoso" (JUÍZES 6:12). Porém, Gideão era tudo, menos corajoso. Ele estava secretamente debulhando trigo longe dos olhos dos midianitas, que controlavam Israel (vv.1-6,11). Ele era do clã mais fraco de Israel (Manassés) e o "menos importante" de sua família (v.15). Não se sentia à altura do chamado de Deus e até pediu *vários* sinais. Mesmo assim, Deus o usou para derrotar os midianitas (CAP. 7).

Deus considerou Gideão "corajoso". Assim como Deus estava com Gideão e o capacitou, Ele está conosco, Seus "filhos amados" (EFÉSIOS 5:1), dando-nos o necessário para viver e servi-lo de pequenas e grandes maneiras.

ALYSON KIEDA

Quais pessoas na Bíblia foram usadas por Deus, apesar de serem fracas? Como Deus nos tira da zona de conforto para servi-lo?

Deus, graças por me veres como Teu filho, capaz de fazer grandes e pequenas coisas para ti.

FÉ OUSADA

Não há salvação em nenhum outro! v.12

Após seu avião ser abatido durante a Segunda Guerra Mundial, Prem Pradhan (1924-98) foi ferido enquanto saltava de paraquedas. Como resultado, mancou pelo resto da vida. Certa vez, ele observou: "Tenho uma perna aleijada. Não é estranho Deus ter me chamado para pregar o evangelho nas montanhas do Himalaia?" E ele pregou no Nepal, mas não sem a oposição que o levou à prisão em "masmorras da morte", onde os prisioneiros enfrentavam condições extremas. Em 15 anos, Prem passou 10 anos em 14 prisões diferentes. Seu testemunho, porém, produziu o fruto de vidas transformadas para Cristo, alcançando guardas e prisioneiros, que levaram a mensagem de Jesus a seu próprio povo.

O apóstolo Pedro enfrentou oposição devido à sua fé em Jesus e por ter curado um "aleijado" (ATOS 4:9). Mas aproveitou a oportunidade para falar ousadamente em nome de Cristo (vv.8-13).

Como Pedro, também podemos enfrentar oposição (v.3), entretanto, temos familiares, colegas de trabalho, colegas de escola e outros que precisam ouvir sobre Aquele que salva (v.12), que morreu como pagamento por nossos pecados e ressuscitou como prova de Seu poder de perdoar (v.10). Que eles possam ouvir enquanto, em espírito de oração e ousadamente, proclamamos a boa-nova de salvação encontrada apenas em Jesus. *ARTHUR JACKSON*

A quem você anunciará Jesus hoje? O que o impede? Como podemos nos preparar melhor para isso?

Pai, graças pelo que tens feito por mim. Ajuda-me a compartilhar minha fé com ousadia.

A BÍBLIA EM UM ANO: EZEQUIEL 30–32; 1 PEDRO 4

PARA PIORAR AS COISAS

...o ser humano nasce para enfrentar aflições, tão certo como as faíscas do fogo voam para o alto. v.7

Durante a idade de ouro do rádio, Fred Allen (1894–1956) usou o pessimismo cômico para fazer sorrir uma geração que vivia nas sombras da depressão econômica e da guerra. Seu senso de humor nasceu da dor pessoal. Ele perdeu a mãe antes dos 3 anos e, mais tarde, foi afastado do pai, que lutava contra o vício. Certa vez, ele salvou um menino no trânsito de uma rua movimentada com um grito: "Qual é o seu problema, garoto? Não quer crescer e ter problemas?".

A vida de Jó se desdobra nesse mesmo realismo muito conturbado. Quando suas primeiras expressões de fé finalmente deram lugar ao desespero, seus amigos multiplicaram sua dor piorando as coisas. Com bons argumentos, insistiram que, se ele admitisse seus erros (4:7-8) e aprendesse com a correção de Deus, encontraria forças para rir diante de seus problemas (5:22).

Os "consoladores" de Jó tinham boas intenções, embora estivessem errados (1:6-12). Nunca poderiam imaginar que um dia seriam vistos como exemplos de "Com amigos assim, quem precisa de inimigos?" Nunca poderiam ter imaginado o alívio de Jó orando por eles, ou por que precisariam de oração (42:7-9). Jamais poderiam ter imaginado como prenunciaram os acusadores Daquele que sofreu tantos mal-entendidos para se tornar a fonte de nossas maiores alegrias.

MART DEHAAN

Você já foi julgado mal? Como se sentiu? Você já foi rigoroso com as pessoas cuja dor você não entendia?

Pai, também penso que muitos merecem sofrer. Desejo viver no Espírito, sem dar ouvidos ao acusador.

CONFIANDO EM DEUS NAS ADVERSIDADES

...ainda que ele não nos livre [...] jamais serviremos seus deuses ou adoraremos a estátua de ouro. v.18

Criada em uma tribo não cristã nas Filipinas, Ester recebeu a salvação por meio de Jesus depois que sua tia orou enquanto ela estava muito doente. Hoje, Ester lidera estudos bíblicos em sua comunidade, apesar das ameaças de violência e até de morte. Ela serve com alegria, dizendo: "Não posso parar de falar sobre Jesus, pois experimentei o poder, o amor, a bondade e a fidelidade de Deus em minha vida".

Servir a Deus em face de oposição é uma realidade para muitos hoje, assim como foi para Sadraque, Mesaque e Abede-Nego, três jovens israelitas que viveram em cativeiro na Babilônia. O livro de Daniel ensina que eles se recusaram a orar para uma grande imagem de ouro do rei Nabucodonosor, mesmo quando foram ameaçados de morte. Eles disseram que Deus seria capaz de protegê-los. Escolheram servi-lo "ainda que" Ele não os livrasse (DANIEL 3:18). Quando foram lançados no fogo, Deus se juntou a eles no sofrimento (v.25). Para a surpresa de todos, eles sobreviveram sem nenhum fio de cabelo chamuscado (v.27).

Se enfrentarmos sofrimento ou perseguição por causa de um ato de fé, exemplos antigos e modernos nos lembram de que o Espírito de Deus estará presente conosco para nos fortalecer e sustentar quando escolhermos obedecer-lhe, "ainda que" as coisas sejam diferentes do que esperamos. *LISA M. SAMRA*

Em que situação você escolheu seguir a Deus "ainda que"? Como Ele se faz presente em sua vida?

Deus, graças por me amares tanto. Ajuda-me a segui-lo com alegria, mesmo diante da oposição.

UMA GRANDE LUZ

O povo que anda na escuridão verá grande luz. v.2

Em 2018, doze meninos tailandeses e seu treinador foram à uma caverna com a intenção de divertirem-se. Devido à maré que os forçou irem cada vez mais para o interior da caverna passaram-se duas semanas e meia até que fossem salvos. As equipes de mergulho tentaram resgatá-los enquanto eles esperavam sentados em uma plataforma de pedra. Foram horas na escuridão, esperando que a luz e a ajuda surgissem.

O profeta Isaías descreveu um mundo de escuridão, de violência e ganância, destruído pela rebelião e angústia (ISAÍAS 8:22). Nada além de ruína. A vela da esperança cintilando e desaparecendo, crepitando antes de sucumbir ao nada escuro. E, no entanto, Isaías insistiu que aquele desespero sombrio não era o fim. Por causa da misericórdia de Deus, em breve não haveria mais "esse tempo de escuridão e desespero" (9.1). Deus nunca abandonaria Seu povo. O profeta lhes anunciou a esperança e apontou para o tempo em que Jesus viria para dissipar as trevas que o pecado causa.

Jesus *veio*. E agora ouvimos as palavras de Isaías com um novo significado: "O povo [...] verá grande luz", diz Isaías. "...na terra de trevas profundas, uma luz brilhará" (v.2).

Não importa a escuridão da noite ou o desespero da situação, nunca somos abandonados na escuridão. Jesus está aqui. Brilha uma grande Luz.

WINN COLLIER

Você está sujeito à escuridão e ao desespero? Como Jesus, a grande Luz, pode lhe trazer esperança?

Deus, há tanta escuridão. Às vezes, temo que ela me oprima. Sê minha luz e brilha com amor radiante.

CORAÇÕES RECEPTIVOS E BRAÇOS ABERTOS

O ar noturno em Caracas, Venezuela, era quente e pesado. As ruas congestionadas cheiravam a padarias locais, tacos vendidos na rua e fumaça de gasolina. O meu amigo e eu chegamos ao prédio onde tínhamos sido convidados para um jantar, quando um homem grande e bastante sociável com um sorriso tão largo quanto o nascer do Sol abriu a porta e nos abraçou.

Sentamo-nos com a sua família numa longa mesa de madeira, posta com enormes pratos de carne, arroz e uma fruta semelhante à banana. O meu amigo falava espanhol, mas eu só conseguia ouvir os outros trocando histórias e rindo. Por vezes, faziam gestos para que eu pudesse acompanhá-los. Ocasionalmente, meu amigo pausava para resumir parte da conversa ou para traduzir uma pergunta que eles tinham feito. Embora durante horas eu não compreendesse quase nada, não me senti como um estranho. Pelo contrário: o caloroso acolhimento me envolveu. Estava numa cidade que nunca tinha visitado antes, conhecendo pessoas com história e etnia completamente diferentes da minha, e eu nem sequer conseguia me comunicar. No entanto, porque eles me ofereceram acolhimento e braços abertos, sentia-me como se pertencesse ao grupo.

Paulo nos lembra de que, se cremos em Jesus, somos chamados a praticar sempre esse acolhimento radical. Devemos aceitar uns aos outros como Cristo nos aceitou (ROMANOS 15:7). Devemos acolher uns aos outros, abrir bem o nosso coração e os receber. Essa deve ser a nossa postura *especialmente* com aqueles que são diferentes de nós. Paulo abordou o conflito entre judeus e gentios, mas é válido para quaisquer diferenças de etnia, classe social, ou qualquer suposta barreira. As diferenças culturais não são obstáculos primordiais, mas sim oportunidades para demonstrarmos o mesmo acolhimento radical com o qual Jesus já nos acolheu.

WINN COLLIER

POVOS DE TODAS AS CULTURAS

"...E, quando eu for levantado da terra, atrairei todos a mim." v.32

Ao longo da vida, tive várias experiências transculturais. Uma delas aconteceu em 1962, quando saímos do Rio Grande do Sul para cumprir uma missão em Carolina, no Maranhão. Vivemos ali um grande choque cultural. Nosso vocabulário cresceu com novas palavras, novos ingredientes entraram em nossa alimentação, outros costumes, saímos do frio para o calor... aprendemos a conviver e a amar o povo que lá vivia. Só quem ama chega aos corações com o evangelho.

Jesus teve três experiências transculturais. A primeira, no encontro com a mulher samaritana (JOÃO 4). A segunda, na cura da filha da mulher siro-fenícia (MARCOS 7:24-30). A terceira, em João 12:20-32. Um grupo de prosélitos gregos chegou para a festa da Páscoa e desejou ter um encontro com Jesus. Falaram com Filipe, e ele e André foram ter com Jesus. Este foi um momento de glória, pois Cristo, naqueles gregos, viu os povos de todas as culturas que seriam alcançados, daí a exclamação: "...'E, quando eu for levantado da terra, atrairei todos a mim'" (v.32). Na cruz, Jesus estendeu os braços e alcançou a todos, inclusive você e eu. Somos testemunhas de Jesus neste mundo. Ele habita em nós e, por nosso intermédio, deseja conquistar pessoas de todas as culturas. Somos chamados a participar na sublime tarefa de chegar aos povos, a partir desses que vivem ao nosso redor. *SAMUEL MITT*

É fácil falar de Jesus se a evangelização for nosso estilo de vida.

Senhor, dá-me um coração
capaz de amar as pessoas de outras culturas
que vivem ao meu redor!

★ *TÓPICO DE DEZEMBRO: VIVER NESTE MUNDO MULTICULTURAL*

CELEBRANDO A DIVERSIDADE

Como é bom e agradável quando os irmãos vivem em união! v.1

Numa escola norte-americana, a cerimônia de graduação de 2019 reuniu 608 formandos. O diretor pediu que os alunos se levantassem quando fosse lido o nome do país onde nasceram: Afeganistão, Bolívia, Bósnia... Ele continuou até mencionar 60 países e cada estudante mencionado colocou-se em pé, aplaudindo. Eram 60 países representados naquela escola de Ensino Médio. A beleza da unidade em meio à diversidade foi uma imagem poderosa que demonstrou algo próximo ao desejo de Deus: pessoas vivendo em unidade.

O Salmo 133 nos incentiva à unidade entre o povo de Deus. É uma canção para as celebrações anuais quando o povo entrava em Jerusalém. Relembra sobre os benefícios de viver em união (v.1) apesar das diferenças que poderiam causar divisão. Em imagens vívidas, a unidade é descrita como orvalho revigorante (v.3), óleo para ungir (ÊXODO 29:7) "derramando" sobre a cabeça, e vestes sacerdotais (v.2). Juntas, essas imagens destacam que, em unidade, as bênçãos de Deus fluem tão generosamente que não podem ser contidas.

Para os cristãos, apesar de diferenças como etnia, nacionalidade ou idade, há uma unidade mais profunda no Espírito (EFÉSIOS 4:3). Quando nos unirmos e celebrarmos esse vínculo da paz como Jesus nos orienta, poderemos abraçar nossas diferenças dadas por Deus e celebrar a fonte da verdadeira unidade.

LISA M. SAMRA

Você experimentou a bondade da unidade em Cristo? Como isso lhe abençoou?

Pai celestial, ajuda-me a fazer a minha parte para viver em unidade com todo o povo de Deus.

A BÍBLIA EM UM ANO: EZEQUIEL 42–44; 1 JOÃO 1

VERDADEIRA IDENTIDADE

...como é grande o amor do Pai por nós, pois ele nos chama de filhos, o que de fato somos. 1 JOÃO 3:1

Enquanto minha amiga olhava as fotos que tirei dela, apontou-me as características físicas que julgava imperfeitas. Pedi-lhe que olhasse mais de perto e disse: "Vejo uma linda e amada filha do Rei dos reis. Vejo o Deus amoroso e compassivo cuja genuína bondade, generosidade e fidelidade fizeram a diferença em tantas vidas". Quando notei suas lágrimas, sugeri: "Acho que você precisa da sua tiara!". Naquela tarde, escolhemos a tiara perfeita para que ela nunca mais esquecesse sua verdadeira identidade — filha do Rei dos reis!

Quando conhecemos a Jesus pessoalmente, Ele nos recebe com amor e nos chama de Seus filhos (1 JOÃO 3:1). Ele nos concede o poder de perseverar na fé para que "quando ele voltar, estejamos confiantes e não nos afastemos dele, envergonhados" (2:28). Embora Jesus nos aceite como somos, Seu amor nos purifica e nos transforma à Sua semelhança (3:2-3). O Senhor nos ajuda a reconhecer a nossa necessidade por Ele e a nos arrependermos enquanto nos alegramos com o poder de nos afastarmos do pecado (vv.7-9). Podemos viver em obediência e amor (v.10), com Sua verdade escondida em nosso coração e Seu Espírito presente em nossa vida.

Minha amiga não *precisava* da tiara, mas precisávamos lembrar do nosso valor como filhas amadas de Deus. *XOCHITL E. DIXON*

Saber que você é amado e, pela fé em Jesus, recebido como um dos filhos do Altíssimo o ajuda a praticar a justiça e o amor?

Amado Deus, obrigado por me lembrares de que quem eu sou baseia-se naquele a quem pertenço. Sou Teu.

Para saber mais sobre sua própria identidade, acesse: universidadecrista.org

A BÍBLIA EM UM ANO: EZEQUIEL 45–46; 1 JOÃO 2

GERAÇÃO AGORA

Ezequias [...] virou o rosto para a parede e orou ao SENHOR. v.2

"Não confie em alguém com mais de 30 anos", disse Jack Weinberg em 1964. Isso definiu toda uma geração e ele se arrependeu, dizendo: "Falei sem pensar e foi distorcido e mal compreendido". Já ouviu comentários depreciativos direcionados aos nascidos entre os anos 1985–99, os *millenials*? Ou vice-versa? Pensamentos depreciativos de uma geração à outra podem cortar laços de ambos os lados. Sim, existe algo melhor!

Embora Ezequias fosse um excelente rei, ele também demonstrou falta de preocupação com a outra geração. Ainda jovem, esse rei foi atingido por uma doença terminal (2 REIS 20:1), e clamou a Deus por sua vida (vv.2-3). Deus lhe concedeu mais 15 anos (v.6).

Mas quando Ezequias recebeu a terrível notícia de que seus filhos um dia seriam capturados, as lágrimas reais não se fizeram presentes (vv.16-18). Ele pensou: "Pelo menos haverá paz e segurança durante minha vida" (v.19). Talvez Ezequias não tenha demonstrado o cuidado que tinha, pelo seu próprio bem-estar, à próxima geração.

Deus nos chama para amar com a ousadia que cruza as linhas divisórias. A geração mais idosa precisa do idealismo revigorante e da criatividade dos mais jovens, que por sua vez podem se beneficiar da sabedoria e experiência de seus antecessores. Não é hora de *memes* e slogans sarcásticos, mas de trocarmos boas ideias. Estamos juntos.

TIM GUSTAFSON

Como utilizar os seus dons para servir uns aos outros?

Perdoa-me, Pai, por não apreciar suficientemente os outros em fase da vida diferente da minha.

ILUSTRANDO AS ESCRITURAS

...contaremos à geração seguinte os feitos gloriosos do SENHOR, seu poder e suas maravilhas. v.4

A porcelana azul e branca decorativa comumente usada nos lares dos holandeses é originária da cidade de Delft. Elas retratam cenas familiares da Holanda: belas paisagens, moinhos de vento e pessoas trabalhando e brincando.

No século 19, Charles Dickens escreveu em seu livro *Um hino de Natal* (Global, 2012) como as cerâmicas foram usadas para ilustrar as Escrituras. Descreveu uma antiga lareira construída por um holandês a qual exibia essas pitorescas cerâmicas: "Tinha Cains e Abeis, filhas de faraós; rainhas de Sabá e apóstolos indo para o mar". Muitas famílias usavam essas porcelanas como ferramentas de ensino ao se reunirem em torno de uma lareira e compartilharem as histórias bíblicas. Aprendiam sobre o caráter de Deus, Sua justiça, compaixão e misericórdia.

As verdades bíblicas são relevantes ainda hoje. O Salmo 78 nos encoraja a ensinar os "enigmas do nosso passado, histórias que ouvimos e conhecemos, que nossos antepassados nos transmitiram" (vv.2-3). Incentiva-nos a contar "à geração seguinte os feitos gloriosos do SENHOR, seu poder e suas maravilhas [...] e eles por sua vez, a ensinarão a seus filhos" (vv.4,6).

Com a ajuda de Deus, podemos encontrar maneiras criativas e eficazes de ilustrar tais verdades das Escrituras a cada geração enquanto nos esforçamos para dar a Deus toda a honra e louvor que Ele merece.

CINDY HESS KASPER

Quem precisa conhecer os feitos gloriosos de Deus?

Amado Deus, ensina-me como ilustrar o que aprendi com as Escrituras para que outros te conheçam.

Para saber mais sobre o significado central da Bíblia, acesse: universidadecrista.org

A BÍBLIA EM UM ANO: DANIEL 1–2; 1 JOÃO 4

DOAR COM ALEGRIA

Cada um deve decidir em seu coração quanto dar [...]. "Pois Deus ama quem dá com alegria". v.7

Nicolau, que nasceu no século 3º, não fazia ideia de que após sua morte ele seria conhecido como Papai Noel. Ele era apenas um homem que amava a Deus e, genuinamente, cuidava das pessoas. Era conhecido por doar alegremente seus próprios bens e fazer ações gentis. Conta-se a história de que depois de saber de uma família que estava em grandes dificuldades financeiras, Nicolau foi à casa deles à noite e jogou um saco de ouro através de uma janela aberta, que caiu sobre um sapato ou meia perto da lareira.

Muito antes dele, o apóstolo Paulo encorajou os cristãos em Corinto a serem doadores alegres. Ele escreveu-lhes sobre as grandes necessidades financeiras de seus irmãos e irmãs em Jerusalém e encorajou-os a doar com generosidade. Paulo explicou-lhes os benefícios e bênçãos que recebem os que doam de suas posses. Lembrou-lhes que "quem lança apenas algumas sementes obtém uma colheita pequena, mas quem semeia com fartura obtém uma colheita farta" (2 CORÍNTIOS 9:6). Como resultado de sua alegre generosidade, eles seriam "enriquecidos" em todos os sentidos (v.11), e Deus seria honrado.

Pai, pedimos a Tua ajuda para sermos doadores alegres não só durante a temporada de Natal, mas durante todo o ano. Obrigado por Tua incrível generosidade em nos dar Teu "presente indescritível", Teu Filho, Jesus (v.15).

ESTERA PIROSCA ESCOBAR

Como você pode doar generosamente do seu tempo ou recursos?

Generoso Deus, obrigado por me encorajares a ser generoso e por Tuas abundantes bençãos.

Leia mais sobre a generosidade de Deus, acesse:paodiario.org

O NOME PERFEITO

...Vejam! A virgem ficará grávida! Ela dará à luz um filho e o chamará de Emanuel. v.14

Lembro que o dia estava quente e úmido quando minha esposa deu à luz o nosso segundo filho. Mas ele permaneceu sem nome enquanto decidíamos. Levou tempo e não conseguíamos decidir. Ele foi chamado de "bebê Williams" por três dias até finalmente ser chamado de Miqueias.

Escolher o nome certo pode ser um pouco frustrante. Bem, a menos que você seja Deus, que decidiu o nome perfeito para aquele que mudaria as coisas para sempre. Através do profeta Isaías, Deus orientou o rei Acaz a pedir a Ele "um sinal" para fortalecer sua fé (ISAÍAS 7:10-11). Embora o rei se recusasse a pedir um sinal, Deus lhe deu um: "A virgem ficará grávida! Ela dará à luz um filho e o chamará de Emanuel" (v.14). Deus nominou a criança, e Ele seria um sinal de esperança para as pessoas que enfrentam o desespero. O nome ficou decidido e Mateus lhe deu um novo significado quando escreveu a narrativa do nascimento de Jesus (MATEUS 1:23). Jesus seria "Emanuel". Ele não seria apenas um representante de Deus, mas Ele seria Deus encarnado, que viria resgatar o Seu povo do desespero do pecado.

Deus nos deu um sinal. O sinal é um Filho. O nome do Filho — Emanuel, *Deus conosco* reflete Sua presença e amor. Hoje, o Senhor nos convida a aceitar o Emanuel e a saber que Deus está conosco.

MARVIN WILLIAMS

O que o impede de crer que Deus pode dar um novo sopro às circunstâncias sombrias? Como você aceitará Jesus como Emanuel esta semana?

Pai celestial, obrigado por Emanuel — Jesus, Teu Filho. Alegro-me com Tua presença e amor hoje e sempre.

FIQUEM JUNTOS

Façam todo o possível para se manterem unidos no Espírito, ligados pelo vínculo da paz. v.3

A Igreja Batista de Dewberry se dividiu em 1800 por causa de uma coxa de frango. Existem várias versões da história, mas um membro atual conta que dois homens lutaram pela última delas num almoço de confraternização na igreja. Um deles disse que Deus queria que ele a tivesse. O outro respondeu que Deus não se importava, e ele a queria para si. Enfurecido, um deles iniciou, a alguns quilômetros dali, a 2ª Igreja Batista de Dewberry. Felizmente, as igrejas resolveram suas diferenças, e todos consideram que essa separação foi ridícula.

Jesus concorda. Na noite anterior à Sua morte Ele orou por Seus seguidores. Que "eles sejam um, como nós somos um, como tu estás em mim, e eu estou em ti" Que "eles experimentem unidade perfeita, para que todo o mundo saiba que tu me enviaste" (JOÃO 17:21-23).

Paulo concorda. Ele nos instiga a fazer "todo o possível para [mantermo-nos] unidos no Espírito, ligados pelo vínculo da paz. Pois há um só corpo e um só Espírito..." (EFÉSIOS 4:3-4), e eles não podem ser divididos.

Nós que choramos pelo corpo de Cristo ferido pelo nosso pecado não devemos destruir Seu Corpo, a Igreja, com nossa raiva, fofocas e panelinhas. É melhor sermos injustiçados do que culpados pelo escândalo da divisão da Sua Igreja! Ofereça ao outro a coxa de frango e a sobremesa também! *MIKE WITTMER*

Você contribui para manter a unidade em sua igreja? O que mais poderia fazer?

Pai, ajuda-me a fazer o melhor para estar em paz com todos, e que eu jamais separe o que juntaste.

★ *TÓPICO DE DEZEMBRO: VIVER NESTE MUNDO MULTICULTURAL*

UMA GRANDE MULTIDÃO

...vi uma imensa multidão, grande demais para ser contada, de todas as nações, tribos, povos e línguas... v.9

Reunimo-nos para o culto dominical com alegria e expectativa. Embora estivéssemos espacialmente afastados por causa da pandemia do coronavírus, congratulamo-nos com a oportunidade de celebrar o casamento de Gavin e Tijana. Nossos amigos iranianos, tecnologicamente talentosos, transmitiram o culto para amigos e familiares espalhados pela Espanha, Polônia e Sérvia. O Espírito de Deus nos uniu e nos concedeu alegria.

A celebração com nossa maravilhosa congregação multinacional foi um pequeno gostinho da glória que virá quando pessoas de "todas as nações, tribos, povos e línguas" estiverem diante de Deus no Céu (APOCALIPSE 7:9). O amado discípulo João vislumbrava essa "imensa multidão" numa visão que é relatada no livro do Apocalipse. Lá, os reunidos adorarão a Deus junto com os anjos e anciãos. Todos cantarão: "Louvor e glória e sabedoria, gratidão e honra, força e poder pertencem a nosso Deus para todo o sempre" (v.12).

A união e o casamento de Jesus e Sua Noiva internacional no "banquete de casamento do Cordeiro" (19:9) será um momento incrível de adoração e celebração. Nossa experiência com pessoas de muitas nações aponta para este evento que um dia desfrutaremos.

Enquanto aguardamos esperançosamente por este alegre acontecimento, podemos abraçar a prática de festejar e nos alegrar entre o povo de Deus. *AMY BOUCHER PYE*

Como você imagina essa multidão e o banquete das bodas do Cordeiro?

Cordeiro de Deus, que tiraste o pecado do mundo, obrigado pelo convite para o Teu casamento celestial.

A BÍBLIA EM UM ANO: DANIEL 11–12; JUDAS

LIVRE DE INIMIGOS PODEROSOS

[Deus] livrou-me de inimigos poderosos. v.18

Em 2010, George Vujnovich, 94 anos, filho de imigrantes sérvios para os EUA, foi premiado com a estrela de bronze por organizar o que um renomado jornal chamou de "um dos maiores esforços de resgate da Segunda Guerra Mundial". Ele serviu o exército dos EUA. E quando chegou a notícia de que aviadores americanos abatidos estavam sendo protegidos por rebeldes na Iugoslávia, Vujnovich retornou à terra natal de sua família, saltando de paraquedas na floresta para localizar os pilotos. Dividindo os soldados em pequenos grupos, ele os ensinou a como se misturarem com os sérvios (vestindo-se e comendo como eles). Então, por vários meses, ele enviou cada pequeno grupo para fora, um de cada vez, para os aviões de transporte C-47 que esperavam numa pista de pouso construída na floresta. Ele resgatou 512 homens.

Davi descreveu sua alegria por Deus tê-lo resgatado de inimigos que o cercaram. Deus "dos céus estendeu a mão e me resgatou, tirou-me das águas profundas" (2 SAMUEL 22:17). O rei Saul, enfurecido com ciúmes, perseguiu Davi impiedosamente a fim de matá-lo. Mas Deus tinha outros planos: "Livrou-me de inimigos poderosos, dos que me odiavam e eram fortes demais para mim" (v.18).

Deus resgatou Davi de Saul e Israel do Egito. Em Jesus, Ele nos resgatou. Jesus nos resgata do pecado, do mal e da morte e é maior do que todos os inimigos poderosos. *WINN COLLIER*

Como Jesus vem para resgatá-lo?

Deus, preciso de resgate. Se não me livrares, estarei perdido. Sem ti não há esperança. Ajuda-me!

CUIDANDO DOS NECESSITADOS

...ordeno que compartilhem seus bens generosamente com os pobres e com outros necessitados de sua terra. v.11

Elvis Summers conheceu Smokey, uma mulher frágil que sempre lhe pedia latas vazias para vender. Elas eram a sua principal fonte de renda. Summers pediu que a mulher lhe mostrasse o local em que dormia. Smokey levou-o a um cubículo de 2 m de largura ao lado de uma casa. Movido por compaixão, ele construiu um abrigo simples que proporcionava a ela espaço seguro para dormir. Depois disso, Summers usou a página virtual *GoFundMe* (subsidie-me) e se uniu a igrejas locais para obter áreas para construir mais abrigos para outros sem-teto.

Na Bíblia, o povo de Deus é instado a cuidar dos necessitados. Quando Deus falou através de Moisés para preparar os israelitas para entrar na Terra Prometida, Ele os encorajou a não endurecerem o coração e a não fecharem a mão aos pobres (DEUTERONÔMIO 15:8). Mais adiante, a passagem afirma que "sempre haverá pessoas pobres na terra" (V.11). Não precisamos ir longe para ver essa verdade. Como Deus chamou os israelitas para compartilharem seus bens com os pobres e com os seus irmãos necessitados (V.11), também nós podemos ajudar os que necessitam.

Todos precisam de comida, abrigo e água. Mesmo tendo pouco, que Deus nos oriente a usar o que temos para ajudar os outros. Seja compartilhando um sanduíche ou uma roupa de inverno. As pequenas coisas podem fazer uma grande diferença!

JULIE SCHWAB

Quem precisa da sua ajuda hoje?
O que você pode compartilhar?

Jesus, ensina-me a encontrar maneiras de ajudar o meu próximo. Por favor, dá-me um coração generoso.

HERÓIS, TIRANOS E JESUS

Pois decidi que, enquanto estivesse com vocês, me esqueceria de tudo exceto de Jesus Cristo... v.2

Beethoven estava zangado, pois queria nomear sua Terceira Sinfonia de "O Bonaparte". Ele via Napoleão como um herói do povo e campeão da liberdade, mas quando este se declarou imperador, o compositor mudou de ideia. Denunciando seu ex-herói como mau-caráter e tirano, ele esfregou tão forte para apagar o nome de Bonaparte que furou a partitura original.

Os primeiros cristãos devem ter se desapontado quando suas esperanças de reforma política se frustraram. Jesus lhes trouxera a esperança de uma vida sem a presença militar e os impostos pesados de César. No entanto, décadas depois, Roma ainda governava o mundo. Os que proclamavam Jesus sentiam medo e fraqueza. Seus discípulos estavam marcados pela imaturidade e discussões entre si (1 CORÍNTIOS 1:11-12; 3:1-3).

Mas havia uma diferença. Paulo viu além do que permaneceu inalterado. Suas cartas começaram, terminaram e transbordaram com o nome de Cristo — ressurreto e com a promessa de voltar em poder. Cristo no julgamento de tudo e de todos. No entanto, Paulo queria que os cristãos fundamentassem sua fé no significado e nas implicações da crucificação de Cristo (2:2; 13:1-13).

O amor demonstrado em Seu sacrifício fez de Jesus um tipo diferente de líder. Como Senhor e Salvador do mundo, Sua cruz mudou tudo, Seu nome será para sempre conhecido e louvado acima de todo o nome.

MART DEHAAN

De que maneiras Jesus é diferente dos outros líderes?

Pai, por favor, ajuda-me a enxergar Teu amor no sacrifício de Teu Filho.

UMA ESPERA QUE VALE A PENA

...Pois o Senhor é Deus fiel; felizes os que nele esperam. v.18

Preso por longas horas num trabalho estressante e um chefe irracional, Tiago desejou que pudesse sair, mas ele tinha uma hipoteca, a esposa e uma criança para cuidar. Ele estava disposto a demitir-se de qualquer maneira, porém sua esposa o lembrava: "Vamos esperar e ver o que Deus nos dará". Meses depois, suas preces foram atendidas. Tiago encontrou um novo emprego que ele gostou e lhe deu mais tempo com a família. "Esses meses foram longos", ele me disse: "mas estou feliz por ter esperado para que o plano de Deus se manifestasse no devido tempo".

Esperar pela ajuda de Deus em meio aos problemas é difícil. É tentador sair em busca da própria solução primeiro. Os israelitas fizeram exatamente isto: sob a ameaça de seus inimigos, eles procuraram ajuda do Egito em vez de se voltar ao Senhor (ISAÍAS 30:2). Mas Deus lhes disse que seriam salvos se voltassem a Ele e nele descansassem. Na tranquilidade e na confiança, encontrariam força (v.15). Na verdade, Deus acrescentou: "o SENHOR esperará até que voltem para ele, para lhes mostrar seu amor e compaixão" (v.18).

Esperar por Deus requer fé e paciência. Mas em Sua resposta no final de tudo, perceberemos que valeu a pena: "bem-aventurados todos os que nele esperam" (v.18 ARA). E o que é ainda mais incrível: Deus espera por nós para irmos a Ele! *LESLIE KOH*

Como meditar sobre a fidelidade do Senhor enquanto aguardamos por Sua resposta?

Pai, concede-me paciência para esperar Tua resposta, pois sei que o Teu tempo é sempre perfeito.

Saiba mais sobre o que significa esperar em Deus: @paodiariooficial

O QUE EU DEVERIA DIZER?

Depois de orar ao Deus dos céus, respondi... vv.4-5

Parei numa loja de livros usados e, ao manusear uma caixa de livros do autor C. S. Lewis, o dono apareceu. Conversamos sobre os títulos disponíveis e perguntei-lhe se ele se interessava pela fé que inspirou grande parte dos escritos de Lewis. Orei por orientação divina. Lembrei-me de sua biografia e conversamos sobre o enfoque do autor sobre Deus. No final, agradeci que a oração tinha reorientado a conversa a assuntos espirituais.

Neemias pausou para orar antes de uma conversa crucial com o rei Artaxerxes na Pérsia. O rei perguntou como ele poderia ajudar Neemias, que estava perturbado com a destruição de Jerusalém. Neemias era servo do rei e não estava em posição de pedir favores, mas ele precisava de um grande favor. Neemias queria restaurar Jerusalém e orou "ao Deus dos céus" antes de pedir para deixar seu emprego para reconstruir a cidade (NEEMIAS 2:4-5). O rei consentiu e concordou em ajudá-lo a preparar a viagem e adquirir a madeira.

A Bíblia nos encoraja a orar "em todos os momentos e ocasiões" e a sermos persistentes em "orações por todo o povo santo" (EFÉSIOS 6:18). Isso inclui os momentos que precisamos de coragem, autocontrole ou sensibilidade. Orar antes de falar nos ajuda a dar o controle de nossa atitude e palavras a Deus.

Como Deus deseja orientar suas palavras hoje? Ore e descubra!

JENNIFER BENSON SCHULDT

Que situações em sua vida podem se beneficiar mais da oração?

Pai, entrego-te as minhas palavras.
Que sejam para a Tua glória e encorajamento a outros.

Para saber mais sobre o ato de orar, visite: universidadecrista.org

EU SOU SUAS MÃOS

O olho não pode dizer à mão: "Não preciso de você!" v.21

Jia Haixia ficou cego e seu amigo Jia Wenqi perdeu os braços quando criança. Mas eles descobriram como contornar suas deficiências. "Eu sou as mãos dele e ele é meus olhos", diz Haixia. Juntos, eles estão transformando a aldeia onde moram.

Desde 2002, os amigos cumprem a sua missão de regenerar um espaço baldio perto de onde moram. Todos os dias, Haixia sobe nas costas de Wenqi para atravessar um rio até o local. Wenqi então "segura uma pá com o pé" para Haixia, antes de Haixia colocar um balde entre a bochecha e o ombro de Wenqi. E na medida em que um escava e planta o outro rega, plantam juntos mudas de árvores. Eles já plantaram mais de 10 mil até o momento. "Trabalhando juntos, não nos sentimos incapacitados. Somos uma equipe", diz Haixia.

O apóstolo Paulo compara a Igreja a um corpo, cada parte precisando da outra para funcionar. Se a Igreja fosse só olhos, não haveria audiência; se fosse só ouvidos, não haveria olfato (1 CORÍNTIOS 12:14-17). Paulo ensina: "O olho não pode dizer à mão: 'Não preciso de você!'" (v.21). Com base em nossos dons espirituais, cada um desempenha um papel na Igreja de Cristo (vv.7-11,18). Como Jia Haixia e Jia Wenqi, quando unimos as nossas forças, podemos trazer mudanças ao mundo.

Dois homens combinaram as suas habilidades para regenerar um deserto. Que bela representação da Igreja em ação!

SHERIDAN VOYSEY

Qual papel você desempenha no Corpo de Cristo?

Espírito Santo, obrigado por me concederes dons espirituais e me colocares num Corpo onde posso servir.

A BÍBLIA EM UM ANO: AMÓS 1–3; APOCALIPSE 6

★ *TÓPICO DE DEZEMBRO: VIVER NESTE MUNDO MULTICULTURAL*

QUEM É VOCÊ?

Pois todos vocês são filhos de Deus por meio da fé em Cristo Jesus. v.26

Entrei na sorveteria com meu filho birracial de 5 anos. O homem atrás do balcão olhou para nós, e perguntou-lhe: "Você é o quê?".

Sua pergunta e tom me enraiveceram e trouxeram à tona a dor que, como mexicana-americana, eu experimentara como alguém fora do estereótipo. Aproximei-me de Xavier, olhando para o meu marido negro entrando na loja. O balconista nos atendeu em silêncio e com os olhos fechados.

Orei em silêncio por esse homem enquanto meu filho dizia os sabores do sorvete que queria. Arrependida de minha amargura, pedi a Deus que me desse um espírito perdoador. Com minha pele clara, mas não branca, eu tinha sido alvo de olhares semelhantes e dessa mesma pergunta ao longo de anos. Lutei com inseguranças e sentimentos de inutilidade até começar a aprender a adotar a minha identidade como filha amada de Deus.

Paulo declara que os cristãos são "filhos de Deus por meio da fé", de igual valor e lindamente diversos. Estamos intimamente conectados e somos criados para trabalhar juntos (GÁLATAS 3:26-29). Deus enviou Seu Filho para nos perdoar e redimir dos nossos pecados. Tornamo-nos família através de Seu sangue derramado na cruz (4:4-7). Somos portadores da imagem de Deus, nosso valor não pode ser determinado pelas opiniões, expectativas ou preconceitos alheios. Somos filhos de Deus.

XOCHITL E. DIXON

Todos os filhos de Deus portam a Sua imagem.
Isso o ajuda a amar o outro como ele é?

Deus Pai, ajuda-me a ver a mim
e os outros através dos Teus olhos e a amar
com o amor que vem de ti.

LINDAMENTE QUEBRADO

Não se lembram de mim, como se eu estivesse morto, como se fosse um jarro quebrado. v.12

Nosso ônibus finalmente chegou ao nosso tão esperado destino: um sítio arqueológico em Israel onde nós mesmos faríamos algum tipo de escavação. O diretor desse sítio explicou que qualquer coisa que porventura achássemos seria algo que estava intocado há milhares de anos. Desenterrando fragmentos de cerâmica, sentimos como se estivéssemos tocando a história. Depois de um tempo, fomos levados a uma estação de trabalho onde aqueles pedaços quebrados, pertencentes séculos atrás a vasos enormes, estavam sendo restaurados.

A imagem era claríssima. Os artesãos que reconstruíam as centenárias cerâmicas quebradas eram uma bela representação do Deus que ama restaurar coisas arruinadas. Davi escreveu: "Não se lembram de mim, como se eu estivesse morto, como se fosse um jarro quebrado" (SALMO 31:12). Embora não saibamos em que ocasião esse salmo foi escrito, as dificuldades da vida de Davi, muitas vezes, são expressas em seus lamentos, inclusive nesse. A canção o descreve como alguém sendo despedaçado pelo perigo, inimigos e desespero.

Então, onde ele buscou ajuda? Davi clama a Deus: "Que a luz do teu rosto brilhe sobre teu servo; salva-me por causa do teu amor" (v.16).

O Deus que foi merecedor da confiança de Davi é o mesmo que ainda hoje restaura coisas quebradas. Tudo o que Ele pede é que o busquemos e confiemos em Seu infalível amor. *BILL CROWDER*

Como Deus o ajudou a passar por tempos difíceis?

Deus, agradeço-te por todas as vezes que caí e tornei-me como um jarro quebrado, *e Tu me restauraste.*

MUITO BEM!

Lutei o bom combate, terminei a corrida e permaneci fiel. v.7

O time da escola onde um dos meus filhos é treinador de futebol perdeu o jogo do título estadual numa batalha dura. O oponente estava invicto por 2 anos. Enviei uma mensagem para consolá-lo e ele respondeu: "As crianças lutaram!". Nenhum treinador envergonhou seus jogadores após o jogo. Ninguém gritou com eles por lances ou más decisões ao longo do jogo. Não, os treinadores os elogiaram por aquilo que merecia reconhecimento.

Na mesma linha, é bom saber que os cristãos não ouvirão do Senhor palavras de condenação. Quando Cristo vier e estivermos diante dele, Ele não nos envergonhará. Ele verá o que fizemos enquanto o seguíamos (2 CORÍNTIOS 5:10; EFÉSIOS 6:8). Acho que Ele vai dizer algo como: "Você lutou! Fez bem!". O apóstolo Paulo testemunhou que ele tinha lutado "o bom combate" e ansiava por ser recebido por Deus (2 TIMÓTEO 4:7-8).

A vida é uma luta implacável com um inimigo feroz, inflexível e dedicado a nos destruir. Ele resistirá a todos os esforços que nós fazemos para sermos semelhantes a Jesus e para amar aos outros. Haverá algumas boas vitórias e também derrotas dolorosas, Deus sabe disso, mas não haverá condenação eterna para "os que estão" em Jesus (ROMANOS 8:1). Se estivermos diante de Deus nos méritos do Seu Filho, cada um receberá "a devida aprovação" divina (1 CORÍNTIOS 4:5). *DAVID H. ROPER*

A ideia de estar diante de Deus o enche de pavor ou regozijo? O que faz a diferença?

Obrigado, Deus, pela promessa de que, por ter Jesus como meu Salvador, nunca serei condenado.

LEMBRADO EM ORAÇÃO

...Deus se lembrou de Raquel e, em resposta a suas orações, permitiu que ela se tornasse fértil. v.22

Assisti um culto no qual o pastor de uma igreja africana caiu de joelhos, orando a Deus e dizendo: "Lembre-se de nós!". Ele clamava e a multidão respondia: "Lembre-se de nós, Senhor!". Surpreendi-me por ter derramado lágrimas também. Isso lembrou-me de quando ouvia o nosso pastor fazer o mesmo apelo a Deus. "Lembre-se de nós, Senhor!".

Quando criança, eu presumia que Deus às vezes se esquece de nós. Mas Deus é onisciente (SALMO 147:5; 1 JOÃO 3:20), sempre nos vê (SALMO 33:13-15) e nos ama além da medida (EFÉSIOS 3:17-19).

Muito mais, como vemos na palavra hebraica *zakar*, que significa "lembre-se", quando Deus "se lembra" de nós, Ele age por nós. *Zakar* também significa agir em nome de uma pessoa. Assim, quando Deus "se lembrou de Noé e de todos os animais selvagens e domésticos que estavam com ele na arca. Deus fez soprar um vento sobre a terra, e as águas do dilúvio começaram a baixar" (GÊNESIS 8:1). Quando Deus "se lembrou" da esterilidade de Raquel, Ele "em resposta a suas orações, permitiu que ela se tornasse fértil. Ela engravidou e deu à luz um filho" (30:22-23).

Demonstramos confiança quando pedimos a Deus em oração para se lembrar de nós. Ele decidirá como responderá. No entanto, podemos orar sabendo que o nosso humilde pedido move o coração de Deus.

PATRÍCIA RAYBON

Em que área da sua vida você precisa que Deus se lembre de você? Você está disposto a orar com essa intenção e propósito?

Pai, ensina-me a compreender-te ainda mais. Molda-me, Senhor, como e onde achares necessário.

NÃO TEMA

Não tenham medo! [...] nasceu o Salvador, que é Cristo, o Senhor! vv.10-11

Linus, na tira de quadrinhos *Minduim*, é mais conhecido por seu "cobertor de segurança" azul. Ele o carrega em todos os lugares e não tem vergonha de precisar dele para seu conforto. Sua irmã Lucy não gosta do cobertor e muitas vezes tenta se livrar dele. Ela o enterra, transforma-o em uma pipa, e chega ao ponto de utilizá-lo num projeto de feira de ciências. Linus também sabe que ele deve ser menos dependente de seu cobertor e o deixa de lado, de tempos em tempos, para sempre retomá-lo de volta.

No filme *O Natal de Charlie Brown* (1965), quando Charlie Brown frustrado pergunta: "Não há ninguém que saiba o que é o Natal?". Linus, com seu cobertor de segurança na mão, pisa no centro do palco e recita Lucas 2:8-14. E quando chega no verso em que declara: "Não tenham medo", ele deixa cair o cobertor — o objeto ao qual se agarrava quando sentia medo.

O que há no Natal que nos lembra que não precisamos temer? Os anjos que apareceram aos pastores disseram: "Não tenham medo [...] nasceu o Salvador, que é Cristo, o Senhor" (2:10-11).

Jesus é "Deus conosco" (MATEUS 1:23). Temos a Sua presença por meio do Seu Espírito Santo, o verdadeiro Encorajador (JOÃO 14:16), então não precisamos temer. Podemos nos desapegar dos nossos "cobertores de segurança" e confiar no Senhor. *ANNE CETAS*

Do que você tem medo?
Como a presença do Espírito Santo pode ajudá-lo com o que o preocupa?

Deus, sei que és o maior Encorajador.
Ajuda-me a abandonar a falsa segurança,
e apegar-me somente a ti.

BÚSSOLA DE DEUS

Tua palavra é lâmpada para meus pés e luz para meu caminho. v.105

Durante a Segunda Guerra Mundial, o engenheiro Waldemar Semenov serviu a bordo do *Guia SS Alcoa* quando, a quase 500 quilômetros da costa, um submarino alemão abriu fogo contra eles. O navio foi atingido, incendiou e começou a afundar. Semenov e sua tripulação usaram o bote salva-vidas e a bússola do navio para navegar pelas rotas marítimas. Depois de três dias, uma patrulha os avistou e os resgatou do mar no dia seguinte. Graças a essa bússola, Semenov e outros 26 tripulantes foram salvos.

O salmista lembrou ao povo de Deus que eles também estavam equipados com uma bússola para a vida — a Bíblia. Ele comparou as Escrituras à "lâmpada" (SALMO 119:105) que fornece luz para iluminar a trajetória dos que buscam a Deus. Quando o salmista estava à deriva nas águas caóticas da vida, ele sabia que Deus poderia usar as Escrituras para prover a longitude e latitude espiritual para ajudá-lo a sobreviver. Portanto, ele orou para que Deus enviasse Sua luz para direcioná-lo em vida e trazê-lo em segurança ao porto de Sua santa presença (43:3).

Como cristãos, quando perdemos o nosso rumo, Deus pode nos guiar pelo Espírito Santo e pela orientação que encontramos em Sua Palavra. Que Deus transforme o nosso coração e mente enquanto lemos, estudamos e seguimos a sabedoria da Bíblia.

MARVIN WILLIAMS

Você tem um versículo ou passagem em particular como bússola para sua vida?

Jesus, obrigado! Quando me sinto propenso a me afastar de ti, a Tua sabedoria traz-me de volta.

PRESENÇA VIRTUAL

...embora eu esteja longe, meu coração está com vocês. v.5

Na medida em que a pandemia do coronavírus avançava, os especialistas reforçavam sobre a importância do distanciamento físico para retardar a propagação. Muitos países pediram a seus cidadãos que se colocassem em quarentena. Muitos que puderam trabalhar remotamente o fizeram, muitos sofreram perdas financeiras. Fizemos cultos e pequenos grupos por meio de plataformas digitais, praticamos novas formas de união, apesar de estarmos fisicamente distanciados.

Não é só a internet que nos ajuda a manter o senso de conexão. Nós nos conectamos como membros do Corpo de Cristo através do Espírito. Paulo mencionou isso em sua carta aos colossenses. Embora ele não tivesse pessoalmente fundado a igreja deles, muito se importava com eles e sua fé. Embora não pudesse estar no mesmo local, lembrou-lhes de que ele estava presente de "coração" (COLOSSENSES 2:5).

Nem sempre, podemos estar com os que amamos, mas a tecnologia nos ajuda a preencher essa lacuna. No entanto, qualquer forma de conexão virtual é quase nula em comparação com a "união" que podemos experimentar como membros do Corpo de Cristo (1 CORÍNTIOS 12:27). Entretanto, podemos, como Paulo, alegrarmo-nos com a firmeza da nossa fé e, através da oração, encorajar uns aos outros a entender "o segredo de Deus, que é o próprio Cristo" (COLOSSENSES 2:2).

KIRSTEN HOLMBERG

Como você experimentou a conexão com outros membros do Corpo de Cristo?

Jesus, obrigado pela conexão que me concedes com outros que pertencem a ti através do Espírito Santo.

★ *TÓPICO DE DEZEMBRO: VIVER NESTE MUNDO MULTICULTURAL*

COMO ELES SABERÃO

Foi em Antioquia que os discípulos foram chamados de cristãos pela primeira vez. v.26

No norte da Tailândia, há uma igreja internacional e interdenominacional, onde os cristãos da Coreia, Gana, Paquistão, China, Bangladesh, EUA, Filipinas e outros países se reuniram num hotel bem simples. Os cânticos "Em Cristo só" e "Sou um filho de Deus" foram tocantes nesse cenário.

Ninguém une as pessoas como Jesus o faz. Ele faz isso desde o início. No primeiro século, Antioquia tinha 18 grupos étnicos diferentes, cada um vivendo em sua parte da cidade. Quando os cristãos chegaram a Antioquia, eles espalharam o evangelho de Jesus "somente aos judeus" (ATOS 11:19). No entanto, esse não era o plano de Deus para a Igreja. Logo, outros vieram e "começaram a anunciar aos gentios as boas novas a respeito do Senhor Jesus", e muitos deles "creram e se converteram ao Senhor" (vv.20-21). As pessoas na cidade notaram que Jesus estava curando séculos de animosidade entre judeus e gregos, e declararam que essa igreja multiétnica deveria ser chamada de "cristãos", ou "pequenos Cristos" (v.26).

Pode ser desafiador atravessarmos as fronteiras étnicas, sociais e econômicas para abraçar aqueles que parecem diferentes de nós. Mas essa dificuldade é a nossa oportunidade. Se fosse fácil, não precisaríamos que Jesus fizesse isso. E poucos perceberiam que o seguimos.

MIKE WITTMER

Por que é tão desafiador alcançarmos o nosso próximo? O que Jesus forneceu para ajudá-lo a fazer isso?

Jesus, que todos saibam que sou cristão por causa do Teu amor.

O PRÍNCIPE DA PAZ

...e ele será chamado de Maravilhoso Conselheiro, Deus Poderoso, Pai Eterno e Príncipe da Paz. v.6

Quando o resfriado de João virou pneumonia, ele foi hospitalizado. Alguns andares acima dele, sua mãe estava em tratamento devido ao câncer, e João sentiu-se sobrecarregado com as preocupações sobre a mãe e sua própria saúde. Na véspera de Natal, quando ele ouviu no rádio a canção "Noite Santa", João sentiu-se inundado por profundo sentimento de paz com Deus. Ele ouviu as palavras sobre essa ser a noite do nascimento do querido Salvador: "a alma cansada se alegra com tal esperança, pois ela traz o milagre de uma nova e gloriosa manhã!" (tradução livre). Naquele momento, todas as suas preocupações desapareceram.

Como Isaías profetizou — Jesus, o querido Salvador nascido por nós é o "Príncipe da Paz". Jesus cumpriu essa profecia ao vir à Terra como um bebê, trazendo luz e salvação para "os que viviam na terra onde a morte lança sua sombra" (MATEUS 4:16; ISAÍAS 9:2). O Deus encarnado concede paz àqueles que ama, mesmo quando enfrentam dificuldades e perdas.

No leito hospitalar, João experimentou a paz que "excede todo entendimento" (FILIPENSES 4:7) enquanto meditava sobre o nascimento de Jesus. Naquela área esterilizada e longe de sua família na celebração do Natal, esse encontro com Deus fortaleceu a sua fé e o sentimento de gratidão. Que nós também recebamos o presente da paz e da esperança em Deus. *AMY BOUCHER PYE*

Qual aspecto de Deus em Isaías 9:6 você mais precisa hoje? Por quê?

Deus da paz, quando estou ansioso e preocupado com muitas coisas, ajuda-me a recorrer a ti e a receber Tua paz.

O BEBÊ DO NATAL

Em vez disso, esvaziou a si mesmo;
assumiu a posição de escravo e nasceu
como ser humano. V.7

Imagine Aquele que fez os cedros brotarem de sementes começando a vida como embrião; Aquele que criou as estrelas submetendo-se a um útero; Aquele que enche os céus tornando-se o que seria hoje um mero ponto em um ultrassom. Jesus, por natureza, é Deus, esvaziando-se de si mesmo (FILIPENSES 2:6-7). Que surpreendente!

Imagine-o nascendo numa simples aldeia, entre pastores, anjos e luzes brilhantes no céu, sob o som do "balbuciar" dos animais lhe oferecendo as primeiras canções de ninar. Veja-o crescer em graça e estatura. Quando menino, surpreendeu mestres ao responder grandes perguntas. Como jovem adulto, recebeu, no Jordão, a aprovação de Seu Pai e a recebeu também no deserto, enquanto orou e lutou contra a fome.

Depois, observe-o quando Ele inicia Sua missão de transformar o mundo, curando doentes, tocando leprosos, perdoando impuros. Veja como Ele, angustiado, ajoelha-se em um jardim e como o prendem enquanto Seus amigos mais próximos fogem. Veja como cospem sobre Ele e o pregam numa cruz, com os pecados do mundo sobre os Seus ombros. Mas observe: enquanto a pedra rola, surge a tumba vazia, porque Ele está vivo!

Veja como Ele é elevado ao lugar de mais alta honra (V.9). Veja como o Seu nome enche o Céu e a Terra (VV.10-11). O Criador de todas as coisas é o bebê do nosso Natal. *SHERIDAN VOYSEY*

Como seria a vida e a história
se Jesus nunca tivesse nascido?

Jesus, obrigado por te esvaziares de ti mesmo
para nos alcançar e nos perdoar.

RESOLUÇÃO OPORTUNA

Quando você e seu adversário estiverem a caminho do tribunal, acertem logo suas diferenças. v.25

A dor mal resolvida entre Simão e Gilberto persistira por anos, e as tentativas de Simão de resolver a questão sofriam resistência. Ao ouvir sobre a morte da mãe de Gilberto, Simão viajou "até o Quênia" para participar do funeral dela. Simão não tinha nenhuma expectativa de como tudo acabaria, mas após as despedidas, ele e Gilberto se reconciliaram. Abraçaram-se, oraram, compartilharam o momento e combinaram um reencontro. Se ambos tivessem se reconciliado antes, muita dor poderia ter sido evitada.

As palavras de Jesus, em Mateus 5:21-26, ajudam a colocar as tensões relacionais não resolvidas sob perspectiva. A ira que pode levar a tais rompimentos é assunto sério (v.22). Além disso, colocar ordem nos relacionamentos que temos é prelúdio adequado de adoração a Deus (vv.23-24). As sábias palavras de Jesus para acertar "logo as suas diferenças" (v.25) nos lembram de que quanto antes fizermos o que pudermos para que haja reconciliação, melhor será para todos.

Os relacionamentos são arriscados; exigem atuação em nossas famílias, no local de trabalho, em ambientes educacionais e entre as pessoas que compartilham a mesma fé em Cristo. Mas como representantes do "Príncipe da Paz" (ISAÍAS 9:6), que saiamos da nossa rotina para estender o nosso coração e mãos àqueles com quem temos conflitos ainda não resolvidos. *ARTHUR JACKSON*

O que o impede de resolver os seus conflitos o quanto antes?

Pai, Tu conheces as minhas fissuras relacionais. Perdoa-me e dá-me ânimo para dar os próximos passos.

A MÃO DIREITA DE DEUS

...eu o seguro pela mão direita, eu, o SENHOR, [...] digo: 'Não tenha medo, estou aqui para ajudá-lo. v.13

Levei meu cachorro já idoso para passear e, no processo, soltei a coleira do nosso cão mais novo, por apenas um minuto. Quando inclinei-me para pegar a guia, ele avistou um coelho e correu, arrancando a coleira da minha mão direita, com isso torceu o meu dedo anelar. Caí na grama e chorei de dor.

Depois dos cuidados de emergência, precisei de cirurgia. Implorei a Deus por ajuda: "Sou escritora! Como vou digitar? E as tarefas diárias?". Como Deus às vezes faz, Ele falou comigo por meio da minha leitura bíblica diária. "Pois eu o seguro pela mão direita, eu, o SENHOR, seu Deus, e lhe digo: 'Não tenha medo, estou aqui para ajudá-lo" (ISAÍAS 41:13). Estudei o contexto, e aprendi que o povo de Deus em Judá, a quem Isaías estava comunicando Sua mensagem, desfrutava de um relacionamento especial com o Senhor. Ele prometeu Sua presença, força e ajuda através de Sua própria justiça, simbolizada por Sua mão direita (v.10). Em outros lugares das Escrituras, a mão direita de Deus é usada para garantir vitórias para o Seu povo (SALMO 17:7; 98:1).

Durante minha recuperação, Deus me encorajou enquanto aprendia a ditar no meu computador e treinar minha mão esquerda em funções do cuidado doméstico. Deus promete nos ajudar com a Sua mão direita e a estar conosco encorajando-nos em nossas necessidades.

ELISA MORGAN

Você precisa da ajuda de Deus hoje?
Você já experimentou a Sua ajuda antes?

Poderoso Deus, preciso de Tua ajuda!
Coloco as minhas mãos cansadas em Tua poderosa mão.

SABEDORIA E MIL OLHOS

Tenham compaixão daqueles que vacilam na fé. Resgatem outros, tirando-os das chamas do julgamento... vv.22-23

"O pastor precisa de muita sabedoria e mil olhos para examinar a condição da alma de todos os ângulos", escreveu João Crisóstomo. Essas palavras são parte de uma discussão sobre a complexidade de cuidar bem dos outros espiritualmente. Ele enfatizou que é impossível forçar alguém a se curar e que alcançar o coração do outro requer grande empatia e compaixão. Mas ele advertiu que isso não significa nunca causar dor, pois "se for muito tolerante com quem precisa de grande cirurgia, e não fizer uma incisão profunda em quem a necessita, você a mutila e não atinge o câncer. Mas se você fizer a incisão necessária sem compaixão, muitas vezes, em desespero por conta de seus sofrimentos, o ferido abandona tudo e prontamente se joga de um penhasco".

Judas descreve complexidade semelhante na sua resposta aos desviados por falsos mestres, (1:12-13,18-19). No entanto, quando Judas mostra como responder a ameaças tão graves, ele sugere reação mais branda.

Judas ensinou que os cristãos devem enraizar-se ainda mais no amor de Deus (vv.20-21). Ao nos ancorarmos no amor imutável de Deus, encontramos a sabedoria para ajudar aos outros com a urgência, humildade e compaixão apropriadas (vv.22-23). Talvez seja essa a melhor maneira de ajudá-los a encontrar cura e o descanso no amor ilimitado de Deus.

MONICA LA ROSE

Por que é crucial a "edificação no Espírito" (v.20) antes de respondermos a ameaças?

Senhor, dá-me a compaixão para ver "com mil olhos" as esperanças dos outros e mostrar-lhes Teu amor.

LEÃO, CORDEIRO, SALVADOR!

Veja, o Leão da tribo de Judá, o herdeiro do trono de Davi, conquistou a vitória. v.5

Dois imponentes leões de mármore vigiam a entrada da Biblioteca Pública de Nova Iorque, desde 1911. Eles foram apelidados de Leo Lenox e Leo Astor para homenagear os fundadores dessa biblioteca. Mas durante a Grande Depressão, o prefeito da cidade os renomeou como: Coragem e Paciência, virtudes que ele achava que os nova-iorquinos deveriam demonstrar naqueles anos desafiadores. Os leões ainda têm esses apelidos até hoje.

A Bíblia descreve um Leão vivo e poderoso que também traz encorajamento e é conhecido por outros nomes. Em sua visão do Céu, o apóstolo João chorou ao ver que ninguém era capaz de abrir o livro selado contendo o plano de julgamento e de redenção estabelecido por Deus. Então lhe foi dito: "Não chore! Veja, o Leão da tribo de Judá [...] conquistou a vitória. Ele é digno de abrir o livro e os sete selos" (APOCALIPSE 5:5).

No versículo seguinte, João descreve algo mais: "Então vi um Cordeiro que parecia ter sido sacrificado, mas que agora estava em pé..." (v.6). O Leão e o Cordeiro são a mesma pessoa: Jesus. Ele é o Rei vitorioso e "o Cordeiro de Deus, que tira o pecado do mundo!" (JOÃO 1:29). Através de Sua força e Sua cruz, recebemos misericórdia e perdão para que possamos viver com alegria e nos maravilharmos por tudo o que Ele é para sempre! *JAMES BANKS*

**Qual é o seu nome favorito para Jesus?
Que aspectos de Seu caráter
o fazem querer engrandecê-lo mais?**

Belo Redentor, obrigado por te entregares por mim para que eu viva em Teu amor para todo sempre.

MELHOR QUE OURO

A sabedoria é árvore de vida para quem dela toma posse. v.18

Quando Edward Jackson partiu em busca de ouro para a Califórnia, durante a Grande Corrida do Ouro nos EUA, ele registrou no seu diário, em 20 de maio de 1849, a sua extenuante jornada de carroça, marcada por doenças e morte: "Não deixe meus ossos aqui. Se possível quero morrer em casa". Outro garimpeiro chamado John Walker escreveu: "É a loteria mais completa que você pode imaginar. Não aconselho ninguém a vir".

Walker, na verdade, voltou para casa e teve sucesso na agricultura, pecuária e política. Quando um parente seu levou suas cartas amareladas para um programa de TV, elas foram avaliadas em milhares de dólares. Como disse o apresentador: "Ele conseguiu algo valioso da Corrida do Ouro. Suas cartas".

Walker e Jackson voltaram para casa após adquirir a sabedoria que os fez viver com maior praticidade. Medite nestas palavras de sabedoria do rei Salomão: "Feliz é a pessoa que encontra sabedoria [...] é árvore de vida para quem dela toma posse" (PROVÉRBIOS 3:13,18). Uma escolha sábia "dá mais lucro que a prata e rende mais que o ouro" (v.14), tornando a sabedoria mais preciosa do que qualquer desejo terreno (v.15.)

"Com a mão direita ela oferece vida longa [...] todos os seus caminhos levam a uma vida de paz" (vv.16-17). Nosso desafio, portanto, é nos apegarmos à sabedoria, não aos desejos esplêndidos. Esse caminho Deus abençoará. *PATRÍCIA RAYBON*

Onde a sabedoria o pode levar?

Pai, inspira-me a buscar escolhas mais sábias e a andar pelo caminho da Tua abençoada sabedoria.

UM DIA MAIS PERTO DO NATAL

Nossa cidadania [...] vem do céu, e de lá aguardamos [...] a volta do Salvador, o Senhor Jesus Cristo. v.20

Desanimada, minha filha disse: "Não acredito que o Natal já acabou".

Posso entendê-la: o "depois" das celebrações natalinas pode parecer triste. Os presentes abertos, as decorações guardadas, e chega o mês de janeiro trazendo a alguns a necessidade de perder os quilos adquiridos nas comemorações. A expectativa do próximo Natal parece distante. Anos atrás, ao guardarmos as decorações, percebi: *não importa o calendário, o Natal está cada dia mais perto*. Digo isso com frequência.

Porém mais importante do que a celebração sazonal do Natal é a realidade espiritual por trás dela: a salvação que Jesus trouxe ao nosso mundo e a esperança de Seu retorno. As Escrituras falam sobre observar, esperar e ansiar pela segunda vinda de Cristo. Gosto do que Paulo diz em Filipenses 3:15-21. Ele contrasta o modo de vida do mundo — com o pensar "apenas na vida terrena" (v.19) — com um estilo de vida moldado pela esperança no retorno de Jesus: "Nossa cidadania está no céu. E aguardamos ansiosamente um Salvador de lá, o Senhor Jesus Cristo" (v.20).

O fato de a nossa cidadania estar no Céu muda tudo, incluindo o que aguardamos e como vivemos. Essa esperança é corroborada pelo conhecimento de que, a cada dia que passa, estamos mais próximos do retorno de Jesus. *ADAM HOLZ*

Quais são algumas das suas expectativas neste mundo? A sua esperança em Jesus influencia e impacta as coisas terrenas que você deseja e espera?

Pai, obrigado pela esperança que temos em Jesus e no retorno dele. Ajuda-me a elevar os meus olhos a ti.

ÍNDICE TEMÁTICO

JANEIRO A DEZEMBRO

ÍNDICE TEMÁTICO

JANEIRO A DEZEMBRO

ÍNDICE TEMÁTICO

JANEIRO A DEZEMBRO